AF565147

Hartwig Hausdorf

MARS MYSTERIEN

Wettlauf zum Roten Planeten

Hartwig Hausdorf

MARS MYSTERIEN

Wettlauf zum Roten Planeten

„Mars Mysterien"
1. Auflage Oktober 2020

Ancient Mail Verlag Werner Betz
Europaring 57, D-64521 Groß-Gerau
Tel.: 00 49 (0) 61 52/5 43 75, Fax: 00 49 (0) 61 52/94 91 82
www.ancientmail.de
Email: ancientmail@t-online.de

Verantwortlich für die Produktsicherheit:
Ancient Mail Verlag – Werner Betz
Europaring 57, 64521 Groß-Gerau
Email: ancientmail@t-online.de

Bibliografische Information der Deutschen Nationalbibliothek: Die Deutsche Nationalbibliothek verzeichnet diese Publikation in der Deutschen Nationalbibliografie; detaillierte bibliografische Daten sind im Internet über http://dnb.dnb.de abrufbar.

Coverfoto: NASA (Marsglobe 1)
Covergestaltung: Karl Lesina, Luna Design
Druck: WIRmachenDRUCK GmbH, D-71522 Backnang

ISBN 978-3-95652-292-5

Inhalt

Anhang

There's a woman
who reads the stars.
She sees warlords
on the planet Mars ...

Chris de Burgh
„Eastern Wind“
(1980)

Vorwort

Ich war noch niemals in New York, ich war noch niemals auf dem Mars ...

Mitten in der Arbeit an diesem Buch durchfuhr mich ein riesiger Schreck. Da kam ganz überraschend in mir die bange Frage hoch, ob ich wohl neuerdings meinen ureigensten Prinzipien die Treue gebrochen hätte. Als „Wanderer zwischen den Welten" hatte ich mich eigentlich immer nach Möglichkeit an die Maxime gehalten, meinen geschätzten Lesern nur über Dinge zu berichten, die ich höchstpersönlich auf dem gesamten Globus in Augenschein genommen hatte. Auch wenn man „meine" Themen durchweg kontrovers diskutieren kann, soll alles so authentisch wie möglich sein. Einigermaßen aufgeschreckt, angelte ich aus meinem Bücherregal ein paar eigene Werke, und begann, überschlägig nachzurechnen. Das Ergebnis war keine Überraschung: Gemäß den Flugmeilentabellen des Internationalen Verbandes der Luftverkehrsgesellschaften (IATA) – das Umrechnen von Meilen auf Kilometer nicht vergessen! – konnte ich ein Resümee ziehen. Da stecken zum Beispiel in den Büchern

- „Nicht von dieser Welt" gut 120.000 Kilometer,
- „Die Botschaft der Megalithen" etwa 135.000 Kilometer,
- und in „Begegnungen mit dem Unfassbaren" geradezu unfassbare 150.000 Kilometer!

Wohlgemerkt: Ich habe für jedes Buch jene Kilometer zusammengezählt, die ich an Bord von Linienflugzeugen zurückgelegt habe, um den Lesern meine Eindrücke und Bilder von den Originalschauplätzen spektakulärer Funde näherbringen zu können. Selbstverständlich den Hin- und Rückflug gerechnet. Denn es kommt bei der geschätzten Leserschaft zweifellos viel besser an, wenn man weiß, worüber man schreibt, als wenn man seine Informationen aus zweiter und dritter Hand zusammenklauben muss. An weiteren Recherchen aus Literatur und Internet kommt man ohnehin nicht vorbei.

Letzteren Ratschlag hat mir übrigens allen Ernstes vor ein paar Jahren ein besonders schlauer Kommentator gegeben. Im Internet (das Ding scheint mir noch weit geduldiger zu sein als Papier) schrieb er sinngemäß, Hartwig Hausdorf sollte doch gefälligst davon Abstand nehmen, so viel auf diesem Globus herumzureisen. Denn was er bräuchte, könnte er sich doch jederzeit bequem aus dem Netz herunterladen. Und – nun kommt die Quintessenz des Ganzen – das Weltklima würde es ihm schließlich auch danken ...

Chara kadosch – Sainte merde – Heilige Sch.... – ja, geht's noch? Eine solch schräge Einstellung hat sich mittlerweile vor allem bei der smartphonesüchtigen Jugend mit den freitäglichen Demos einer Seuche gleich verbreitet. In ihrer Virulenz wird diese wohl bald das gefürchtete Corona-Virus übertroffen haben. Da segelt eine zornige, in den Medien ewig 16jährige Maid mit einem Katamaran über den Atlantik, um ein Zeichen für die Welt zu setzen. Die Mannschaft, die das Boot auf dem Hinweg steuert, tritt ihre Heimreise natürlich per Flugzeug an – während eine zweite Crew eigens dafür eingeflogen werden muss, um den Katamaran wieder in den Heimathafen zurückzuführen.

Die begeisterten „Follower", wie dies auf Neudeutsch heißt, gehören einer Ideologie an, die uns am liebsten zurück in die Steinzeit katapultieren würde. Auto- und Flugverkehr? Alles in Bausch und Bogen verdammen und verbieten! Und natürlich ist in deren Augen Raumfahrt nichts als unnötige Umweltverschmutzung. Was mich zum Thema dieses Buches und zu meinen eingangs geäußerten Befürchtungen zurückbringt.

Bei näherer Durchsicht konnte ich die beruhigende Feststellung machen, dass auch in diesem Buch einiges an Recherche vor Ort –

auf Erden – steckt. Natürlich war ich, in Abwandlung der berühmten Refrainzeile des unvergessenen Udo Jürgens, noch niemals auf dem Mars. Und werde es auch aller Wahrscheinlichkeit nach in diesem Leben nicht mehr dorthin schaffen. Aber es gibt eine ganze Reihe an spektakulären Schauplätzen auf unserer Erde, die mit dem Thema „Mars" in irgendeinem engeren Zusammenhang stehen. Diese habe ich höchstpersönlich aufgesucht, dieses Buch geschrieben, und musste meinen langjährigen Prinzipien glücklicherweise auch nicht untreu werden.

Ach ja, und bevor ich es vergesse: Ich war wirklich noch niemals in New York!

Auftakt

Neues aus der „Nachbarschaft“

Verglichen mit kosmischen Dimensionen, bei denen es um geradezu unvorstellbare Distanzen, nämlich um Tausende oder Millionen von Lichtjahren geht, ist er tatsächlich unser Nachbar: Der Mars, vierter Planet in unserem Sonnensystem, und gleichzeitig der erste außerhalb der Bahn, die die Erde um unser Zentralgestirn beschreibt. Aufgrund seiner Farbe wird er allgemein auch der „rote Planet“ genannt.

In regemäßigen zeitlichen Abständen kommt er uns ziemlich nahe – natürlich, wenn wir einmal mehr die unvorstellbaren Distanzen im Weltall zugrunde legen. „Mars-Opposition“ heißt es, wann immer er sich uns bis auf etwa 56 Millionen Kilometer nähert. Aufgrund seiner ausgeprägten elliptischen Bahn um die Sonne beträgt die größtmögliche Entfernung zur Erde sogar bis zu 400 Millionen Kilometer. Gemeinsam mit den beiden sonnennäheren Himmelskörpern Merkur und Venus zählt der Mars zu den erdähnlichen oder terrestrischen Planeten. Ganz im Gegensatz zu den sonnenferneren, dem Jupiter ähnlichen Planeten, die hauptsächlich aus gasförmiger Materie bestehen.[1]

Und was unseren „roten Nachbarn“ von allen anderen Planeten unserer Sonne, einmal abgesehen von der Erde, weiterhin unterscheidet, ist die sich immer mehr zur Gewissheit verdichtende Annahme, dass auf ihm die größten und spannendsten Rätsel unseres Sonnensystems verborgen liegen.

Bevor ich in den nachfolgenden Kapiteln detailliert auf diese eingehe, drehe ich die Uhr erst einmal ganz zurück – gewissermaßen auf „Start“. Am Anfang, vermuten heutzutage die meisten der Astronomen und Astrophysiker, war der „große Knall“. „Big Bang!“ Vor geschätzten 12 bis 17 Milliarden Jahren, vielleicht auch etwas mehr oder weniger, soll aus einer unvorstellbar winzigen und aufs äußerste verdichteten Energiekonzentration all das entstanden sein, was heute existiert. Für das normale menschliche Vorstellungsvermögen einfach nicht fassbar, soll alle Materie, und mit ihr zusammen Raum und Zeit, durch die Explosion einer „Singularität" – so nennen das die Physiker – entstanden sein. Im Vergleich zu dieser wäre ein Stecknadelkopf um Welten grösser. Seit jenem „Big Bang" dehnt sich das Universum in das umgebende Nichts hinein aus.

Die Frage, ob dieser Vorgang bis in alle Ewigkeit so weitergehen wird, oder ob das All eines Tages wieder in sich zusammenstürzt, stellt eine der fundamentalsten Fragen der modernen Kosmologie dar.[2]

Heiße Blase

Doch was geschah eigentlich in den wirklich ersten Augenblicken nach diesem großen Knall, als das Universum gerade zu existieren begann? Obgleich sich Physiker und Astronomen mit höchst komplizierten Berechnungen bis auf wenige billiardstel Sekunden an den Anfangszeitpunkt herantasten konnten, wird es wohl kaum gelingen, diesen endgültig und absolut zu bestimmen.

Unmittelbar nach dem Urknall war unser Universum wahrscheinlich eine unvorstellbar heiße Blase, die sich mit Lichtgeschwindigkeit in alle Richtungen zugleich ausbreitete. Was der Begriff „unvorstellbar heiß" bedeutet, schätzen die Astrophysiker auf über 10^{28} Grad – das ist eine Eins mit 28 Nullen.[2] Zum Vergleich: Die Temperaturen, welche bei der Zündung eines nuklearen Sprengsatzes entstehen, fallen mit ein paar Millionen Grad vergleichsweise bescheiden aus. Und geradezu „kalt" würde sich die Oberflächentemperatur unserer Sonne ausnehmen, die je nach Region auf 6.000 oder 7.000 Grad berechnet wird.

Machen wir nun einen – wieder im kosmischen Sinne – kleinen Zeitsprung. Ungefähr 300.000 Jahre nach dem Urknall – das sich nach wie vor mit Lichtgeschwindigkeit ausweitende Universum besaß zu jenem Zeitpunkt einen Durchmesser von 300.000 Lichtjahren[3] – geschah etwas für das Weltall sehr Wichtiges. Es wurde durchsichtig, und die Temperatur hatte sich auf etwa 3.000 Grad abgekühlt. Dies ist der Bereich, in dem sich das einfachste aller Atome, der Wasserstoff, bilden kann. Aus ihm sollten dann in der Folge sämtliche weiteren, in der Natur vorkommenden Elemente hervorgehen.

Doch es musste noch viel Zeit verstreichen, und zwar geschätzte Hunderte von Millionen Jahren, bis die ersten Sonnen erstrahlten. Die produzierten in der Folge das nächstschwerere Element Helium. Wie auch nach und nach alle weiteren Stoffe, die wir heute im Periodensystem der Elemente finden, aufgereiht nach ihrem Atomaufbau und den davon abhängigen chemischen und physikalischen Eigenschaften.[4]

Unser Zentralgestirn und sein gesamte Planetensystem sind ungefähr 4,57 Milliarden Jahre alt[2], somit noch „Jugendliche“ im Vergleich zum Alter des Universums. Die Sonne gehört auch nicht zur ersten Generation von Sternen im Weltraum, welche viel älter sind und offenbar erst die Voraussetzungen für weitere Entwicklungen im Universum schufen.

In der modernen Astronomie wird zwischen zwei Arten stellarer Populationen unterschieden. Da wären die Populationen vom Typ I – hierzu gehört auch unsere Sonne –, die vergleichsweise jungen Datums sind. Man findet sie häufiger in den Spiralarmen der Galaxien, während solche vom Typ II wesentlich älter sind, und sich im Zentrum konzentrieren. Besagte Sterne der Population II lieferten eine unverzichtbare Vorarbeit für die jüngeren Sonnen: Durch nukleare Brennvorgänge in ihrem Inneren entstanden aus leichteren Elementen die wichtigeren schwereren – vor allem Sauerstoff und Kohlenstoff, die wiederum von großer Bedeutung für biologisches Leben sind. Wenn sie zum Ende ihrer Entwicklung häufig als Supernova Teile ihrer Gashülle verlieren, oder alles Material aus ihrem Kern hinaus ins Weltall verteilen, liefern Sterne der Population II die „Baumaterialien“ für die ihnen nachfolgenden Sonnen. Diese Stafette endet erst bei uns selbst: Alle Stoffe, aus denen unser Körper oder jener aller anderen Spezies besteht, wurden schon vor

Jahrmilliarden im Inneren längst vergangener Sonnen unter unglaublich hohen Druck- und Temperaturbedingungen nuklear erzeugt.[2]

Aus der Isolation

Ob die Sterne der viel älteren Population II bereits Planeten um sich gebildet haben, entzieht sich vorerst unserem Wissen. Bei Sonnen der jüngeren Generation – wie unserer – dürfte dies eher die Regel als die Ausnahme sein. Heute nimmt man an, dass unsere Sonne am Anfang von einer Gas- und Staubscheibe umgeben war, in der große Kondensationsprozesse abliefen. Durch starke Zentrifugalkräfte konzentrierten sich die schwereren Moleküle im Zentrum der Wirbel, während das leichtere, gasförmige Material nach außen geschleudert wurde.[5]

Bis vor ein paar Jahren dominierte in der Astronomie wie in der Astrophysik die Meinung, unser Sonnensystem mit all seinen Planeten sei ein seltener „Sonderfall" im Universum. Die bloße Existenz extrasolarer – also um fremde, weit entfernte Sonnen kreisender – Planeten wurde mindestens kontrovers diskutiert. Oder gleich rundherum abgelehnt.

Diese Ansicht ist gottlob völlig überholt. Wir wurden sozusagen aus der „kosmischen Isolation" befreit. Fast tagtäglich werden sogenannte „Exoplaneten" entdeckt – wie dies funktioniert, obwohl solche um unglaublich weit entfernte Sterne kreisenden Planeten selbst mit unseren allerstärksten Teleskopen nicht ausgemacht werden können, erkläre ich etwas später.

Alles begann mit „Kepler". Die Rede ist hier jedoch nicht von dem berühmten deutschen Astronomen Johannes Kepler (1571–1630). Selbiger verfasste eine Reihe von brillianten Lehrbüchern und erfand ein Fernrohr. Ihm verdanken wir außerdem die nach ihm benannten Gesetze der Planetenbewegung sowie die Erkenntnis, dass die Planetenbahnen nicht kreisförmig, sondern vielmehr elliptisch verlaufen.[4] Schließlich, knapp 400 Jahre nach seinem Tod wurde der Astronom Namensgeber einer Weltraummission, die zu Entdeckungen führte, wie man sie nur wenige Jahre zuvor nicht für möglich gehalten hatte.

Mit einer „Delta-II“-Rakete, die in der Nacht vom 6. zum 7. März 2009 startete, beförderte die amerikanische Weltraumbehörde NASA das Weltraumteleskop „Kepler“ in den erdnahen Orbit. Aufgabe jenes Gerätes war es, mehr als 100.000 Sterne unserer Galaxis zu erfassen und diese nach sie umkreisenden Planeten abzusuchen. Das Ganze wurde erst möglich gemacht durch eine Digitalkamera mit 95 Megapixel Auflösung, die auf einen bestimmten Sektor in den Sternbildern Lyra („Leier“) und Cygnus („Schwan“) ausgerichtet war. Nach Angaben der NASA handelte es sich hierbei um die stärkste Kamera, die jemals ins Weltall befördert worden war. Erst mit ihr ist es dem Weltraumteleskop möglich, bereits die kleinsten Veränderungen bei der Helligkeit von Sternen zu registrieren. Dies ist die Grundvoraussetzung, um Planeten fernster Sonnen überhaupt aufspüren zu können. Wie ich bereits angemerkt habe, ist das mit Teleskopen herkömmlicher Bauart schlicht unmöglich.

Bei ihrer systematischen Fahndung nach Exoplaneten sind die Astronomen auf die sogenannte Transit-Methode angewiesen. Ein Planet, der vor seinem Zentralgestirn vorbeizieht („transitiert“), verringert allein durch seine Masse vorübergehend dessen Helligkeit. Eine solche, periodisch auftretende Abnahme der Lichtstärke zu registrieren ist die primäre Aufgabe nicht nur des Weltraumteleskops „Kepler“, sondern inzwischen weiterer ins erdnahe Weltall geschossener Planetenfahnder. Auch wenn das Licht des ins Visier genommenen Sterns gerade einmal im Promillebereich reduziert wird, können die Astronomen doch eindeutig auf die Existenz eines zu ihm gehörigen Planeten schließen.

Mittels weiterer analytischer Methoden – vor allem der Spektralanalyse – ist es sogar möglich, die Größe, Beschaffenheit und weitere Eigenschaften des durch die Transit-Methode gefundenen Himmelskörpers zu bestimmen.[6]

Auf der Suche nach erdähnlichen Planeten

Wenn ich – mit Stand von heute, an meinem häuslichen Schreibtisch – vermerke, dass bis jetzt bereits mehr als 4000 Exoplaneten mit besagter Transit-Methode entdeckt werden konnten, dann ist diese Aussage bei Erscheinen des Buches längst ein alter Hut. Sorry! Denn es werden ja beinahe täglich mehr. Benannt werden diese neuen Himmelskörper stets nach dem Namen beziehungsweise der Katalognummer des Fixsterns, den sie umkreisen. Dazu bekommen sie einen kleinen Buchstaben, und zwar genau nach der Reihenfolge ihrer Entdeckung, beginnend mit dem Buchstaben „b".[7]

Ein ebenso spontanes wie aktuelles Beispiel hierfür ist „TOI 700d". Anfang 2020 meldete die NASA, dass ihr Forschungssatellit TESS auf der Suche nach vielleicht bewohnbaren Planeten außerhalb unseres Sonnensystems fündig geworden ist.[8] Wie ich aber noch zeigen werde, keinesfalls zum ersten Mal. TESS konnte den erwähnten Exoplaneten „TOI 700d" ausmachen, welcher von seiner Größe her mit der Erde vergleichbar sei, und vielleicht sogar über flüssiges Wasser verfüge. Der Planet ist runde einhundert Lichtjahre von der Erde entfernt – in kosmischen Maßstäben ein ganzes Stück weiter als der Mars, aber doch noch relativ nahe. TOI 700, also jener Stern, den der Exoplanet umkreist, war anfangs falsch eingestuft worden. Aus diesem Grund hielt man seine Planeten für viel größer, heißer und lebensfeindlicher, als sie in Wirklichkeit sind.[8]

Diverse aussichtsreiche Kandidaten für erdähnliche Bedingungen fand man auch zuvor, und dies waren nicht wenige. Der erste dieser Art war 2009 der Planet „Gliese 581c", auf dem jedoch recht tiefe Temperaturen herrschen dürften.[9] Deutlich bessere Chancen für die längst nicht mehr ungeteilte Anwartschaft auf den Titel „Zweite Erde" hatten da schon „Kepler 438b" und „Kepler 442b". Mit hoher Wahrscheinlichkeit bestehen diese aus massiven Gesteinen und besitzen lebensfreundliche Temperaturen. Ebenso wie der im Juli 2015 entdeckte „Kepler 452b". Wie die NASA mitteilte, sei er der

Erde so ähnlich wie kein anderer, bis zu dem Zeitpunkt entdeckter Exoplanet.[7]

Sieben auf einen Streich

Die Astronomen bezeichneten ihn in ihrer Euphorie als „eine Art größerer und älterer Cousin der Erde". In einer bewohnbaren („habitablen") Zone umkreist er einen der Sonne ähnlichen Stern in einem vergleichbaren mittleren Abstand, wie ihn auch die Erde aufweist. Sogar Wasser könnte auf „Kepler 452b" in flüssiger Form vorhanden sein, was eine der Grundvoraussetzungen für organisches Leben bedeutet.

Weitere Untersuchungen bestätigten nur noch mehr die Ähnlichkeit von „Kepler 452b" mit unserem heimatlichen Planeten. Sein Durchmesser ist um 60 Prozent größer als jener der Erde (in etwa 12750 Kilometer am Äquator), und er besteht wahrscheinlich aus festem Gestein. Seinen Zentralstern „Kepler 452" umrundet dieser Exoplanet in einem fünf Prozent weiteren Abstand, als unsere Erde die Sonne. Hier beträgt der mittlere Abstand (auch als „Astronomische Einheit" verwendet; später wird sie uns nochmal begegnen) 149.600 Millionen Kilometer.[4] Und für eine Umrundung benötigt „Kepler 452b" 385 Erdentage, was annähernd unserem Jahr entspricht. Als einen wahren „Meilenstein in der Planetenforschung" bezeichneten die an der Auswertung beteiligten Astronomen denn auch diese bahnbrechende Entdeckung.[7]

Und dann geschah Unerhörtes. Denn „Trappist 1" kam aus den Tiefen des Alls, und mit ihm sage und schreibe sieben neue extrasolare Planeten auf einen Streich! Bei „Trappist 1" handelt es sich um einen „Roten Zwergstern" der Klasse M, der zwar gerade einmal 40 Lichtjahre von uns entfernt, jedoch aufgrund seiner so geringen Größe von der Erde aus mit bloßem Auge nicht zu entdecken war. Der Stern ist nicht sonderlich größer als Jupiter, und besitzt dabei nur 0,008 Sonnenmassen. Gefunden wurde er bereits 1999, anlässlich einer Himmelskatalogisierung durch die US-Marine. Doch erst, als das auf die Suche nach Exoplaneten in Zwergsternsystemen spezialisierte belgisch-schweizerische „Trappist"-Projekt im Jahr 2015 auf die ersten Planeten dort gestoßen war, bekam er seine jetzige Bezeichnung.[10]

Das Team aus Belgien und der Schweiz hatte zunächst nur die Entdeckung dreier Planeten bekanntgegeben. Doch dann wurde auf breiterer Basis weitergeforscht – unter anderem mit dem Infrarot-Weltraumteleskop „Spitzer" sowie mit dem reaktivierten und nun unter dem Namen „K2-Mission" arbeitenden Kepler-Teleskop. Dies ermöglichte die Verifizierung von vier weiteren Planeten, die um den roten Zwergstern kreisen. Und alle sieben Planeten wurden als erdähnliche Felsplaneten klassifiziert, von denen sich wiederum drei bis vier in einer für Leben geeigneten Zone des Zentralsternes befinden!

Alle sieben „Trappist 1" umkreisenden Exoplaneten sind verblüffend erdähnlich, und bewegen sich in ihrer Masse zwischen 0,41 und 1,38 Erdmassen. Zum Vergleich: Der Mars verfügt gerade einmal über 0,11 Erdmassen, ist somit fast viermal kleiner als der kleinste unter den Planeten von „Trappist 1". Durch das „Spitzer"-Teleskop konnte die NASA auch die Bahnparameter sowie die Eigenschaften dieser Planeten mit hoher Genauigkeit bestimmen.[11]

Stabile Verhältnisse

Die hier ermittelten Parameter erlauben tatsächlich großen Optimismus, was die Suche nach außerirdischem Leben betrifft. Die Planeten Trappist 1d bis 1g (die Namensgebung extrasolarer Planeten habe ich bereits ein paar Seiten vorher erklärt) sind von ihrer Sonne aus betrachtet die Planeten Nummer 3 bis 6. Gelegen in einer lebensfreundlichen Zone, besitzen diese jeweils ein Verhältnis ihrer Masse zum Durchmesser, das geradezu optimal erscheint für die Entwicklung von stabilen atmosphärischen Verhältnissen. Der Klimaforscher Eric Wolf von der Universität Boulder (Colorado) wandte ein 3-D-Klimamodell auf die Planeten des Trappist 1-Systems an. Seine Folgerung besagte, dass dort lebensfreundliche Bedingungen grundsätzlich sogar auf mehreren Planeten möglich seien.[12]

Nun will ich es aber mit dem Thema extrasolarer Planeten in weit entfernten Systemen bewenden lassen. Bei fast tagtäglich erfolgenden Neuentdeckungen werden die nächsten Monate und Jahre sicher noch jede Menge weltbildstürzender Erkenntnisse zeitigen. Was auch eminent wichtig ist, trägt dies doch entscheidend dazu bei, dass wir uns von überholten Irrmeinungen – „es gibt kein Leben außerhalb unseres Planeten und unseres Sonnensystems" – verabschieden, und einen längst überfälligen Paradigmenwechsel auch auf diesem Gebiet vollziehen.

Ein ganz banaler, praktischer Aspekt bringt mich jetzt nach ausgedehntem Exkurs in die Anfänge und die Weiten des Weltalls zum eigentlichen Thema meiner Betrachtungen zurück. Mit wenig mehr als einem halben Jahrhundert Raumfahrterfahrung (wobei in diesem Zusammenhang der Begriff „Raumfahrt" die reinste Hochstapelei darstellt!) wird es wohl noch eine ganze Weile dauern, bis wir Flüge zu weit entfernten Sternen in Angriff nehmen können. Interstellare Raumfahrt wird von den Skeptikern noch immer ins Reich der Science Fiction verbannt. Doch in einer mehr oder weniger fernen Zukunft liegt auch sie im Bereich des Machbaren.

Der bemannte Flug zum Mars jedoch liegt in greifbarer Nähe und ist eigentlich nur mehr eine Frage der Zeit. Auch wenn unlängst ein Projekt, das sich am Anfang durchaus vielversprechend angehört hat, scheiterte, noch bevor es aus seinen Startlöchern kam.

„Mars One": Zurück auf Null

Bereits 2011 wurde in den Niederlanden die private Stiftung „Mars One" gegründet, der im Jahre 2016 eine Aktiengesellschaft in der Schweiz folgte. Bas Lansdorp, der Initiator, hatte die Vision, bis 2022 oder 2023 die ersten Menschen zum Mars zu fliegen und dort eine dauerhaft bewohnbare Siedlung zu errichten. Nach und nach sollten weitere Siedler auf dem „roten Planeten“ ankommen und die Kolonie dauerhaft verstärken. Denn die weite Reise zum Mars war von Anfang an als eine „Reise ohne Wiederkehr“ konzipiert. Hierfür konnte sich jeder, der gesundheitlich fit sowie der englischen Sprache mächtig war, mit einer nach Herkunftsland gestaffelten Anmeldegebühr bewerben. Ungefähr 200.000 Bewerbungen sollen laut Lansdorp eingetroffen sein.

Im Jahre 2014 wurde die erste Vorauswahl von 1058 Kandidaten getroffen, von denen nach weiteren physischen und psychischen Tests nur noch 100 potenzielle Anwärter übrigblieben. Insgesamt sollten es 40 Kandidaten werden, welche die erste menschliche Gemeinschaft außerhalb ihres Heimatplaneten gründen sollten.

Nach Schätzungen des Gründers und Projektleiters wären insgesamt etwa sechs Milliarden US-Dollar zur Realisierung des Exodus zum Mars notwendig gewesen. Nur ein Teil dieser Summe wäre mit den – zugegeben moderaten – Anmeldegebühren finanziert worden. Den Löwenanteil erbringen sollten, neben privaten Investoren, die Einnahmen aus einer Reality-TV-Show, in der zahlende Zuschauer vom ersten Augenblick an „das größte Medienereignis der Weltgeschichte“ hätten mitverfolgen können.[13,14] Ein „Dschungel-Camp im Weltall“, wenn man so will.

Leben sollten die Kolonisten, für deren Befinden die deutlich geringere Schwerkraft auf dem Mars angeblich nicht unangenehm wäre, in vorfabrizierten, kugelförmigen Appartements, die von vorgeschickten Transportschiffen auf die Planetenoberfläche abgeworfen werden sollten. Und in Gewächshäusern würden sie ihre eigene Nahrung anbauen, denn die „Marsianer“ wären vollkommen auf sich alleine gestellt. Eigentlich sollte das erste dieser Versorgungsschiffe bereits 2016 starten, doch das hat sich bekanntermaßen als Utopie herausgestellt.

In einem meiner vorangegangenen Bücher hatte ich das „Mars-One“-Projekt erwähnt, wobei ich mich da bereits eher skeptisch äußerte. Denn viel zu viele Fragen waren nicht hinreichend geklärt.

Müsste der zum Überleben dringend notwendige Sauerstoff regelmäßig mit weiteren Versorgungsschiffen gebracht werden, oder könnte man ihn auch dauerhaft auf dem Mars produzieren? Was würde bei medizinischen Notfällen geschehen?[15] Auch wenn es nur als eine Reise ohne Wiederkehr geplant war, und alle Kolonisten letztendlich sowieso ihr Grab auf dem Mars finden würden, wäre solch ein Notfall nichts anderes als ein vorgezogenes Todesurteil!

„Satz mit X"

Bald regten sich ethische Bedenken gegen „Mars One" und die Kritiker sprachen den Initiatoren, wie auch dem ganzen Projekt, jegliches Verantwortungsbewusstsein ab. Der ehemalige deutsche Astronaut Ulrich Walter etwa meinte: „Man muss sich nur einmal vorstellen, dass Menschen dort oben vor laufender Kamera sterben, und wir schauen ganz gemütlich zu." Im Februar des Jahres 2015 zog sich dann der Inhaber der Übertragungsrechte, die niederländische TV-Produktionsgesellschaft Endemol, aus dem mittlerweile „zu heiß" gewordenen Vorhaben komplett zurück.[13,14]

Wie dem auch sei: Aus „Mars One" wird wohl nichts mehr werden. Im Frühjahr 2017 fielen mit einem Mal die Aktien der Gesellschaft derart in den Keller, dass mit Wirkung vom 27. März des gleichen Jahres der Handel an der Börse ausgesetzt wurde. Daraufhin setzte die Bundesanstalt für das Finanzwesen (BaFin) Zwangsgelder fest. Am 15. Januar 2019 eröffnete das Zivilgericht Basel-Stadt das Konkursverfahren über die Schweizer Aktiengesellschaft. Diese hatte somit aufgehört zu existieren.[13]

„Satz mit X – war wohl nix!" Initiator Bas Lansdorp betonte indes, dass dies nicht die Stiftung betreffen würde, und hielt auch weiterhin an den Plänen für die Kolonialisierung des Mars fest. Ich denke aber, dass der Abgesang auf dieses Projekt längstens angestimmt wurde. Denn sogar unter überzeugten Anhängern der bemannten Weltraumfahrt ist das Vorhaben höchst umstritten – vor allem wegen der im Moment noch zu hohen technischen Hürden, aber auch aus ethischen Gründen.[14]

Würden jedoch statt zum Scheitern verurteilter, wenngleich visionärer Einzelkämpfer mehrere Staaten und Organisationen an einem Strang ziehen, dann dürfte solch einem Unternehmen auch maximale Aussicht auf Erfolg beschieden sein. Voller Rätsel und Geheimnisse, hat unser Nachbar im Sonnensystem, der uns bereits seit undenklichen Zeiten in seinen Bann zieht, nichts von seiner mystischen Ausstrahlung eingebüßt. Ganz im Gegenteil: Beobachtungen und Entdeckungen aus jüngerer Zeit lassen erahnen, dass uns „dort oben" geradezu unfassbare Dinge erwarten.

Argumente für den Flug zum Mars

Die Liste der Seltsamkeiten und ungelösten Rätseln, die auf dem „Roten Planeten" der ersten Menschen harren, die eines Tages ihren Fuß dorthin setzen, ist ellenlang. Jedes einzelne dieser Mysterien und jede unbeantwortete Frage für sich allein wäre bereits den immensen Aufwand wert, das bis dahin größte Abenteuer der Menschheit endlich in Angriff zu nehmen.

Erste Konzepte für einen bemannten Flug zum Mars entstanden bereits in den 1960er Jahren, als sich die Vereinigten Staaten und die damalige Sowjetunion einen beispiellosen Wettlauf zum Mond lieferten. Damals war man überzeugt, dass eine 400tägige Expedition einer Mannschaft von acht Astronauten bis zum Jahre 1985 ohne weiteres technisch möglich sei.[16] Der geniale deutsche Raketenkonstrukteur Wernher v. Braun (1912–1977), Leiter der Planungsabteilung der NASA und treibende Kraft hinter dem Mondlandeprogramm der USA, sagte die Landung von Menschen auf dem Planeten Mars sogar schon für 1982 voraus.[17] Alle waren wie berauscht von dem Erfolg, die ersten Menschen zum Mond gebracht zu haben.

Doch nach den Mondlandungen in den Jahren 1969 bis 1972 und der darauf erfolgten Einstellung des Apollo-Programms wurde das „nächste Ziel Mars" wohl in erster Linie aus finanziellen Gründen fallen gelassen. Die anfängliche Euphorie war verräucht. Erst in unserer jüngsten Zeit gibt es wieder konkretere Pläne von verschiedenen Staaten und Organisationen. Vielleicht haben sie erkannt, dass es immer mehr und stärkere Argumente gibt für eine bemannte Mission zum Mars. Ich habe ein paar davon aufgelistet: Auf den Nägeln brennende Rätsel, die ich in den nachfolgenden Kapiteln ausführlich darstellen möchte:

- Was hat es mit den geheimnisvollen, seit mehr als einhundert Jahren beobachteten „Marsblinks" auf sich? Nur Zufälle, oder gezielte Signale? Erst im Juni 2019 registrierte der Marsrover „Curiosity" ein kurzes Aufblitzen am Horizont des Planeten. Seither rätseln Spezialisten der NASA wie interessierte Laien über die Herkunft dieser Lichterscheinung. Was war der Ursprung einer gewaltigen Wolke in Form des Buchstabens „W", die vor etwa 60 Jahren auf dem Mars beobachtet wurde?

- Der erwähnte Marsrover „Curiosity" fand eindeutige Spuren von Wasser im Boden, und vermochte sogar die Fließgeschwindigkeit eines früheren Marsflusses aufs Genaueste zu ermitteln. Selbst eine Pyramide fand sich auf den Fotos, die der Rover zur Erde funkte.

- Nach wie vor ein großes Rätsel stellen die winzigen Satelliten des Mars, Phobos und Deimos dar. Sind sie nur zufällig eingefangene Asteroiden, oder sind sie künstlichen Ursprungs, wie einige renommierte Astronomen in den 1960er Jahren ernsthaft vermuteten?

- Ein Physiker will unwiderlegbare Anzeichen dafür gefunden haben, dass einst die Biosphäre des Mars, die vor Millionen Jahren intelligentes Leben hervorgebracht habe, durch eine atomare Katastrophe apokalyptischen Ausmaßes vernichtet worden sei. Zwischen den Planeten Mars und Jupiter befindet sich mit dem Asteroidengürtel eine Ansammlung kosmischer Objekte, die manche Astronomen für die Reste eines geborstenen Planeten halten. Gibt es einen Zusammenhang, fiel auch jener (hypothetische) Planet einer möglicherweise künstlich verursachten Zerstörung zum Opfer?

- Die Sonde „Mars Express" der europäischen Agentur ESA lieferte Hinweise, dass unter der Marsoberfläche einst ein gewaltiges Netz aus Grundwasser existierte, das unterirdische Gewässer miteinander verband. Weitere Entdeckungen machen die Frage unvermeidlich: Gibt es noch heute Leben auf dem „Roten Planeten"?

Bei den unzähligen Mysterien, die sich aus frühesten Zeiten bis in unsere Tage fortgesetzt haben, verwundert es auch kaum, dass unser Nachbar Mars aus den Mythen dieser Menschheit nicht mehr wegzudenken ist.

1. Mars und Mythen

Wie ein roter Faden in unserer Geschichte

Ganz sicher haben bereits unsere Vorfahren in der Altsteinzeit ihre Augen zum nächtlichen Sternenhimmel erhoben und sich ihre Gedanken über jene glänzenden Lichter gemacht, die da mit schöner Regelmäßigkeit erschienen. Neben unzähligen Fixsternen – diese Bezeichnung ist eigentlich irreführend und kommt aus einer Zeit, in der man die Sterne fest am Himmel stehend („fix") glaubte – sind auch die Planeten unseres Sonnensystems oftmals gut zu erkennen. Wie die Venus, die als Abend- und Morgenstern eine der hellsten Erscheinungen unseres Himmels darstellt. Und natürlich Mars, den rötlich eingefärbten, vierten Planeten in unserem System, dessen Distanz zur Sonne zwischen 204 und 240 Millionen Kilometern schwankt.[4]

Leider existieren aus dieser frühen Epoche keinerlei schriftlichen Aufzeichnungen – sieht man einmal ab von hieroglyphenähnlichen Zeichen, welche die unbekannten Schöpfer der geheimnisumwitterten Megalithanlage von Göbekli Tepe in den Stein meißelten. Es ist buchstäblich eine „steinalte" Metropole, die ungefähr 15 Kilometer nordöstlich der Provinzhauptstadt Sanliurfa, nicht weit von der türkisch-syrischen Grenze entfernt liegt. Die Gründung von Göbekli Tepe reicht an die 12.000 Jahre zurück, also in die ausgehende Altsteinzeit. Deshalb wird sie mittlerweile als die älteste Stadt der Welt gehandelt.[18] Ob die Piktogramme auf den Reliefpfeilern des aus 20 Teilanlagen bestehenden monumentalen Meisterwerkes eine richtige Schrift darstellen oder nicht, das wird unter den Fachgelehrten nach wie vor äußerst kontrovers diskutiert. So musste sich der leider viel zu früh verstorbene Chefausgräber des Deutschen Archäologischen Instituts, Klaus Schmidt, zu dem äußerst vorsichtig formulierten Statement geradezu durchringen, dass bereits damals „Menschen anderen Menschen etwas mitteilen" wollten.[19]

Aber unzählige Felszeichnungen aus so frühen Zeiten vermochten dem zerstörerisch agierenden „Zahn der Zeit“ erfolgreich zu widerstehen, legen Zeugnis ab von einem astronomischen Wissen, das bereits in der Steinzeit verbreitet war. Sowie zwei unser Weltbild total auf den Kopf stellende Anlagen, über die ich in einem späteren Kapitel in aller Ausführlichkeit berichten werde.

Auf dem „Dancing Kudu Trail“

In der Geschichte der Astronomie soll der Planet Mars dem Menschen schon seit der Mitte des 5. Jahrtausends v.Chr. allgemein bekannt gewesen sein, lautet zumindest die herrschende Lehrmeinung.[20] Die eine oder andere vorzeitliche Felszeichnung scheint dies zu bestätigen. Und dass über den „Roten Planeten“ hinaus auch alle anderen Himmelskörper unseres Sonnensystems nicht nur in alten Hochkulturen ein Begriff waren.

Im Nordwesten Namibias, der einstigen Kolonie Deutsch Südwestafrika, liegt westlich von Khorixas ein Ort mit der Bezeichnung Twyfelfontein. Der Name kommt aus dem burischen Afrikaans (von den holländischen Siedlern stammende Abart der niederländischen Sprache, die sowohl in Namibia als auch Südafrika weit verbreitet ist), und bedeutet so viel wie „zweifelhafte Quelle“. Die Stätte ist als Weltkulturerbe der UNESCO ausgewiesen. Auf unzähligen Felsplatten und unter überhängenden Wänden haben sich die Jäger und Sammler dieser Region seit Urzeiten künstlerisch verewigt; die ältesten Gravuren werden auf über 6000 Jahre geschätzt.

Deutlich sind auf den beiden Rundwegen („Dancing Kudu“ und „Lion's Trail“), die Touristen nur noch in Begleitung von Park-Rangern betreten dürfen, Löwen und Giraffen, Nashörner und Antilopen zu erkennen. Aber die Vertreter der örtlichen Fauna sind nicht das Einzige, das von den fleißigen Künstlern auf den Felszeichnungen skizziert wurde.

Archäologen rätseln über die Bedeutung zahlreicher „abstrakter“ Gravuren, die zu den ältesten vor Ort zählen sollen. Die Gelehrten vermuten in Punktreihen, Strichen und Kreisen Beschwörungsformeln für „magische Rituale". Mich erinnerten einige solcher Steinritzungen, die mir anlässlich meiner mittlerweile vier Reisen nach Namibia ins Auge fielen, eher an die Darstellungen von Planeten, die um die Sonne kreisen.

Eine wirklich spektakuläre Felszeichnung wartet unter einer überhängenden Decke an einem Felspilz, und gibt Anlass zu gewagten Spekulationen.

Um zu der Felszeichnung zu gelangen, ist der „Dancing Kudu Trail" die angesagte Adresse. Auf einem großen, runden Felsen, dessen natürlicher Überhang den perfekten Schutz vor Verwitterung darstellt, prangt ein seltsames Szenario. In der Mitte ist ein äußerst ungewöhnliches Objekt zu erkennen, das auf der Oberseite so etwas wie eine „Kuppel" erkennen lässt. Darin scheint sogar eine Gestalt zu sitzen, wenn man einen dicken Punkt in der „Kuppel" als Kopf deuten mag. Eine weitere Auffälligkeit sind drei aus dem Objekt ragende „Ausleger" – ein vierter hinter dem Fahrzeug könnte aus perspektivischen Gründen nicht sichtbar sein –, an deren Enden radähnlich wirkende Gebilde sitzen. Das ganze Gebilde wirkte ausgesprochen technisch.

Haben wir es hier etwa mit einer Art „Landefähre" zu tun, die mithilfe gefederter Ausleger weich auf dem Wüstenboden Südwestafrikas aufsetzte – und das vor etwa 5.000 Jahren? Noch um einiges interessanter ist das Bild in seiner Gesamtheit, welches auf dem langsam vor sich hinwitternden Granitfelsen erkennbar ist. Es lässt im Rahmen einer psychologischen Analyse sogar reichlichen Interpretationsspielraum für die verwegene Annahme, hier könnte so etwas wie eine Konfrontation mit fremden Intelligenzen („Besuch vom Mars") abgebildet sein.

Das UFO-ähnliche Objekt erregte damals offenbar die Aufmerksamkeit einer größeren Anzahl Menschen, die sich ringsherum versammelt haben. In unmittelbarer Nähe hocken zwei Gestalten im „Schneidersitz" und scheinen das „Ding" mit gespannter Aufmerksamkeit zu betrachten. Dahinter haben sich zahlreiche weitere

Neugierige zusammengerottet, und in Richtung des linken Bildrandes erheben zwei Gestalten sogar drohend Pfeil und Bogen.

Der „große Marsgott"

Wollten die beiden Waffenträger das Objekt, das so gar keine Ähnlichkeiten mit ihrem üblichen, jagdbaren Beutewild erkennen lässt, attackieren, weil sie es für eine Bedrohung hielten? Bei eingehender Betrachtung drängt sich ein logischer Schluss fast zwingend auf: Die hier bildlich dargestellte Situation muss eine höchst beeindruckende Abwechslung vom normalen Alltagsleben der ringsum versammelten „Zaungäste" repräsentieren. Bei ihnen lassen sich vielfältige Verhaltensmuster ablesen, wie man sie auch heute noch in Ausnahmesituationen gut beobachten kann. Da ist einmal neugieriges Drängen bei der zahlenmäßig am stärksten vertretenen Gruppe im Hintergrund. Gespanntes Abwarten dagegen bei jenen zwei Gestalten, die sich im Schneidersitz niedergelassen haben. Und wiederum zwei weitere Personen reagieren gar aggressiv auf die Szenerie; jederzeit zum Schuss bereit haben sie ihren Bogen mit dem eingelegtem Pfeil auf das ungewöhnliche Objekt gerichtet.[21]

Bei einem schweren Unfall auf der Autobahn wäre das Bild in unseren Tagen das gleiche – inklusive tätlicher Angriffe durch besonders einfältige Charaktere auf die Rettungskräfte. Den im Hintergrund zusammengerotteten „Gaffern" auf der Felsmalerei in Twyfelfontein fehlte nur noch das Smartphone zum Filmen und Fotografieren. „Gepostet" hat es dann letztendlich der unbekannte Felsbildkünstler – auf Stein.

Ob der unbekannte Besucher nun aus den Tiefen des Weltraums kam, oder „nur" von unserem Nachbarn Mars, hierüber lässt sich trefflich spekulieren. Wie bei einer riesigen Gestalt, die der französische Archäologe Henri Lhote auf einer senkrechten Felswand bei Jabbaren im algerischen Tassili-Gebirge entdeckte Der Forscher taufte die sechs Meter hohe, humanoide Figur ganz spontan „le grand dieu martien" – „der große Marsgott". Genauso sieht er auch aus: Auf seinen plumpen, wuchtigen Schultern liegt ein Helm, der durch etwas wie ein Gelenk mit dem übrigen Anzug verbunden ist. Dort, wo sich eigentlich der Mund und die Nase befinden sollten, lässt der Helm nur eine ovale Struktur, sowie verschiedene Schlitze oder Segmente erkennen.[22]

Um es auf den Punkt zu bringen: Kosmonautischer als dieser auf einer Felszeichnung verewigte „Marsgott", dessen Alter die Archäologen auf ungefähr 6.000 bis 8.000 Jahre datiert haben, sehen auch die Raumfahrer unserer Tage nicht aus.

Steinzeitastronomie

Etwas eindeutiger präsentieren sich Darstellungen, die man als Abbildungen des Sonnensystems interpretieren kann. Und die aus einer Zeit stammen, in der die Menschen, wenigstens nach geltender Lehrmeinung, noch nicht über ein astronomisches Fachwissen wie in unseren Tagen verfügten.

Da wurde beispielsweise im Inneren Australiens ein Kultholz der Aborigines – eine sogenannte Tjurunga – gefunden, das heute im National Museum of Victoria in Melbourne besichtigt werden kann. Man rätselt, ob es sich womöglich um die schematische Darstellung eines Planetensystems handeln könnte.[23] Denn rings um einen runden Zentralkörper sind Kreise eingraviert, die in ihrer Anordnung durchaus einer Sonne mit ihren sie umgebenden Planeten entsprechen könnten. Allerdings sind es elf an der Zahl – also zwei mehr, als die neun „offiziellen" Planeten in unserem Sonnensystem ausmachen.

Doch tatsächlich wurden in den vergangenen Jahren zwei weitere Himmelskörper entdeckt, die man unserem System zurechnen kann.

Im Herbst 2005 meldeten die Medien, dass jenseits der Bahn des kleinen Pluto ein Planet entdeckt wurde, dessen Durchmesser mit etwa 3.000 Kilometern größer als der des Pluto und etwa halb so groß wie jener des Mars ist. Er wurde vorläufig unter der Bezeichnung „2003 UB 313" registriert.[24]

Und im Januar 2016 wurde die mögliche Entdeckung eines weiteren, bis dato noch unbekannten Planeten verlautbart, der auch jenseits der Bahn des Pluto um unser Zentralgestirn kreist. Es waren zwei US-Astronomen vom California Institute of Technology (Caltech), Mike Brown und Konstantin Batygin, die konkrete Hinweise auf dessen Existenz gefunden hatten. Nach ihren Angaben umkreist dieser Planet die Sonne in durchschnittlich zwanzigfacher Entfernung wie der Neptun. Damit sei er so weit von der Sonne entfernt, dass er für eine Umkreisung einen Zeitraum zwischen 10.000 und 20.000 Erdenjahren benötigt. Das ist eine ungeheure Distanz. Aus diesem Grund könne er kaum Licht reflektieren, und von ihm aus sei die Sonne nur als ein extrem winziger Lichtpunkt wahrzunehmen.[25]

Stellt die Tjurunga aus den sonnendurchglühten Weiten Zentralaustraliens unser Sonnensystem dar, inklusive der beiden neu entdeckten Himmelskörper? Oder ein fremdes System – was bereits in grauer Vorzeit die Entdeckung sogenannter „Exoplaneten" vorweggenommen hätte? Mittlerweile kennt man bekanntlich weit über 4.000 dieser um ferne Sonnen kreisenden Planeten, und tagtäglich werden es mehr.[6,7]

Die Frage stellt sich nicht bei einer prähistorischen Felszeichnung, die in einer Höhle bei Varzelandia mitten im Regenwald von Brasilien entdeckt wurde. Auf diesem Höhlenbild findet man acht von neun Planeten – Merkur, Venus, Erde, Mars, Jupiter, Saturn, Uranus und Neptun – in ihrer richtigen Relation zur Sonne eingezeichnet. Einzig der kleine Pluto fehlt, und die beiden jenseits seiner Umlaufbahn. Trotzdem stehen wir hier vor einem eindrucksvollen Beweis für ein astronomisches Wissen, das es in der Steinzeit eigentlich nicht hätte geben dürfen.[26]

Mythenforschung

In die Zeit des ausgehenden 4. Jahrtausends v.Chr. fiel der Anfang einer der bekanntesten Rätselstätten der Menschheitsgeschichte im heutigen England. Die Rede ist von Stonehenge, dem in aller Welt berühmt gewordenen jungsteinzeitlichen Großsteinbau nahe Salisbury in der Grafschaft Wiltshire. Das beeindruckende Monument wurde aus kreisförmig angeordneten Blöcken von Blaubasalt errichtet. Weitere Kreise sind mit Löchern markiert, und die Gesamtanlage lässt mehrere konzentrisch angeordnete Ringe erkennen.

Was war Stonehenge? Ein Kultzentrum, was immer dies auch bedeuten mag? Oder eine Stätte hochentwickelten, astronomischen Wissens?

Wahrscheinlich eher Letzteres. Denn bereits Ende der 1970er Jahre stellte der Astronom Mike Saunders fest, dass Stonehenge ein verkleinertes Modell unseres Sonnensystems darstellt.[27] In einem späteren Kapitel werde ich, wie schon angedeutet, weitere zwei Anlagen präsentieren, die jedoch größenmäßig um Welten über das hinausgehen, was die Steinsetzungen von Stonehenge an Fläche beanspruchen.

Wie dort, sind auch in Stonehenge durchschnittliche Umlaufdaten angegeben – also auf kreisförmig umgerechnet und nicht wie in der Natur die auf einer elliptischen Bahn beruhenden.

So steht der innerste Ring im Mittelpunkt für unsere Sonne, umgeben von drei weiteren, für Merkur, Venus und die Erde. Ein Stück weiter liegt der Ring für unseren „roten Nachbarn" Mars, und auch jene Hunderttausende von Gesteinsbrocken, welche als Asteroidengürtel zwischen Mars und Jupiter die Sonne umrunden, fehlen nicht. Noch weiter draußen befindet sich der sogenannte Heelstone, welcher die durchschnittlichen Bahndaten des großen Gasplaneten Jupiter kennzeichnet.[27]

Aber wohl die meisten und unübersehbarsten Spuren hat Nachbar Mars in den Mythen und Überlieferungen, in den heiligen wie auch den himmelskundlichen Texten unserer Altvorderen hinterlassen. Seltsamerweise wird er dabei stets in einem höchst aggressiven, kriegerischen und destruktiven Kontext dargestellt. „Ares" nannten ihn die alten Griechen, „Mars" die Römer – bei beiden Kulturen war er der Gott des Krieges. Selbst für das heutige Wort „martialisch" – Synonym für kampfesfreudig, militant und angriffslustig – stand Mars Pate.

Deshalb möchte ich mich nachfolgend zum Zweck der Spurensuche ein gutes Stück in den reichen Mythenschatz der Menschheit eingraben.

Die Sumerer, jenes Volk, das ungefähr ab dem 4. vorchristlichen Jahrtausend Mesopotamien – hauptsächlich das Gebiet des heutigen Staates Irak – bewohnte, sind im wahrsten Sinne des Wortes ein „Volk ohne Stammbaum". Noch immer ist unbekannt, woher sie kamen. Sie waren plötzlich mit einer der ältesten Hochkulturen dieses Planeten zur Stelle. Es gab einzelne Stadtstaaten oder Königtümer wie Ur, Uruk oder Lagasch, und unter der wechselnden Vormachtstellung der einzelnen Teilstaaten blühte förmlich die sumerische Kultur auf. Für etliche Jahrhunderte dominierte diese, angeführt von einer hervorragend organisierten Beamten- und Priesterschaft, das Geschehen in dieser Region.[4]

Dabei war die von ihnen entwickelte Keilschrift unverzichtbare Hilfe bei der Verwaltung des Gebietes. Den Archäologen in unseren Tagen verrieten die zu Tausenden dem Boden entrissenen Keilschrifttexte, über welch außergewöhnliches Wissen das herkunftslose Volk aus dem Zweistromlande verfügte. Nicht zuletzt natürlich auf dem Gebiet der Astronomie.

„Herrin der Schlachten" und „Gott des Krieges"

Diese auf Tontafeln geschriebenen Keilschrifttexte bildeten umfangreiche Bibliotheken vorzeitlichen Wissens. Die staunenswertesten davon dürften die sumerischen Himmelslisten sein, in denen von der Sonne, dem Mond und zehn Planeten in diesem System berichtet wird. Was die Sumerologen, jene Wissenschaftler, die sich intensiv mit der wurzellosen Hochkultur Mesopotamiens befassen, erst einmal gründlich irritierte. Denn wie alle Völker der Vorzeit per se, hätten auch die Sumerer nicht mehr als sechs Planeten kennen dürfen. Also wurden die Keilschrifttexte erst einmal als „Himmelsmythen" gedeutet – bis sich dann herausstellte, dass es sich dabei um ganz präzise Beschreibungen unseres Planetensystems handelt, und nicht um Mythen.[28]

Bei den Sumerern hieß die Sonne „APSU", was so viel bedeutet wie „jene, die von Anfang an existierte". Die Venus, heutzutage allgemein mit Liebreiz oder sinnlichem Begehren beziehungsweise als „Göttin der Liebe" apostrophiert, hieß „LA.HA.MI" oder die „Herrin der Schlachten". Der Mars indes blieb mit dem Namen „LAH.MU" – der „Gott des Krieges" – seinem Ruf treu. Dabei gaben ihm die astronomieversessenen Sumerer noch zwei weitere Bezeichnungen mit auf den Weg. Eine davon war „UTA.KA.GAB.A", das bedeutet „Licht an den Toren der Wasser". Die zweite könnte auf die ungefähre Position des Mars in unserem Sonnensystem hindeuten: „SCHE.LIB.BU" – „einer nahe der Mitte".

Nicht uninteressant ist übrigens, wie die Sumerer den sechsten Planeten unseres Sonnensystems, den Saturn, bezeichneten: „AN.SCHAR", der „Größte des Himmels". Zwar ist Jupiter mit seinem Durchmesser von knappen 143.000 Kilometern unbestritten der größte Planet unseres Systems. Allerdings kommt der Saturn mit seinem Ringsystem – das wahrscheinlich aus unzähligen, eingefangenem Sand und Steinbrocken besteht – sogar auf einen Durchmesser von 272.000 Kilometern.[28]

Ein wahrhaft phänomenales astronomisches Wissen. Doch stand der Mars auch bei vielen anderen Völkern im Fokus des Interesses.

Martialisches im Tempel des Mars

Gleichfalls in Keilschrift erhalten sind einzelne Teile des Avesta, der heiligen Schriften der Parsen.[29] Dies ist ein Volk aus dem Gebiet des heutigen Iran, das sich als Anhänger des Religionsstifters Zarathustra (um 630–553 v.Chr.) standhaft weigerte, zum aus Arabien eingedrungenen Islam überzutreten. Deshalb wanderten sie im 10. nachchristlichen Jahrhundert nach Indien aus, wo sie noch heute in größerer Zahl im Gebiet von Mumbai (Bombay) ansässig sind. Die erwähnten Aufzeichnungen wurden im 6. und 5. Jahrhundert v.Chr., auf Betreiben der Perserkönige Dareios der Große (550–486 v.Chr.), dessen Sohn Xerxes (um 519–465 v.Chr.) sowie Dareios' Enkel Artaxerxes (gest. um 425 v.Chr.) auf Tontäfelchen niedergeschrieben.[30]

Auch in den Texten dieser Religionsgemeinschaft stoßen wir auf ein erstaunlich exaktes astronomisches Wissen. So schrieb Scheich Mohammed Fani in seinem Werk „Dabistan", dass für die Parsen „die Planeten einfache Körper von kugelförmiger Gestalt" seien. Derselbe Autor beschreibt auch die verschiedenen Tempel, welche die Parsen nach den Wünschen der „Götter" zu Ehren der diversen Herkunftsplaneten errichteten. In jedem dieser Tempel existierte nicht nur ein kugelförmiges Modell jenes Planeten, dem er zugeordnet war. Ein jedes der Heiligtümer verfügte außerdem über ganz spezielle, von dem jeweiligen Planeten hergeleitete Haus- und Kleiderordnungen. Im Tempel des Mars trugen die Priester der Parsen martialisch rote Gewänder und unterhielten sich in „einem stolzen Ton", ganz ähnlich wie in einem Offizierskasino.[31]

Auch hier galt Mars als Protagonist kampfesfreudigen, kriegerischen Verhaltens.

Vom Marsfeld verschwunden

Der Gott Ares der alten Griechen ist wohl einer der bekanntesten „Himmlischen", der mit dem Planeten Mars in Verbindung gebracht wurde. Er war der Gott des Krieges, Sohn von „Göttervater" Zeus und dessen Gemahlin Hera, ebenso der Liebhaber der Göttin alles Sinnlichen, Aphrodite.

Als „Dämon des Gemetzels“ erscheint er bei Homer in dessen Epos „Ilias“. Und auf den Schlachtfeldern Trojas steht er den Trojanern bei, begleitet von seinen Söhnen Phobos und Deimos – „Angst“ und „Schrecken“. Nach diesen zwei mythologischen Gestalten sind auch die zwei Monde des Mars benannt, auf die ich an späterer Stelle noch in aller Ausführlichkeit eingehen werde.

Und auch im alten Rom fiel dem Mars eine wichtige Rolle zu. Die Chroniken vermelden übereinstimmend den 21. April des Jahres 753 v.Chr. als den Tag der Stadtgründung („urbe condita“), und schreiben diese den Brüdern Romulus und Remus zu. Als Söhne des Kriegsgottes Mars und der Rhea Silvia – der es als Priesterin der Göttin Vesta bestimmt war, enthaltsam und kinderlos ihr Leben zu fristen – seien beide unmittelbar nach der Geburt ausgesetzt worden. Die Sache wäre mit Sicherheit sehr schlecht für die Zwillinge ausgegangen, hätte sich ihrer nicht eine Wölfin angenommen, und sie gemeinsam mit ihren eigenen Jungen gesäugt. Danach soll der Hirte Faustulus die Knaben bei sich aufgenommen haben. Er und seine Frau sorgten für sie, die dann zu kräftigen jungen Männern heranwuchsen.

Später führte ein Kampf zwischen Romulus und Remus, bei dem Remus erschlagen wurde, zur Namensgebung der Stadt Rom. So war der Weg schließlich frei für den Sieger, als erster König Roms in die Geschichte einzugehen.[32]

Ausgesprochen mysteriös präsentieren sich die Umstände, wie Roms erster Herrscher von dieser Welt verschwand. Als er anno 715 v.Chr. auf dem „Campus Martius“ („Marsfeld“, im alten Rom der Platz für Waffenübungen und Volksversammlungen) gemeinsam mit den Senatoren eine Heerschau veranstaltete, brach ganz unvermittelt ein heftiges Gewitter los. Für kurze Zeit herrschte völlige Finsternis, und als der Spuk vorbei war, war der König spurlos von der Bildfläche verschwunden.

Der Schriftsteller und Historiker Titus Livius (59 v. – 17 n. Chr.) vermerkte die rätselhafte Episode Jahrhunderte später im ersten der insgesamt 142 Bände seines Monumentalwerkes „Ab urbe condita". In dieser Zusammenfassung der Geschichte der „Ewigen Stadt" ab dem Tag ihrer Gründung liest sich das Verschwinden Romulus' wie folgt:

„Als er alle diese unsterblichen Taten vollbracht hatte und gerade zur Musterung seines Heeres eine Volksversammlung auf dem Felde beim Ziegensumpf abhielt, brach plötzlich mit großem Getöse und Donner ein Unwetter los, hüllte den König in eine so dichte Wolke ein, dass sie der Versammlung seinen Anblick entzog, und danach befand sich Romulus nicht mehr auf Erden."[33]

Romulus erlitt damit ein Schicksal, das in den alten Tagen vielen höherstehenden Personen beschieden war. Das plötzliche und meist auch endgültige Verschwinden von dieser Welt bezeichnete man als „Entrückung". So wurde beispielsweise auch der biblische Patriarch Henoch in den Himmel „entrückt", doch dies nur am Rande.

Mythen vom Beginn des technischen Zeitalters

Damit möchte ich es auch bewenden lassen, was die auffällig beharrliche Präsenz des Mars betrifft, die sich wie ein roter Faden durch die Mythen beinahe aller Kulturen zieht. Ich mache nun einen Sprung in jenen Teil der Neuzeit, in dem der technische Fortschritt kurz vor seinem Siegeszug stand. Damals, gegen Ende des 19. Jahrhunderts, tauchte unser „roter Nachbar" plötzlich in einer ganz neuen, modernen Art von Mythen auf. Die bildeten sich um eine Serie von Erscheinungen, die heute als möglicher Vorläufer des UFO-Phänomens betrachtet werden.

Die Rede ist von jener großen, von unzähligen Zeugen bestätigten „Luftschiff-Sichtungswelle", welche vor allem in den Jahren 1896/97, und zumeist in den Vereinigten Staaten, für mächtig Aufregung sorgte. Um was es sich bei dem häufigen Erscheinen sogenannter „Luftschiffe" tatsächlich gehandelt haben mag, darüber wird noch heute kontrovers diskutiert. Fakt ist, dass am Himmel des sich zum Ende neigenden 19. Jahrhunderts fliegende Objekte beobachtet wurden, deren exotisches Flugverhalten keinem der damals verfügbaren, irdischen Luftfahrzeuge zugeordnet werden konnte. Sie tauchten in einer beispiellosen Fülle und technischen Bandbreite auf, so dass man – von einigen Betrügereien abgesehen – einzig zu der folgenden, sehr beunruhigenden Schlussfolgerung kommen konnte:

In den letzten Jahren vor der Wende zum 20. Jahrhundert wurde Nordamerika von einer regelrechten „Flotte" seltsamer, nach technologischen Maßstäben „unmöglicher" Luftschiffe mit nicht weniger seltsamen Insassen heimgesucht. Gewissermaßen als krönender Abschluss ereignete sich schließlich sogar ein tragisch endender Absturz solch eines Flugobjekts.

Ein Herkunftsort dieser geheimnisvollen Fluggeräte war auch rasch gefunden. Sie konnten nur vom Mars stammen. Davon waren nicht nur die zu Tode erschrockenen Zeugen der nachfolgend geschilderten Begegnung überzeugt.

Am 25. November 1896 verließen Colonel H.G. Shaw und dessen Freund Camille Spooner die kalifornische Kleinstadt Lodi. Etwa gegen 18 Uhr abends, es war bereits stockdunkel, scheuten ganz plötzlich ihre Pferde und verhielten ängstlich schnaubend inne. „Als wir aufschauten, sahen wir drei fremdartige Wesen", gaben die Männer später zu Protokoll. Die Fremden waren etwas größer als zwei Meter und sehr schlank.

Der Anblick musste die Pferde in solche Furcht versetzt haben, dass sie um nichts in der Welt zum Weitergehen zu bewegen waren. So stiegen die Männer aus dem Sattel und einzig Colonel Shaw wagte es, auf die drei Wesen zuzugehen. Er fragte wer sie seien, und woher sie kämen. Doch „sie schienen mich nicht zu verstehen, dann begannen sie, seltsame Laute auszustoßen (...) nun, trällern drückt es besser aus als sprechen. Sie tauschten ihre Laute untereinander aus. Es klang wie ein monotoner Singsang."[34]

Ohne sich um Shaw und Spooner zu kümmern, begannen die drei Wesen, ungeniert die Pferde und das Gepäck zu inspizieren.

Umgekehrt hatten aber auch die zwei Männer gute Gelegenheit, sich verschiedene Einzelheiten ihrer rätselhaften Gegenüber einzuprägen. Diese besaßen sehr feingliedrige Hände ohne Fingernägel und lange schmale Füße. Als der Colonel einem von ihnen unter die Ellenbogen fasste, hatte er den Eindruck, dass dieser nicht mehr als 30 Gramm (!) wog.

Entführungsversuch

Die Zeugen sagten weiter aus: „Die Fremden trugen überhaupt keine Kleidung, sondern waren von einem natürlichen Bewuchs bedeckt. Dieser war weich wie Seide, und ihre Haut war wie Samt. Ihre Gesichter und Köpfe waren vollkommen haarlos und ihre Ohren sehr klein; die Nase machte den Eindruck polierten Elfenbeins. Die Augen waren hingegen groß und leuchtend, die Münder eher klein, und es erschien uns, dass sie keine Zähne besaßen. Dies und anderes ließ uns zu der Überzeugung kommen, dass sie weder essen noch trinken brauchten, sondern ihren Nahrungsbedarf durch irgendein Gas deckten. Jeder der Fremden hatte eine Art von 'Tasche' unter seinem linken Arm, an der ein Röhrchen festgemacht war, und jedesmal wenn der eine oder andere dieses Röhrchen in seinen Mund steckte, vernahm man Geräusche wie bei austretendem Gas."

Jede dieser drei Gestalten besaß auch eine eiförmige Lampe, aus der grelle Strahlen blitzten. Nachdem sich die Fremden die Pferde und das Gepäck angeschaut hatten, versuchten sie offensichtlich, Shaw zu entführen. Sie bemühten sich nach Kräften, den Colonel in die Höhe zu heben und ihn mit sich zu schleppen, doch mit Hilfe seines Freundes Spooner vermochte Shaw sich erfolgreich zur Wehr zu setzen.

Schließlich gaben die Fremden den Entführungsversuch auf, wandten sich um und richteten ihre Lampen auf eine nahe Brücke. Dort erkannten Shaw und Spooner ein etwa 50 Meter durchmessendes Luftschiff, das geräuschlos an die sieben Meter über einem Fluss schwebte. Und über die seltsame Art, sich fortzubewegen, gaben die Zeugen zu Protokoll:

„Die drei liefen hinab zum Schiff, jedoch nicht so, wie Sie und ich gehen. Es war eher eine schwingende Bewegung, und ihre Füße berührten den Boden nur alle fünf Meter. Sie sprangen zu ihrer Maschine hoch, öffneten eine Tür in der Seite, und verschwanden darin. Das Luftschiff verloren wir dann sehr schnell aus unserer Sicht."

Toter Pilot vom Mars?

Colonel Shaw selbst war fest davon überzeugt, es bei seiner unheimlichen Begegnung mit Marsianern zu tun gehabt zu haben, die deshalb „zur Erde gesandt wurden, um einen ihrer Bewohner zu kidnappen."[34] Vom Mars soll denn auch jener kleingewachsene Pilot stammen, der ein paar Monate nach der Begegnung von Shaw und Spooner in einem anderen Teil der Vereinigten Staaten ein trauriges Ende fand.

Die Morgenstunde des 17. April 1837 dämmerte gerade herauf, als im Norden von Texas aus südlicher Richtung ein großes silbern glänzendes Objekt von der Form einer riesigen Zigarre angeflogen kam. Es steuerte geradewegs auf den kleinen, ungefähr 30 Kilometer von Fort Worth gelegenen Ort Aurora zu. Einen Augenblick später geschah Unfassbares: Das Flugobjekt schlug in eine Windmühle ein und explodierte auf der Stelle. Die Trümmer und mit ihnen ein kleiner, menschenähnlicher Körper wurden in alle Richtungen geschleudert.[35]

Über den schockierenden Vorfall berichtete die Tageszeitung „Dallas Times Herald" in ihrer Ausgabe vom 19. April 1897:

„Etwa um sechs Uhr morgens wurden die Frühaufsteher Auroras zu ihrer Überraschung Zeugen des plötzlichen Auftauchens eines Luftschiffes, das durch das ganze Land geflogen ist. Es flog in nördlicher Richtung und näher am Boden als je zuvor. Offensichtlich war irgendetwas mit den Maschinen nicht in Ordnung, denn seine Geschwindigkeit betrug nur etwa 15 bis 20 Kilometer in der Stunde, und es näherte sich rasch der Erde. Es schwebte über dem Ortszentrum, kollidierte im Norden des Ortes dann mit dem Turm von

Richter Procters Windmühle, und zerbarst in einer furchtbaren Explosion in seine Einzelteile. Die Trümmer wurden über mehrere Morgen Land verstreut. Die Windmühle und der Wassertank wurden ebenso zerstört, wie der Blumengarten des Richters. Vermutlich war nur der Pilot an Bord, und obwohl dessen sterbliche Überreste fürchterlich verstümmelt waren, fand man genug von seinem Körper, um zu erkennen, dass er kein Bewohner dieser Welt war.

Der hiesige Fernmeldebeamte, Mr. T.J. Weems, eine Autorität auf dem Gebiete der Astronomie, äußerte die Ansicht, der Pilot sei ein Bewohner des Planeten Mars gewesen. Papiere, die bei dem Leichnam gefunden wurden (ganz offensichtlich seine Reiseaufzeichnungen), waren in unbekannten Hieroglyphen aufgezeichnet und können nicht entziffert werden. Zu groß waren die Zerstörungen an dem Luftschiff, als dass man irgendeinen Schluss bezüglich seiner Bauweise oder des Antriebes hätte ziehen können. Es bestand aus einem unbekannten Metall, das wie eine Mischung aus Aluminium und Silber aussah, und dürfte einige Tonnen gewogen haben. Der Ort ist heute voller Menschen, die sich das Wrack ansehen, und in den Trümmern Teile aus fremdartigem Metall sammeln. Das Begräbnis des toten Piloten wird morgen am Mittag stattfinden. Gezeichnet: E.E. Hayden“

Und eine ähnlich lautende Meldung erschien in einem anderen Blatt, dem „Fort Worth Register“. Hierin wurde festgehalten: „Der Pilot, welcher kein Bewohner dieser Welt war, erhielt ein christliches Begräbnis auf dem Friedhof von Aurora.“[36]

Verwirrendes Fragment

So viel Aufregung der Luftschiffabsturz in Aurora und Umgebung verursachte, wuchs doch relativ bald Gras über die Angelegenheit, und der tote „Marsianer“ geriet für ein dreiviertel Jahrhundert in Vergessenheit. Dies änderte sich erst 1973, als der Luftfahrtexperte Bill Case auf jene alten Zeitungsberichte von 1897 stieß. Er entfachte einen regelrechten Hype, wie man heute sagen würde. Es gelang ihm nicht nur, neue Einzelheiten zu recherchieren. Sogar noch lebende Augenzeugen dieses Vorfalles vermochte er aufzutreiben.

Case fand heraus, dass bereits einen Tag nach dem Absturz eine Anzahl metallischer Fragmente eingesammelt worden waren. Diese existierten noch immer, und konnten 1973 einer gründlichen metallurgischen Untersuchung zugeführt werden.

Der Physiker Professor Dr. Tom Gray, der damals an der University of North Texas in Denton tätig war, erklärte nach eingehenden Analysen, dass ihn zumindest eines der Bruchstücke völlig verwirrt habe. Selbiges wirkte wie geschmolzen und sehe aus, als sei es „auf dem Boden verspritzt" worden. Es sei ganz außergewöhnlich, dass dieses Fragment, obwohl es vorwiegend aus Eisen besteht, eine ganze Reihe der für Eisen typischen Eigenschaften vermissen lasse. Zum Beispiel sei es überhaupt nicht magnetisch, und ebenfalls nicht hart und spröde, sondern ungewöhnlich biegsam und schimmernd. In der Zusammensetzung bestehe es zu 75 Prozent aus Eisen, und zu 25 Prozent aus Zink; hinzu kommen noch ein paar Beimengungen diverser Spurenelemente.

Abschließend bemerkte der Professor: „Ich möchte mit meinen Kommentaren nicht andeuten, ob es irdischen oder außerirdischen Ursprungs ist. Es erregt jedoch meine Neugierde als Wissenschaftler, dass so viel Eisen keine magnetischen Eigenschaften besitzt. Falls es sich tatsächlich als ominöses Objekt herausstellt, muss es noch intensiver untersucht werden."[35]

Den Ermittlern um Bill Case gelang es 1973 sogar noch, zwei betagte Zeitzeugen aufzutreiben. Zu ihnen zählte die damals 91 Jahre alte Mary Evans. Ihre Erinnerungen an jenen denkwürdigen Tag im April 1897 gelangten durch die Befragung wieder ins Bewusstsein der betagten Dame zurück:

„Ich war damals erst 15 Jahre alt und hatte den Vorfall inzwischen völlig vergessen, bis vor kurzem in den Zeitungen die Rede davon war. Wir lebten zu jener Zeit in Aurora, aber meine Eltern ließen mich nicht mitgehen, als diese zur Absturzstelle bei Richter Procters Brunnen gingen. Bei ihrer Rückkehr erzählten sie mir, wie das Luftschiff explodiert war. Der Pilot wurde bei dem Absturz getötet. Die Männer aus dem Ort, die seine Überreste einsammelten, beschrieben ihn als 'kleinen Mann' und begruben ihn noch am gleichen Tag auf dem Friedhof von Aurora.

Der Absturz verursachte seinerzeit große Aufregung. Viele Menschen waren ziemlich verängstigt. Sie wussten nicht, was noch kommen würde. Dies war Jahre bevor wir die erste Bekanntschaft mit Flugzeugen oder anderem Fluggerät machten."[35]

Das Grab des „Marsianers“

Ein weiterer Zeuge war der zur Zeit der Befragung, also 1973, 83 Jahre alte Charles C. Stephens. Er zählte zum Zeitpunkt des Absturzes sieben Jahre. Am Morgen des 17. April 1897 trieb der Junge gemeinsam mit seinem Vater ein paar Kühe auf die Weide, als plötzlich ein zigarrenförmiges Objekt mit einem hellen Licht in sehr niedriger Höhe über sie hinweg flog. Die Maschine bewegte sich geradewegs auf das fünf Kilometer nördlich von ihnen gelegene Aurora zu. Mit einem Mal hörten Vater und Sohn etwas, das wie eine Explosion klang, dann sahen sie am nördlichen Horizont einen Feuerschein, welcher mehrere Minuten lang anhielt. Der kleine Charlie wollte sofort loslaufen, aber sein Vater ermahnte ihn, er solle erst seine Arbeit zu Ende bringen.

Charles Stephens konnte sich 1973 noch sehr gut daran erinnern, dass der Vater am darauffolgenden Tag ein Pferd in den Ort gebracht, und bei dessen Rückkehr von zerborstenen Metallteilen und verbrannten Trümmern berichtet hatte. Den Piloten jedoch erwähnte er nicht – wahrscheinlich war dieser zu dem Zeitpunkt bereits beerdigt worden. Erst mit 20 Jahren erfuhr Stephens, dass auch ein Wesen an Bord des havarierten Luftschiffs gewesen war, obwohl der Vater seinerzeit häufig von dem Vorfall gesprochen hatte.[36]

Das Grundstück von Richter Procter war mittlerweile in den Besitz einer anderen Familie übergegangen. Ein Farmersehepaar, Brawley und Etta Oates, erwarben es 1945 und lebten dort 30 Jahre lang. Brawley Oates verstarb ungefähr zu jener Zeit, als die Vorgänge von Aurora wieder in die Schlagzeilen gerieten. Dessen Witwe berichtete, dass an jener Stelle, an der das Luftschiff aufgeschlagen war, jahrelang nichts mehr wuchs. Im Übrigen litten alle Mitglieder der Familie Oates unter ernsthaften, gesundheitlichen Beeinträchtigungen wie Zysten und Kröpfen. Ihrer Ansicht nach wurden diese Krankheiten einzig dadurch verursacht, dass sie Wasser aus dem Brunnen tranken, welches durch Radioaktivität oder andere gesundheitsschädliche Substanzen vergiftet worden war.[36]

Noch immer existiert das Grab des getöteten Piloten auf dem kleinen Friedhof von Aurora. Und bis zu jenen erwähnten Nachforschungen im Jahre 1973 konnte es durch einen ungewöhnlichen Grabstein auch leicht als letzte Ruhestätte des bei dem Absturz ums Leben gekommenen „Marsmenschen" erkannt werden. Dies ist heute durch das Eingreifen unbekannter Akteure nicht mehr möglich, doch alles der Reihe nach.

Im Frühjahr 1973 begab sich der Luftfahrtexperte Bill Case gemeinsam mit dem Spezialisten für Metalldetektoren Fred N. Kelly sowie mit dem damaligen Direktor der UFO-Forschungsgruppe MUFON („Mutual UFO Network"), Walter Andrus, nach Aurora. Neben der Absturzstelle, an der sie noch zwölf weitere Metallfragmente ausgraben konnten, stand natürlich der Friedhof im Fokus ihres Interesses. Denn dort, wo den Aussagen zufolge ein Wesen vom Mars beerdigt wurde, markierte ein kleiner, nur etwa 45 Zentimeter hoher Sandsteinblock das Grab. Jenes war auch deutlich kürzer bemessen als das eines erwachsenen Menschen. Ganz offenbar lag darin ein Kind oder ein sehr kleines Individuum.

Und in dem Sandsteinblock, der als Grabstein ohne Inschrift diese Ruhestätte zierte, war eine Zeichnung eingeritzt, welche wie ein großes, zur Seite geneigtes „V" aussah. Innerhalb dieses „V" befanden sich auch noch drei kleine Kreise. Ob es sich hierbei tatsächlich um eine künstlich in den Stein applizierte Darstellung handelte, oder aber um die natürliche Struktur des Minerals, lässt sich heute aus gut nachvollziehbaren Gründen leider nicht mehr feststellen.

Ende der Nachforschungen

Zunächst jedoch stießen die drei auf eine weitere Spur. Der Metalldetektor, mit dem Fred Kelly das Grab untersuchte, zeigte plötzlich etwas an. In einer Tiefe von ungefähr einem Meter schien sich noch ein weiteres metallisches Objekt zu befinden. Deshalb entschieden sich die drei Forscher, noch am gleichen Tag bei den Behörden ein offizielles Gesuch zur Exhumierung zu stellen. Sie wollten keine Zeit verlieren, und möglichst bald den Leichnam wie auch das geortete Fragment bergen, und einer ernsthaften, wissenschaftlichen Untersuchung zugänglich machen.

In diesem Augenblick fühlten sie sich alle der Lösung des Rätsels um den Luftschiffabsturz von Aurora so nah wie nie zuvor.

Als die drei Männer am folgenden Morgen zum Friedhof zurückkehrten, erwartete sie eine böse Überraschung. Irgendjemand hatte in der Nacht den Grabstein gestohlen. Doch nicht genug. Jener ominöse Unbekannte hatte über einen kleinen Bohrschacht, dessen Durchmesser nur etwa sieben Zentimeter betrug, das am Tag zuvor mit dem Suchgerät ausgemachte Metallfragment ausgegraben. Dies alles war offenbar geschehen, ohne die letzte Ruhe des hier Bestatteten zu stören.[37]

Damit war das Ende der Nachforschungen gekommen. Denn immer mehr Einwohner des kleinen Städtchens begannen nun, gegen weitere Untersuchungen zu opponieren. Sie befürchteten auf ihrem Friedhof eine regelrechte Welle von Grabschändungen. Was würde geschehen, wenn in der genannten Ruhestätte gar kein „Marsmensch" läge? Würde man daraufhin auch das nächste Grab öffnen? Und so lange weitermachen, bis man den kompletten Friedhof umgegraben hätte?

Was die Ermittler nach dem Diebstahl des Grabsteins und der „wilden" Bohrung schon im Stillen befürchtet hatten, war nun eingetreten. Die Genehmigung zur Öffnung der Grabstätte wurde nicht erteilt. Wer immer vor mehr als 120 Jahren an dieser Stelle des Gemeindefriedhofs von Aurora seine letzte Ruhe fand, liegt möglicherweise noch heute dort.

Oder wurde die Leiche des unbekannten Absturzopfers längst in einer geheimen Kommandoaktion – als Urheber kämen mir spontan die „üblichen Verdächtigen", also Geheimdienste wie die NSA in den Sinn – geborgen und an einen geheimen Ort abtransportiert?

Was bleibt, sind – zugegeben phantastisch klingende – Details, die zum Leidwesen der Skeptiker von zahlreichen Augenzeugen bestätigt werden konnten. Vielleicht wird die Zukunft zeigen, ob dieser „kleine Mann vom Mars" tatsächlich kein Bewohner unserer Welt war. Oder bleibt die mysteriöse Geschichte aus den Anfangsjahren unseres technischen Zeitalters für immer ein Rätsel?

Dieser so tragisch verlaufene Absturz ereignete sich im Übrigen genau 20 Jahre, nachdem die Beobachtungen eines namhaften Astronomen auf der Oberfläche des Mars gleichermaßen Fachleute und interessierte Laien in größte Aufregung versetzten.

2. Die „Canali" des Signore Schiaparelli

Optische Täuschungen und überraschende Entdeckungen

Es war ein Tag im August 1877, der den Nährboden für einen weiteren Mythos, ein weiteres Rätsel rund um den Planeten Mars bereiten sollte. In besagtem Jahr kam es wieder einmal zu einer jener gelegentlichen „Mars-Oppositionen", bei der sich unser Nachbarplanet mit nur etwa 56 Millionen Kilometern Abstand der Erde maximal angenähert hatte. Diese Konstellation führte unter anderem auch zur „offiziellen" Entdeckung der beiden Marsmonde – mehr über die rätselbehaftete Angelegenheit in einem späteren Abschnitt – durch den amerikanischen Astronomen Asaph Hall.

Auf der europäischen Seite des Atlantischen Ozeans beschäftigte sich in jenen Augusttagen des Jahres 1877 der italienische Astronom Giovanni Virginio Schiaparelli (1835–1910) besonders gründlich mit dem Mars. Als Direktor der Mailänder Sternwarte verbrachte er viel Zeit mit dem Teleskop, hatte er sich doch vorgenommen, eine neue Marskarte zu erstellen. Zwar existierten zu dem Zeitpunkt bereits verschiedene Karten, die für damalige Zeiten überraschend viele Details erkennen ließen. So beinhaltete die erste, 1830 von dem deutschen Astronomen Wilhelm Beer gezeichnete Karte unter anderem die eisbedeckten Polkappen, die sein Kollege Friedrich Wilhelm Herschel (1738–1822) bereits im Jahr 1784 entdeckt hatte.

Desgleichen ließ sie ein Muster von dunkleren und helleren Stellen erkennen, die Beer als Gewässer und Landmassen interpretierte. Auch andere Astronomen fertigten Marskarten an, die sich zum Teil grundlegend voneinander unterschieden.[38] Das verursachte natürlich große Unsicherheiten und Widersprüche, die Giovanni Schiaparelli aufzulösen beabsichtigte. So nutzte er die günstigen Voraussetzungen, welche die Mars-Opposition ihm bot, und richtete sein Fernrohr unverdrossen auf den Planeten. Eine klare Sommernacht mit hervorragender Sicht tat ein Übriges, um für ideale Sichtbedingungen zu sorgen.

Plötzlich glaubte der Italiener seinen Sinnen nicht mehr zu trauen. Was seine angestrengten Augen durch das Teleskop sahen, waren zahlreiche feine, meist gerade verlaufende Linien auf der Oberfläche des Mars. Ihm präsentierte sich ein regelrechtes Netzwerk präziser Strukturen. Zuerst wollte Schiaparelli es nicht glauben. Wieder und wieder blickte er durch die Optik, doch genauso regelmäßig zeigten sich die seltsamen Linien, die einige größere Flächen auf dem Planeten zu verbinden schienen.[39]

Bis in die Polkappen

Der italienische Astronom nannte die geheimnisvollen Rillen „canali" – was in der Folge zu reichlich Missverständnissen und Fehlinterpretationen führen sollte. Dieser Ausdruck bedeutet in seiner Muttersprache nämlich nicht zwangsläufig „Kanäle", also künstlich geschaffene Wasserstraßen. Schiaparelli, der in den darauffolgenden Wochen mit dem Aufspüren und Kartographieren der Linien ganz ordentlich ausgelastet war, sah seine „canali" eher als natürlich entstandene Gebilde an. Im Übrigen war er auch nicht der erste Vertreter seiner Zunft, dem diese sonderbaren Furchen auffielen. Sein Landsmann Angelo Secchi (1818–1878), gleichfalls ein Astronom, entdeckte schon 1858 nicht nur das, was er dann als ausgedehnte „Kontinente" und „Meere" interpretierte, sondern auch die ersten „Marskanäle".[40]

Als solche wurden die ominösen „canali" letztlich allgemein übersetzt. Rasch entwickelte sich daraus die romantisch-utopische Vorstellung, dass diese „Kanäle" nichts anderes als künstlich angelegte Wasserwege und Leitungssysteme seien, welche strategisch über den gesamten Planeten gezogen worden waren. Nicht wenige hielten sie für ausgefeilte bauliche Maßnahmen, errichtet von einer hochentwickelten Marszivilisation, um das Schmelzwasser von den Polkappen in wasserärmere oder verödende und ausgedörrte Regionen zu leiten.

Die Kanäle des Mars – ein ebenso gigantisches wie genial erdachtes, den ganzen Himmelskörper umgreifendes Netz für die Bewässerung eines dem Untergang geweihten Wüstenplaneten.[41] Tatsächlich reichten einige dieser „canali" bis in die weißen Polkappen hinein, die im Frühjahr abschmelzen und während des Marssommers bis auf wenige Reste verschwinden.[39] Ihr Eis besteht aus echtem Wasser und Kohlendioxid; letzteres hat mit minus 78,5 Grad Celsius einen wesentlich tieferen Gefrierpunkt als Wasser.[4]

Und obwohl sich Giovanni Schiaparelli bewusst war, dass die Rillen nicht zwangsläufig auf das technische Knowhow einer auf dem „Roten Planeten" lebenden Hochzivilisation zurückzuführen sind, entwickelte die ganze Angelegenheit bald eine nicht mehr zu stoppende Eigendynamik, und zog immer weitreichendere Kreise.

Telepathische Versuche

Einer der ersten, der das Rätsel um die Marskanäle begeistert aufgriff, war der französische Astronom und Verfasser populärwissenschaftlicher Schriften über sternkundliche Probleme, Camille Flammarion (1842–1925). In seinem Werk über die „canali" zog er folgende Schlussfolgerungen, die zum Ende des 19. Jahrhunderts auch kaum angezweifelt wurden:

„Dieses erstaunlich regelmäßige Netz gerader Linien, Tausende von Kilometern lang, kann nur als Kunstwerk aufgefasst werden. Es beweist somit die Existenz vernünftiger Wesen auf dem Mars, von höchster Leistungsfähigkeit und einer uns weit überlegenen Intelligenz."[42]

In wissenschaftlichen Kreisen der „Grande Nation" kursierte damals ein kurioser Wettbewerb, den ich in diesem Zusammenhang nicht unerwähnt lassen möchte. Die Akademie der Wissenschaften zu Paris setzte einen hochdotierten Preis aus für den Erstkontakt mit Außerirdischen. Jedoch mit einer nicht unerheblichen Einschränkung: Die Belohnung würde auf keinen Fall für Kontakte mit Marsianern ausgezahlt, da deren Existenz ja sowieso außer Zweifel stünde. Diese Aufgabe wäre nämlich zu einfach.[40]

In seiner grenzenlosen Begeisterung für alles, was mit dem Mars zu tun hatte, regte Flammarion ziemlich ungewöhnliche Methoden an. Gewissermaßen im engen „Schulterschluss" mit der in dieser Zeit noch in ihren Kinderschuhen steckenden Parapsychologie empfahl er, telepathischen Kontakt mit den Bewohnern des „Roten Planeten" aufzunehmen. Derartige Experimente standen damals, gegen Ende des 19. Jahrhunderts, hoch im Kurs, und wurden selbst von Fachgelehrten verschiedener Wissenschaftsdisziplinen durchgeführt. In jenen Tagen hatten die Forschungen auf dem Gebiet der Parapsychologie noch kaum das Niveau von spiritistischen Sitzungen mit den üblichen Geisterbeschwörungen, Tischerücken und Klopfzeichen überwunden. Und die 1882 in London gegründete „Society for Psychical Research" – kurz S.P.R. – hatte seinerzeit nicht wenig Mühe, plumpe Schwindelmanöver aufzudecken und gewissermaßen die „Spreu vom Weizen" zu trennen. Dies jedoch nur am Rande bemerkt.[43]

Dennoch fiel der Vorschlag des französischen Astronomen auf durchaus fruchtbaren Boden. Der Genfer Professor für Psychologie, Dr. Theodor Flournoy, hatte schon länger mit dem Medium „Helen Smith" (die Dame hieß übrigens mit bürgerlichem Namen Catherine Elise Mueller) experimentiert. Diese gab vor, im Trancezustand mit „jenseitigen Wesenheiten" in telepathische Verbindung treten zu können. Im November 1894 versetzte Dr. Flournoy Helen wieder einmal in Trance, die bei der Gelegenheit schon bald reichlich abenteuerliche Details zum Besten gab.

In einer für die Beteiligten an der Séance vollkommen unleserlichen „Marsschrift" notierte sie ihre Eindrücke und sprach plötzlich nur noch in der angeblichen Sprache der „Marsianer". Alle waren darüber vollkommen ratlos. In den Wachzustand zurückgekehrt, übersetzte Catherine respektive Helen ihre Aufzeichnungen ins Französische, und nun erfuhren auch die Umstehenden, was sie gesehen haben wollte:

„Wagen ohne Räder und Pferde, die Funken aussprühen, als sie vorbeigleiten. Häuser mit Fontänen auf den Dächern. Eine Wiege, deren Vorhänge die eisernen Flügel eines Engels sind. Das Baby allerdings, das darin lag, sah nicht anders aus als ein Neugegorenes auf Erden."[43]

Ein Observatorium nur für den Mars

„Auch die Marsmenschen unterschieden sich in keinster Weise von den Erdbewohnern. Allenfalls durch die Kleidung, indem die beiden Geschlechter das gleiche anhatten, und zwar Hosen, sehr weite, und eine lange Bluse, eng in der Hüfte und mit den verschiedensten Zeichnungen darauf."[43]

Desweiteren sollen die telepathisch kontaktierten Marsianer über deren Lebensumstände, ihre technischen Errungenschaften sowie gesellschaftlichen Strukturen, aber auch über deren Ernährung, die soziologischen Verhältnisse und gesundheitliche Einzelheiten referiert haben. Helen Smith lieferte außerdem Zeichnungen von Marslandschaften ab, nebst typischen Vertretern der dort vorkommenden Flora und Fauna. Darunter war ein völlig fremdartiges, anatomisch höchst verwirrend aufgebautes Mars-Insekt von seltsamer Schönheit.[44] Der aufmerksame Leser ahnt es wahrscheinlich bereits: Diese im Zustand der Trance abgegebenen Berichte über eine solchermaßen hochentwickelte Marszivilisation hielten natürlich einer näheren Überprüfung nicht stand!

Als Professor Flournoy die „Mars-Sprache" und das von Helen Smith benutzte „Mars-Alphabet" einmal genau unter die Lupe nahm, stellte er bald fest, dass es sich dabei um ein nach gewissen Regeln unkenntlich gemachtes Französisch handelte. Von unserem roten Nachbarplaneten stammte die Sprache also bestimmt nicht, sondern war wohl eher – wenn wir einmal zu ihren Gunsten nicht von ausgemachten Betrügereien ausgehen wollen – offenbar eine unbewusste schöpferische Leistung des Mediums.[43,45]

Kehren wir jedoch wieder zurück zu dem Netz der Marskanäle, die Giovanni Schiaparelli – beileibe nicht als erster – durch sein Teleskop entdeckte. Er schaffte es aber, einen unglaublichen Hype in der astronomischen Welt damit auszulösen. In der Zwischenzeit hatten die von ihm publik gemachten „canali“ zu zahllosen phantasievollen Spekulationen um eine weit entwickelte Zivilisation auf dem Mars geführt.

Jenseits des Atlantischen Ozeans war es der Hobby-Astronom Percival Lowell[46] (1855–1916), den die Beobachtungen Schiaparellis unweigerlich in ihren Bann zogen. Lowell gehörte einer ebenso prominenten wie begüterten Bostoner Familie an, was ihm entscheidend dabei half, seinen Lebenstraum zu realisieren. Durch eigene Beobachtungen war auch er zu der Überzeugung gelangt, dass die Linien nichts anderes als von den Marsbewohnern künstlich geschaffene Kanäle sein konnten. So verwendete er sein nicht unerhebliches Vermögen dafür, um 1894 bei Flagstaff im US-Bundesstaat Arizona mit großem Aufwand ein privates Observatorium zu errichten. Es war ausschließlich dafür vorgesehen, den Mars zu beobachten, und wurde noch im gleichen Jahr in Betrieb genommen.

Noch heute existiert das „Lowell-Observatorium“, das von Anbeginn mit den jeweils modernsten astronomischen Instrumenten seiner Zeit ausgestattet war. Es liegt auf trockenem Ödland, in 2210 Metern Höhe über dem Meer. Die trockene Wüstenluft wie auch eine nicht vorhandene Großstadtbeleuchtung („Lichtverschmutzung“) sind absolut ideal für eine ausgezeichnete Sicht in die unendlichen Weiten des Alls.[46]

Dort oben widmete sich Percival Lowell fünfzehn lange Jahre intensiv dem Studium des Mars, fertigte Tausende von Aufnahmen an und verfasste auch zwei Bücher zu seinem Thema.[47,48]

Optische Täuschungen

Lowell entdeckte noch mehr Kanäle als sein Kollege und Vorbild aus Italien und fertigte eine detaillierte Marskarte nach der anderen an. Insgesamt dürften es an die 500 Kanäle gewesen sein, die er zu sehen glaubte. Wo sie sich kreuzten, zeichnete er Oasen ein. Entlang ihrer Ufer vermutete er Wiesen und Felder, landwirtschaftlich genutzte Flächen, die für die Ernährung der Marsbewohner unverzichtbar sein sollten.[48]

Die Breite der Marskanäle schätzte Percival Lowell auf etwa 20 Kilometer, und er hatte bei etlichen von ihnen den Eindruck gewonnen, als würden sie im Doppel und parallel zueinander verlaufen. Auch sein Kollege William Henry Pickering (1858–1935) – gemeinsam mit seinem Bruder Edward hatte er die Planungen für das Lowell-Observatorium durchgeführt[46] – war zu einem leidenschaftlichen Beobachter des Mars geworden. Er hatte sich in einer Sternwarte nahe der peruanischen Andenstadt Arequipa eingerichtet, die mit 2363 Metern über dem Meer noch ein wenig höher liegt als das Planetarium bei Flagstaff. Ich habe diese Ecke in den Kordilleren von Peru in zwiespältiger Erinnerung behalten: Im November 2019 kam ich nach einer schier nervenaufreibenden Nachtfahrt gegen die Zeit und einer drohenden Blockade der einzigen Überlandstraße durch streikende Campesinos in Arequipa an.

Lowells Kollege William Pickering schätzte die Breite der „Kanäle“ sogar auf gewaltige 200 bis 800 Kilometer. Pickering erkannte zudem kein zusammenhängendes Netz; des Weiteren schienen die Linien bei jedem Blick durch das Teleskop eine andere Position einzunehmen.[39]

Überhaupt schien jeder der Beobachter etwas anderes gesehen zu haben. Wie der Astronom Eugenios Antoniadi (1870–1944), der riesige, unzusammenhängende „Kleckse“ zu erkennen vermochte.[39] Oder der Amerikaner Edward Emerson Barnard (1857–1923). Dieser hatte sich 1892 einen Namen gemacht, als er mit seinen scharfen Augen den winzigen fünften Jupitermond entdeckte. Barnard behauptete sogar, dass ihm trotz gründlichster Beobachtungen niemals Kanäle auf dem Mars aufgefallen waren. Und erklärte die Linien damit, dass sich durch die Überanstrengung der Augen im Verlauf stundenlanger Beobachtungen oftmals unregelmäßige, dunkle Flecken zu geraden Linien verbinden würden.[39]

Eine in etwa vergleichbare Position vertrat auch Edward Walter Maunder (1851–1928). Als Mitglied der angesehenen Royal Astronomical Society hatte er 1873 eine Assistentenstelle für Spektroskopie an der 1675 gegründeten Königlichen Sternwarte von

Greenwich bei London angetreten.[49] Was die Marskanäle betraf, war er äußerst skeptisch. Zur Untermauerung seiner These, dass es sich um nichts anderes als optische Täuschungen handle, führte er 1913 eine Testreihe mit Schulkindern durch. Er zeigte ihnen eine mit unregelmäßig verteilten, gemusterten und verwischten Farbflecken ausgefüllte Fläche innerhalb eines Kreises. Das Ganze hielt er den Kindern aus einer Entfernung vor, in der es nur noch sehr undeutlich zu erkennen war. In der Folge mussten die Schüler aus dem Gedächtnis zu Papier bringen, was sie gesehen hatten. Tatsächlich kam als Ergebnis eine signifikante Häufung gerader Linien heraus, wie sie unter anderem die Astronomen Schiaparelli und Lowell gesehen und beschrieben hatten.[38]

Heute ist man sich in der wissenschaftlichen Welt durchweg einig, dass es sich bei den vielzitierten „canali" um nichts anderes als um optische Täuschungen gehandelt haben konnte. Das menschliche Auge selbst habe die Linien und Netze geschaffen. Ein Übriges hätten die im Vergleich zur heutigen Technik noch relativ einfachen Teleskope beigetragen. Und tatsächlich verschwinden die meisten dieser Strukturen beim Blick durch ein modernes Teleskop heutiger Sternwarten.

„Krieg der Welten"

Keine Kanäle künstlichen Ursprungs: Dies bedeutet in letzter Konsequenz auch kein intelligentes Leben auf unserem Nachbarn, den unsere romantischen Vorstellungen schon von jeher mit Extraterrestriern bevölkerten. Die sprichwörtlichen „kleinen grünen Männchen vom Mars", die bald nach den ersten Sichtungen gerader Linien in den Köpfen der Menschheit zu spuken begannen, wurden darum zum Inbegriff des Lächerlichen. Sie waren nur noch gut für platte Witze, die auf Kosten phantasiebegabter Zeitgenossen gerissen wurden.

Doch dann feierten sie im letzten Friedensjahr vor Ausbruch des Zweiten Weltkrieges fröhliche Urständ. So geschehen am 30. Oktober 1938, als der amerikanische Regisseur, Filmproduzent, Schauspieler und Drehbuchautor Orson Welles (1915–1985) in einer genial inszenierten „Live"-Reportage einen Teil der USA unvermittelt in wilde Panik stürzte. Für diesen Geniestreich bediente er sich des im Jahre 1898 von dem englischen Schriftsteller Herbert George Wells (1866–1946) veröffentlichten Science-Fiction-Romans „The War of the Worlds" („Krieg der Welten").[50]

Darin überfallen kriegerische und mit futuristischen Strahlenwaffen ausgerüstete Invasoren vom Mars unseren Planeten, in der Absicht, neuen Lebensraum zu erobern. Denn der eigene Heimatplanet ist dem Untergang geweiht. In den Menschen sehen sie nichts als primitive Wesen, die sie bedenkenlos ausrotten können, weil diese ihnen ihre neue Heimat streitig machen würden. Und obwohl die „Erdlinge" über keine wirkungsvollen Waffen verfügen, um sich gegen die ihnen weit überlegenen Marsianer zu wehren, können diese letztlich doch bezwungen werden. Allerdings nicht durch die verzweifelt kämpfenden Erdbewohner. Es sind vielmehr irdische Krankheiten und Seuchen, welche den Eindringlingen zusetzen und zu guter Letzt den Garaus machen, weil deren Immunsystem dagegen völlig machtlos ist.[50]

Soweit der Roman von H.G. Wells, der mit zahllosen phantastischen Erzählungen Weltruhm errang. In seiner als Hörspiel am Abend des 30. Oktober 1938 über alle Sender des Columbia Broadcasting System (CBS) ausgestrahlten Bearbeitung von „Krieg der Welten" ließ Orson Welles Marsbewohner auf einer kleinen Farm in New Jersey landen. Unerhört dramatisch, ließ die aufgeregte Stimme des Radioreporters Millionen Zuhörer an ihren Empfangsgeräten erschauern. Aufgemacht wie eine Live-Reportage, wurden die fremdartigen Flugkörper und die Waffen der seltsamen Wesen beschrieben, die nur die Vorhut einer noch zu erwartenden Invasionsarmee vom Planeten Mars darstellten.

Die Wirkung der Sendung war gewaltig! Zwar wussten jene Zuhörer, welche der Ausstrahlung von Anfang an gelauscht hatten, dass es sich um ein Hörspiel aus dem Genre der Science Fiction handelte. Doch die meisten Zuhörer schalteten sich erst später in die laufende Sendung ein. Und sie glaubten tatsächlich, Wesen vom Planeten Mars seien auf der Erde gelandet. Zigtausende Bewohner der Ostküste der USA waren geschockt und völlig davon überzeugt, dass die „Reportage“ von einer echten Invasion handelte. Ein unbeschreibliches Chaos brach aus, denn binnen kurzer Zeit hatten lange Autoschlangen auf der Flucht vor den vermeintlichen Feinden aus dem Weltall die Straßen und Autobahnen blockiert und den Verkehr zum Erliegen gebracht.[38]

Marsbewohner zu Marxisten

Zuweilen werden die Vorkommnisse jenes 30. Oktober 1938 dahingehend relativiert, dass es überhaupt nicht zu Chaos-Szenen gekommen sein soll.[51] Was heute bei vielen Ereignissen gang und gäbe ist, wenn die Zeitzeugen knapp werden. Andererseits könnte das noch immer spektakuläre Hörspiel möglicherweise einer der Gründe dafür sein, weshalb offizielle Stellen in den USA nach dem Zweiten Weltkrieg so vehement versuchten, das ab 1947 in allen Ländern im Fokus stehende UFO-Phänomen ins Lächerliche zu ziehen. Man hatte erlebt, was blinde Panik ausrichten konnte. Nicht nur in den Vereinigten Staaten, denn das Hörspiel erlebte nach dem Krieg eine Wiederholung in Südamerika.

Am 12. Februar 1949 sendete die Rundfunkstation der ecuadorianischen Hauptstadt Quito eine in dieses lateinamerikanische Land verlegte Version der Geschichte. Um deren dramatische Wirkung zu steigern, wurden zugleich die sozialistischen Parteien des Landes angegriffen. Dies geschah ganz unterschwellig, indem man den spanischen Begriff „marcianos“ (für „Marsianer“) durch „marsistas“ (akustisch schwer von „marxistas“, also „Marxisten“ oder „Kommunisten“, zu unterscheiden) ersetzte. In der Folge kam es in Quito zu einer Panik, welche in blinde Wut umschlug, als sich der fiktionale Charakter der Sendung herausstellte. Eine aufgebrachte und gewaltbereite Menschenmenge zog daraufhin vor den Sender und setzte ihn in Brand. Sechs Mitarbeiter waren als Opfer zu beklagen.[52]

Und genau 40 Jahre nach Orson Welles' berüchtigtem Hörspiel wurde Wells' „War of the Worlds“ noch einmal künstlerisch bearbeitet. Im Jahr 1978 entstand das Doppelalbum „Jeff Wayne's Musical Version of the War of the Worlds“ des US-amerikanischen Komponisten und Musikers Jeff Wayne.[53] Die Handlung spielte – wie in der Romanvorlage von H. G. Wells – wieder in London. Die Rolle des Berichterstatters übernahm der weltberühmte englische Schauspieler Richard Burton (1915–1984). Und Justin Hayward, genialer Frontmann der legendären britischen Gruppe Moody Blues („Nights in White Satin“) steuerte die besten Lieder auf diesem Doppelalbum bei.

Sonden zum Mars

Panikreaktionen und chaotische Szenen suchen wir bei dieser Bearbeitung jedoch vergeblich. Denn längst hatte das Zeitalter amerikanischer und sowjetischer Raumsonden begonnen. Die ließen von den Mars-Kanälen zwar nicht viel übrig, funkten dafür aber so manch sensationelles Detail zur Erde. Wer nun glaubt, dass die Rätsel um den „Roten Planeten“ Mars dadurch weniger wurden, den muss ich hier enttäuschen.

Nach den Erfolgen mit Mondsonden sollte unser Trabant nicht das einzige Ziel unbemannter Projekte bleiben. Von Juli 1962 bis einschließlich November 1973 brachte die NASA ihr Mariner-Programm – benannt nach dem englischen Wort für Seefahrer – an den Start. Insgesamt zehn Raumsonden hatten die Aufgabe, die erdähnlichen Planeten unseres Sonnensystems (Merkur, Venus und allen voran natürlich den Mars) zu erkunden. Zum Mars schickte man die Mariner-Sonden Nr. 3, 4, 5, 7, 8 und 9. Während die Missionen Mariner 3 und Mariner 8 scheiterten, flogen die drei anderen Marssonden 4, 5 und 7 zunehmend näher an dem Planeten vorbei. Ihr Ziel war einzig der Vorbeiflug am Mars, und erst Mariner 8 und 9 waren dafür vorgesehen, in eine genau vorausberechnete Umlaufbahn einzutreten.

Nachdem die Sonde Mariner 8 wie erwähnt bei einem Fehlstart am 8. Mai 1971 scheiterte, wurde bereits drei Wochen später, am 30. Mai, Mariner 9 gestartet. Diese erreichte den Mars am 13. November 1971; am Tag darauf zündete sie ihr Triebwerk und schwenkte in den Orbit um den Planeten ein. Damit wurde Mariner 9 zur ersten von der Erde stammenden Weltraumsonde überhaupt, welche eine Umlaufbahn um einen anderen Planeten unseres Systems einnahm.[54]

Als die Sonde in ihre Marsumlaufbahn eintrat, tobte auf dem Planeten der heftigste Staubsturm seit 1953. Mariner 9 verfügte, wie alle zuvor den Mars passierenden Sonden, über eine Bordkamera. Leider waren auf den ersten Aufnahmen aufgrund des gewaltigen Sturmes nicht mehr als die Gipfel einiger hoher Vulkane zu erkennen. Schon hielt man die Mission für gescheitert. Zu Beginn des Jahres 1972 jedoch klarte die Atmosphäre zum Glück auf, und Mariner 9 konnte sich an eine erste kartographische Erfassung des Nachbarplaneten machen. Dabei war es auch möglich, die Oberflächentemperaturen sowie die chemische Zusammensetzung der Marsatmosphäre zu bestimmen.

Jeden Tag machte die Sonde mehr als 21 Stunden lang Fotografien der Planetenoberfläche. Die damals übliche, analoge Aufnahmetechnik war natürlich mit den heutigen Möglichkeiten nicht im Entferntesten zu vergleichen. Doch hatte auch hier schon ein gewisser Fortschritt Einzug gehalten. War die Bildqualität bei den Vorgängermissionen wirklich als bescheiden zu bezeichnen – ein Bild bestand gerade einmal aus 200 Zeilen mit je 200 Punkten –, wurde die Kamera bei Mariner 9 stark verbessert und lieferte deutlich schärfere Aufnahmen. Das weitere Prozedere blieb allerdings gleich. Alle Aufnahmen wurden zunächst auf einem Bandrekorder gespeichert, und die Signale etwas später zur Erde gefunkt. Es war eine äußerst umständliche und zeitraubende Angelegenheit. Denn am Anfang dauerte die Übertragung eines einzigen Bildes noch mehr als acht Stunden.[54]

Flüsse statt Kanäle

Leider wurde die Dauer dieser Mission durch einen unerwarteten Schaden eingeschränkt. Bereits im Juli 1971 – Mariner 9 befand sich zu dem Zeitpunkt seit etwa zwei Monaten auf der Reise – bemerkte die Bodenkontrolle ein Leck im Stickstofftank. Der diente mit einem Druck von 176 bar der Lageregelung der Sonde. Nach insgesamt 349 Tagen im Marsorbit war am 27. Oktober 1972 der Stickstoff völlig verbraucht, und Mariner 9 wurde von der NASA abgeschaltet. Die Raumsonde hatte jedoch bis dahin 7329 Bilder von der Oberfläche des Planeten zur Erde übermittelt.[54]

Eins von ihnen druckte – es musste irgendwann im Jahr 1972 gewesen sein – das Hamburger Nachrichtenmagazin „Stern" ab. Hierauf ist deutlich zu erkennen, wie ein regelrechtes Flusstal mäandrierend das gesamte Bild durchzieht. Würde das Foto nicht aus dem von der Sonde gemachten Fundus stammen, könnte man das Ganze beinahe für die Satellitenaufnahme eines ausgetrockneten Flusses auf der Erde halten.

So schrieb denn auch das erwähnte Nachrichtenmagazin folgerichtig unter der Überschrift „Gab es Flüsse auf dem Mars?":

„Auf den neuesten Marsfotos der amerikanischen Raumsonde Mariner 9 schlängeln sich verzweigte Täler durch Kraterlandschaften. US-Forscher spekulieren derzeit, es könnten ausgetrocknete Flußsysteme sein. Danach wäre es möglich, dass auf dem heute sehr trockenen Mars einst Leben gewesen ist."[55]

Flüsse statt Kanäle: Zwar hatten die Raumsonden, die Amerikaner und Russen zum Mars schickten, die Marskanäle nachgerade entzaubert, und sie endgültig als optische Täuschungen enttarnt. Aber was stattdessen entdeckt wurde – und nach wie vor entdeckt wird –, vermag die Wahrscheinlichkeit für Leben auf unserem Nachbarplaneten immer mehr zu erhöhen. Gewissermaßen als Nachfolger der 1972 beendeten Mariner-Missionen entsandte die NASA am 20. August und am 9. September 1975 die Raumsonden Viking 1 und 2 auf den Weg zum Mars. Im Sommer 1976 traten beide in elliptische Umlaufbahnen ein; dann trennten sich die jeweiligen Landegeräte von den im Umlauf verbliebenen „Orbitern", und setzten weich auf der Planetenoberfläche auf.[4]

Wir werden diesen beiden Viking-Missionen in einem späteren Abschnitt noch einmal begegnen. Und zwar im Zusammenhang mit einigen noch immer ebenso mysteriösen wie kontrovers diskutierten Bodenstrukturen in einer Mars-Region mit Namen Cydonia.

Für den Augenblick aber interessiert uns weit mehr, was der „Orbiter" von Viking 1 in der Chryse-Region, am 21. Nördlichen Breitengrad des Mars, zu fotografieren vermochte. Diese ursprünglich als glatt und eben eingeschätzte Zone hatte sich als eine von zahlreichen Flussbetten und Stromtälern durchzogene Landschaft herausgestellt. Und aus der Mitte dieser Chryse-Region ragten mehr als einen Kilometer hohe Felseninseln empor – den „Tepuis" ähnlich; dies sind geheinisumwitterte Tafelberge in Venezuela mit oft endemischer Flora und Fauna –, die offenbar einst durch Wasser aus dem Boden herausgewaschen wurden.[38]

Mittlerweilen ist es kein Geheimnis mehr, dass vor ziemlich langer Zeit – man spricht hier von Millionen Jahren! – immense Mengen Wasser auf dem Mars geflossen sind. Denn die von den Viking-Sonden und nachfolgenden Forschungsrobotern aufgenommenen Strukturen können nur ausgetrocknete Flusstäler sein, die mehrere Kilometer in der Breite und ein paar tausend Kilometer in der Länge betragen. Und nicht nur das. Auf den Bildern erkannten die Spezialisten der NASA auch seltsame, tropfenförmig umflossene Krater.

„Schnee von gestern"

Diese müssen wiederum entstanden sein, bevor das Wasser den Mars geradezu zum idealen Kandidaten für die Entwicklung organischen Lebens machte. Zu erkennen waren auch, wie bereits bei den erwähnten Aufnahmen der Sonde Mariner 9, mäandernde Flussläufe, in welche kleinere „Nebenflüsse" münden, sowie ein

Tausende Kilometer messendes Stromtal unweit der Region Amazonis in der westlichen Mars-Hemisphäre.[39]

Was das heutige Vorkommen von flüssigem Wasser auf dem Mars betrifft, waren sich die Astrophysiker lange Zeit völlig eins, dass dieses dort schon lange nicht mehr vorkommt. Im günstigsten Fall am Nord- und Südpol des Planeten, abgelagert in massiven Eisschichten. Andererseits hielt man es zumindest für möglich, dass sich an verschiedenen Stellen „unter bestimmten Umständen Wasser vielleicht doch für längere Zeiten erhalten konnte, und nämlich dort, wo es von einem dicken Eispanzer bedeckt gewesen ist."[2] Was ebenfalls bedeutet, dass auch diese Wasservorkommen längst der Vergangenheit angehören, und einzig die Polkappen – neben gefrorenem Kohlendioxid – nennenswerte Mengen von Wasser in Form von Eis enthalten.

Doch dies ist im wahrsten Sinne des Wortes „Schnee von gestern". Vor ein paar Jahren wurde mittels eines Radargerätes an Bord der ESA-Sonde Mars Express eine größere Fläche unweit des Südpols kartographiert und genauer unter die Lupe genommen. Bei der Gelegenheit stießen italienische Wissenschaftler unverhofft auf einen von Eis bedeckten Bereich, den sie als ein richtiggehendes Wasserreservoir identifizieren konnten. Dies waren nicht die einzigen Entdeckungen, welche die Sonde der ESA im Zusammenhang mit Wasser auf dem Mars zur Erde funkte. Hiervon und über eine Reihe weiterer spektakulärer Entdeckungen dieser Art werde ich im nachfolgenden Kapitel berichten.

3. Wasser Mars(ch)!

Alles andere als eine trockene Angelegenheit

Seitdem der italienische Astronom Schiaparelli durch dessen Teleskop an der Mailänder Sternwarte „seine" Marskanäle zu sehen glaubte, sind annähernd 150 Jahre vergangen. Und wir haben inzwischen längst verschmerzt, dass sie sich als Fehlinterpretationen erwiesen haben. Wahrscheinlich wurde auch in die falsche Richtung gedacht, als man noch Anfang der 1950er Jahre über freiliegende Gewässer auf dem Mars spekulierte. Der sowjetische Forscher W.G. Fessenkow machte sich damals im „Astronomischen Journal der UdSSR" seine Gedanken darüber, wie groß eine offene Wasserfläche mindestens sein müsste, um mithilfe einer Reflektion durch die Sonne für einen Beobachter auf der Erde noch knapp im Bereich des Sichtbaren zu bleiben. Fessenkow kam zu dem Schluss, dass bei einer Mars-Opposition, also einer maximalen Annäherung der Erde, der kleinste Radius einer Wasserfläche 7,4 Kilometer sein müsse, „um die volle Helligkeit des reflektierten Sonnenglanzes zu gewährleisten". Bei großen, modernen Teleskopen würde bereits die Spiegelung eines offenen Gewässers von etwa 300 Metern Durchmesser völlig ausreichen, wobei Fessenkow zudem berücksichtigte, dass der Hintergrund eines solchen Lichtreflexes nicht dunkel, sondern die erleuchtete Marsscheibe wäre.[56]

Der Russe ging bei seinen Berechnungen übrigens von gleichmäßigen, kreisrunden Wasserflächen aus; er mag dabei womöglich an künstlich angelegte Gewässer gedacht haben. Große Wasserflächen würden sich aber auch bei geringen Breiten ergeben, wenn sie dazu eine größere Länge aufweisen. In jenen Tagen wurde spekuliert, grelle Lichtblitze würden auf offene Wasserflächen hinweisen. So erblickte der japanische Astronom Tsuneo Saheki (1916–1996; nach ihm wurde übrigens auch ein Krater auf dem Mars benannt) im Dezember 1949 „einen gewaltigen Blitz von mehreren Minuten Dauer" in der Nähe des Marsäquators. Saheki interpretierte diese spektakuläre Leuchterscheinung als eine nukleare Explosion in der Atmosphäre.[57] Andere Beobachter wiederum vermuteten einen Lichtreflex, der von einer Wasserfläche auf dem Planeten herrührte.[56] Vielleicht haben derlei Phänomene – sie werden schon lange dort registriert – auch gänzlich andere Ursachen. Jene mysteriösen Erscheinungen werden bei anderer Gelegenheit noch ausführlich Thema meiner Betrachtungen sein.

Keine 150, sondern gerade einmal 50 Jahre sind seit Mariner Nummer 9, und kaum weniger Zeit seit den beiden nachfolgenden Viking-Missionen ins Land gegangen. Diese inzwischen legendären Unternehmungen ermöglichten uns die ersten Einblicke gewissermaßen „aus nächster Nähe" in eine Welt, in der ein riesiger Wald aus Fragezeichen seiner Enträtselung harrt.

Verschollenes Gerät

Natürlich ist die Zeit seit Mariner und Viking nicht stehen geblieben. Es ging im wahrsten Sinne Schlag auf Schlag – viele weitere unbemannte Raumfahrzeuge wurden auf die mehrere Monate dauernde Reise zum „Roten Planeten" geschickt. Gibt es doch kein Ziel in unserem Sonnensystem, das spannender für Experten wie für interessierte Laien ist. Und auch der gerade erwähnte Wald aus Fragezeichen ist mit jeder dieser Missionen eher noch ein gutes Stück gewachsen. Wahrscheinlich zieht jedes Rätsel, das man halbwegs gelöst glaubt, jede Menge weiterer Fragen nach sich.

So möchte ich nachfolgend erst einmal die wichtigsten Mars-Missionen aus jüngerer Zeit, ohne Anspruch auf Vollständigkeit erheben zu wollen, in einer kleinen Übersicht zusammenfassen. Vorwegnehmen kann ich jedoch schon einmal, dass sich mit jeder von ihnen ein Eindruck immer deutlicher herauskristallisierte: Der Mars war im Lauf seiner etwa vier Milliarden Jahre langen Geschichte alles andere als jener trockene und lebensfeindliche Wüstenplanet, als den ihn die meisten Astrophysiker und Planetengeologen vornehmlich in der zweiten Hälfte des 20. Jahrhunderts eingeschätzt hatten. Und möglicherweise ist er dies auch heute nicht, wie so manche Beobachtung aus neuerer Zeit vermuten lässt. Doch alles erst einmal der Reihe nach.

- Am 2. Juni 2003 wurde die Sonde Mars Express der Europäischen Weltraumagentur (ESA) mit einer russischen „Sojus"-Rakete vom Weltraumbahnhof Baikonur in Kasachstan gestartet. Am 25. Dezember des gleichen Jahres erreichte sie den Planeten. Die Hauptaufgaben von Mars Express waren neben einer vollständigen Kartographie die Erforschung der Atmosphäre, der Oberfläche sowie des Marsbodens bis in zwei Meter Tiefe. An Bord von Mars Express befand sich auch das Erkundungsmodul „Beagle 2", welches am 25. Dezember 2003 auf dem Mars landen sollte, um nach Spuren organischen Lebens zu suchen. Dann aber geschah Unerwartetes: Obwohl das Kontrollzentrum den Lander wiederholt anfunkte, konnte kein Kontakt hergestellt werden. So wurde das Fahrzeug am 11. Februar 2004 schließlich als verloren erklärt. Das Unternehmen Mars Express soll noch bis zum Jahr 2022 laufen; eine technische Überprüfung per Ferndiagnose ist für Ende 2020 vorgesehen.[58]

- Zwei Jahre später, am 12. August 2005, brachte die NASA ihren Erkundungssatelliten Mars Reconnaissance Orbiter (MRO) ins All, der sein Ziel am 10. März 2006 erreichte. Auch besagter MRO hatte die Aufgabe, die Planetenoberfläche zu kartographieren. Mit der bis zu diesem Zeitpunkt höchst auflösenden Kamera an Bord sollten die Fotos auch kleinere geologische Strukturen erkennen lassen, in deren Nähe man fossiles Leben vermutete. Der Mars Reconnaissance Orbiter ist gleichfalls noch aktiv. Per Radar sucht er nach dicht unter der Oberfläche befindlichem Wasser und Eis, vor allem an den Polkappen. Außerdem soll MRO für zukünftige Landungen als Relaisstation dienen.[59]

Bereits diese beiden sich in einer Umlaufbahn befindlichen Satelliten machten äußerst spektakuläre Entdeckungen, die ich noch in aller Ausführlichkeit vorstellen werde. Doch noch weit mehr Möglichkeiten, jene geheimnisvolle Welt dort draußen ausgiebig zu erkunden, bieten die Forschungsroboter, die weich auf dem Mars gelandet sind und ihre Umgebung quasi als „verlängerter Arm“ der in den Kontrollzentren sitzende Wissenschaftler unter die Lupe nehmen.

Die Stunde der Rover

Vom englischen Verb „to rove“ – es bedeutet so viel wie „wandern“ oder „umherstreifen“ – ist die Bezeichnung für die nicht gerade kleinen Fahrzeuge abgeleitet. Besagte Rover, einmal abgesetzt auf der Marsoberfläche, aktivieren dort ihre Kameras, Detektoren sowie eine Vielzahl unterschiedlicher Geräte und funken ständig ihre Messdaten zur Auswertung an die Bodenstation. Wie schon erwähnt, hatte auch die im Juni 2003 entsandte ESA-Sonde Mars Express ein solches Landefahrzeug an Bord, das dann allerdings aus bis heute unbekannten Gründen versagte.[58]

- Im Rahmen des Mars Exploration Rover Programmes schickte die NASA im Juni und Juli 2003 zwei Erkundungsfahrzeuge zum Mars. Die Sonde Spirit landete am 4. Januar 2004 im Guseo-Krater, wo sie allerdings keine Hinweise auf Wasser fand. Und am 22. März 2010 stellte sie ihre Arbeit ein.

- Genau drei Wochen nach Spirit landete das zweite Erkundungsfahrzeug des Programms, Opportunity („Gelegenheit“) in einem kleinen Krater des Tieflandes Meridiani Planum, den die NASA später „Eagle Crater“ nannte. Opportunity war mehr als doppelt so lange aktiv wie die Schwestermission Spirit: Erst 14 Jahre und 219 Tage nach Arbeitsbeginn stellte das High-Tech-Gerät am 10. Juni 2018 den Betrieb ein.[60]

- Gerade einmal ein knappes halbes Jahr in Betrieb war der am 4. August 2007 gestartete Roboter Phoenix. Am 25. Mai 2008 auf dem Mars gelandet, erreichten seine letzten Signale bereits am

2. November 2008 die Erde. In dieser verhältnismäßig kurzen Spanne führte Phoenix umfangreiche Analysen des Marsbodens durch.[61]

Dann folgte eine Mars-Mission mit einem technisch auf höchstem Niveau befindlichen Rover, der bereits für zahllose Überraschungen sorgte. Von ihme wird hier noch öfter die Rede sein. Von allen Gerätschaften, die der Mensch bis dato zum Mars geschickt hat, dürfte dieser unser Bild vom Roten Planeten am nachhaltigsten revolutioniert haben.

- Mars Science Laboratory (MSL) ist ein bis zum heutigen Datum fortdauerndes Projekt der NASA, dessen Ziel die Erforschung des Mars hinsichtlich seiner vergangenen wie auch seiner aktuellen Eignung als Biosphäre ist. Die Sonde startete am 26. November 2011 in Cape Canaveral (Florida). Am 6. August 2012 erreichte sie den Mars-Orbit; von dort aus wurde ein weitgehend autonom agierender Roboter mit Namen Curiosity („Neugier“) auf der Planetenoberfläche abgesetzt. Ausgerüstet ist dieser Rover mit zehn Instrumenten zur Untersuchung der Atmosphäre, des Gesteins und auftretender Strahlungen. Neben einer Reihe von Spektrographen – dies sind Geräte zur fotografischen Registrierung von Spektren aller Wellenlängen – kommen Kameras und meteorologische Instrumente zum Einsatz, die fortwährend ihre Messdaten zur Erde übermitteln. Mit einer Masse von 900 Kilogramm und den Dimensionen eines kompakten Kleinwagens, stellt Curiosity das bisher größte und schwerste Forschungsequipment dar, welches auf die Marsoberfläche gebracht wurde Die gesamte Technik von Curiosity wurde, basierend auf Erfahrungen mit den beiden Mars Exploration Rovern Spirit und Opportunity, konsequent weiterentwickelt. Darum erhielt der Rover für seine Energieversorgung anstatt der bis dahin benutzten, wetterabhängigen Solarzellen neuartige Radionuklid-Batterien.[62]

Schon in den Startlöchern

Soweit also die kleine Übersicht über die wichtigsten Marsmissionen der letzten Jahre. Es wird deutlich, dass bei keiner Unternehmung vor Projekt Curiosity das Ziel so sehr im Vordergrund stand, unseren Nachbarplaneten auf die Möglichkeit hin zu prüfen, ob er in der Lage war oder ist, Leben nach unserem Muster hervorzubringen und zu beherbergen.

Bevor ich aber genauer ins Detail gehe, was diese Missionen bislang an seriösen Hinweisen auf Wasser und Möglichkeiten für organisches Leben auf dem Mars gefunden haben, möchte ich noch einen kurzen Blick in die allernächste Zukunft werfen.

So steht der nächste, noch immer unbemannte Flug zum Roten Planeten im wahrsten Sinn des Wortes bereits in den Startlöchern. Unter der Bezeichnung „Mars 2020“ plant die NASA, noch im Sommer 2020 einen weiteren Rover ins All zu schießen. Dieser soll – wenn alles nach Plan verläuft – im Februar 2021 auf dem Mars landen und Proben sammeln, die nicht nur vor Ort untersucht werden. Als bislang nicht dagewesenes Novum soll das geborgene Material im Verlauf späterer Missionen zur Erde zurück transportiert werden.[63]

Hochkarätige „Schützenhilfe“ bekommen die Experten der NASA hierbei aus einer Region in Bayern, die vor etwa 15 Millionen Jahren im Mittelpunkt eines gewaltigen Impaktgeschehens stand. Die Rede ist vom Nördlinger Ries. Dies ist eine Beckenlandschaft zwischen der schwäbischen und der Fränkischen Alb im nördlichen Bayern. Im Zeitalter des Tertiär entstanden durch den Einschlag eines etwa einen Kilometer großen Asteroiden, präsentiert sich das Ries als ein beinahe kreisrunder Kessel, dessen Durchmesser zwischen 20 und 24 Kilometer beträgt.[4]

Nun sollen Gesteinsproben von dort der NASA bei ihrer Suche nach möglichem Leben auf dem Mars helfen. Im Rahmen einer systematischen Untersuchung wurden diese Proben jetzt analysiert, um aussagekräftige Daten für die geplante Mission „Mars 2020“ zu gewinnen. Hierfür machte man das Nördlinger Ries kurzerhand zum „Irdischen Testfeld" für die Entscheidung, wo es sich auf dem Mars lohnen würde, gezielt nach Leben zu suchen. Die durch den Impakt vor 15 Millionen Jahren geformte Landschaft soll letztlich die entscheidenden Rückschlüsse auf den Mars zulassen. Was soll man sich aber darunter konkret vorstellen?

Nach dem verheerenden Meteoriteneinschlag, der in heutiger Zeit wahrscheinlich Hunderttausende von Menschenleben fordern würde, hatte sich im Nördlinger Ries ein Kratersee gebildet. Die versteinerten Ablagerungen dieses Sees, die schon bei früheren Bohrungen im Jahre 1973 gewonnen wurden, sind für die Experten der NASA der dominierende Schlüssel für ihr weiteres Vorgehen. Aus dem Stickstoff, der in dem Gestein enthalten ist, kann man den pH-Wert dieses Kratersees vor 15 Millionen Jahren ziemlich exakt ableiten. Nun gehören alkalische Seen mit einem hohen pH-Wert – reines Wasser besitzt einen pH-Wert von genau 7, saure Lösungen einen niedrigeren, alkalische oder basische Lösungen hingegen einen über 7 liegenden Wert[4] – zu den produktivsten Öko-Systemen auf der Erde.

Vergleichbare Bedingungen, wie sie einstmals in der Region des heutigen Nördlinger Ries herrschten, würden gezielt auf dem Mars gesucht, um dort eventuelles Leben in der Vergangenheit des Planeten – oder sogar aktuell – nachzuweisen.[63]

Gute Nachrichten für Spargelanbauer

Unser roter Nachbar im All muss einstmals so etwas wie eine zweite Erde in unserem Sonnensystem gewesen sein. Hierauf deuten jedenfalls die Messergebnisse und Beobachtungen, die sämtliche der zuvor aufgeführten Mars-Sonden gewonnen haben. Ganz gleich ob per Orbiter aus der Umlaufbahn oder mit dem Erkundungsrover auf der Oberfläche. Selbst der nur verhältnismäßig kurz aktive Phoenix – dieser arbeitete vom 25. Mai bis 2. November 2008 –verblüffte die Forscher mit den Resultaten verschiedener Bodenanalysen in seinem Bord-Labor.

„Da ist nichts, was Leben ausschließen würde. Alles scheint tatsächlich sehr lebensfreundlich zu sein." Diese Feststellung traf Samuel Kounaves von der Tufts-Universität in Medford/Massachusetts, der Unternehmen Phoenix wissenschaftlich begleitete. Demnach ähnelt der Boden auf dem Mars nahezu einem Gartenboden auf der Erde, sieht man einmal ab vom Fehlen organischer Stoffe. Dort könnte man ganz gut Spargel, grüne Bohnen und Rüben anbauen, denn neben anderen Voraussetzungen wären auch die hierzu notwendigen Nährstoffe vorhanden.

In einer nassen Experimentiereinheit des Bord-Labors hatte Phoenix als erster Mars-Rover Bodenproben analysiert. Bei diesen Untersuchungen konnte das Vorhandensein wichtiger Mineralien und Nährstoffe wie Kalium, Magnesium und Natrium nachgewiesen werden. Ein relativ hoher Salzgehalt deutet darauf hin, dass der untersuchte Boden einmal mit Wasser in flüssiger Form reagiert hat. Würde man die Proben von Phoenix mit solchen von der Erde vergleichen, wäre am ehesten eine Ähnlichkeit mit den Böden der trockenen Hochtäler der Antarktis gegeben. Diese verblüffenden Übereinstimmungen kommentierte der bereits erwähnte Wissenschaftler Samuel Kounaves mit den folgenden Worten:

„Das Erstaunliche am Mars ist inzwischen nicht mehr, dass dies eine fremdartige Welt ist, sondern dass er in vieler Hinsicht, wie etwa der Mineralogie, so sehr der Erde ähnelt."[64]

An der von Phoenix untersuchten Stelle beträgt der pH-Wert, wie die NASA angab, zwischen 8 und 9. Wie uns aus dem Beispiel aus dem Nördlinger Ries geläufig ist, ist dies stark alkalisch oder basisch. Eine gute Nachricht für die Anbauer von Spargel: Der würde dort prächtig gedeihen! Jedenfalls lassen sich durch solche Messungen Anhaltspunkte darauf ableiten, für welche Art von Leben der Marsboden überhaupt geeignet wäre. Doch marsianischer Spargel wird sicher noch länger eine Utopie bleiben.

Bereits vier Jahre vor Phoenix fand der Mars-Rover Opportunity deutliche Hinweise für ehemals flüssiges Wasser, wie die NASA zum ersten Mal am 2. März 2004 bekanntgab. Die Instrumente des Roboters entdeckten hohe Schwefelkonzentrationen im Gestein. Unter irdischen Bedingungen sind solche Konzentrationen meist nur in Gips und Anhydrit nachzuweisen. Gesteine jedoch, die Gips und Anhydrit enthalten, entstehen auf der Erde fast ausschließlich durch Eindampfung stark mineralhaltigen Wassers. Außerdem fanden die Instrumente des Rovers das Eisen-Schwefel-Mineral Jarosit, welches auf der Erde gleichfalls nur unter Beteiligung von Wasser entsteht. Bei uns ist das Vorkommen dieser Substanzen in der vorliegenden Konzentration ein verlässliches Anzeichen dafür, dass das Gestein entweder in offen stehendem Wasser ausgefällt wurde oder über einen längeren Zeitraum hinweg dem Grundwasser ausgesetzt war.

Ein paar von Opportunity gemachte, hochauflösende Nahaufnahmen feingeschichteter Sedimente zeigten fernerhin zentimetergroße, tafelförmige Hohlräume, wie sie entstehen, wenn wasserlösliche Kristalle wie Gips oder Dolomit wieder aus dem Gesteinsverbund herausgelöst werden.[60]

Und nur wenige Wochen nach seiner Ankunft im Krater „Endeavour“ entdeckte Opportunity in einem Steinbrocken einen hohen Zinkgehalt, der deutliche Rückschlüsse auf hydrothermale Aktivitäten erlaubt. Beispielsweise auf Wasser, welches nach dem Einschlag eines Meteoriten nach oben drängt.[65]

Krater unter Wasser

Die im Orbit stationierte Sonde Mars Reconnaissance Orbiter (MRO), der bei künftigen Missionen zum Roten Planeten die Aufgabe einer Relaisstation zugedacht ist, fand aufsehenerregende Hinweise auf einen ausgedehnten See, der einstmals den Krater Holden ausfüllte. In dem etwa 140 Kilometer durchmessenden Krater befindet sich eine Anzahl großer Trümmer eines früheren Einschlags, über die sich später eine Schicht feinkörniger Sedimente gelegt hat.

Dieses Material hat sich allem Anschein nach in einem ruhigen See abgelagert, der für lange Zeit existierte, wie der Planetologe Alfred McEwen von der Universität Tucson/Arizona erklärt hat.[66] Eine solche Umgebung wäre als absolut lebensfreundlich einzustufen. Und auch höchst interessant für zukünftige Untersuchungen durch Erkundungsfahrzeuge – ebenso natürlich für künftige, bemannte Marsmissionen.

Die Bilder, die die hoch auflösende Kamera „HiRISE" an Bord des MRO vom Krater Holden machte, lassen eine Lage von bis 50 Meter großen Felsstücken im Kraterwall erkennen. Sie zeugen von der Entstehung des Kraters Holden, höchstwahrscheinlich durch Meteoriteneinschlag. Darüber liegt die besagte Sedimentschicht, welche, gemessen an ihrem Lichtspektrum, zu mindestens fünf Prozent aus sogenannten Phyllosilikaten besteht. Dies sind Ton-Mineralien, die durch gründliche Verwitterung des ursprünglichen Gesteins unter Mitwirkung flüssigen Wassers entstanden sind.

Doch damit nicht genug. Holden muss mindestens zwei Mal vollständig unter Wasser gestanden haben. Auf die erwähnte Tonschicht folgen ein paar Schichten aus angeschwemmtem Material, welches wiederum große Gesteinsbrocken enthält. Nach Ansicht der Forscher wurde dieses Material abgelagert, als sich plötzlich im Uzboi Vallis südwestlich des Kraters Holden aufgestautes Wasser in den Krater ergoss. Die durch diesen Vorfall entstandene Überschwemmung musste damals wahrhaft spektakuläre Ausmaße besessen haben.[66]

Unterirdische Systeme

Aber auch im Untergrund des Roten Planeten war das lebensspendende Nass offenbar in beachtlichen Mengen vorhanden. Die europäische Sonde Mars Express, deren Mission erst einmal mindestens bis zum Jahr 2022 andauern soll, lieferte Hinweise auf ein gewaltiges Grundwassernetz. Dieses durchzog einmal planetenweit den Marsuntergrund, und verband dabei eine Vielzahl von unterirdischen Gewässer miteinander. In fünf dieser ehemals untereinander verbundenen Seen stieß man auf Mineralien, welche eine gewichtige Rolle bei der Entstehung von organischem Leben auf dem Mars gespielt haben könnten.

In einer blitzsauberen Studie präsentierte ein Forscherteam um Francesco Salese von der Universität Utrecht (Niederlanden) 2019 erstmals die Ausdehnung von Grundwasser auf dem Planeten. Diese Studie lieferte die Beweise für ein bis dahin umstrittenes, planetenweit verbundenes Grundwassernetz.

Die Wissenschaftler untersuchten hierzu insgesamt 24 tiefe Krater auf der nördlichen Hemisphäre, deren Grund bis 4000 Meter und mehr unterhalb des Nullniveaus des Mars liegt. Anders als bei „Normal Null", also der Höhe des irdischen Meeresspiegels, basiert das Nullniveau des Roten Planeten auf gemittelten geographischen Höhen und den Druckverhältnissen der – heute äußerst dünnen – Atmosphäre. Bei ihren Untersuchungen entdeckten die Forscher am Grund dieser Krater typische Merkmale, wie sie einzig durch den Einfluss von Wasser entstanden sein konnten. In vielen der untersuchten Krater befanden sich einst stehende und fließende Gewässer, die mit der Zeit zurückgingen. Der erwähnte Forscher Francesco Salese brachte dies mit folgender Feststellung auf den Punkt: „Der frühe Mars war eine wässrige Welt; aber als das planetare Klima sich veränderte, zog sich das Wasser unter die Oberfläche zurück, und bildete hier dann Reservoirs und Grundwasser."[67]

Zu den erwähnten, charakteristischen Anzeichen für die Mitwirkung von flüssigem Wasser zählen durch Erosion tief in die Kraterwände eingegrabene Kanäle, wie auch mäandrierende Täler, durch die das reichlich vorhandene Nass geströmt war. Dunkle, gewundene Flussdeltas hatten sich gebildet, als der Wasserstand abwechselnd am Fallen und am Steigen war. Stehendes Wasser bildete durch die Ablagerung von Sedimenten gratartige Terrassen in den Wänden der Krater, während fächerartig geformtes Schichtgestein das Ergebnis von fließenden Gewässern darstellt.

Der einstige Wasserspiegel stimmt zudem mit bereits vorher vermuteten Küstenlinien von Ozeanen auf dem Mars überein, die vor drei bis vier Milliarden Jahren existiert haben sollen. Einer der Mitautoren der Studie, der Planetologe Gian Gabriele Ori, hegt keinen Zweifel daran, dass die von ihnen untersuchten Regionen absolut lebensfreundlich waren – und zu den wichtigsten Zielen künftiger Marsmissionen, allen voran auf dem Gebiet der Astrobiologie, zählen.[67]

Ein Meter pro Sekunde

Die wohl spektakulärsten Entdeckungen machte einmal mehr der Marsrover Curiosity, der schon seit Anfang August 2012 unverdrossen seine Runden durch den Gale-Krater zieht. Bereits während der ersten 40 Tage seines Einsatzes gelangen dem Erkundungsfahrzeug Aufnahmen in dem rund 150 Kilometer durchmessenden Krater, die die mit der Mission betrauten Wissenschaftler zu wahren Begeisterungsstürmen hingerissen haben.

Denn Curiosity vermochte in einem ausgetrockneten Flussbett zum ersten Mal von fließendem Wasser geformte Kieselsteine zu fotografieren. Die meist abgerundeten, manchmal auch unregelmäßig eckig geformten Kiesel – manche sind nicht größer als ein Sandkorn, andere besitzen die Größe eines Golfballs – sind zum Teil zu längeren, mehrlagigen Steingebilden zusammengebacken. Wie bereits mehrfach erwähnt, fanden auch frühere Marsmissionen eindeutige Hinweise für Wasser auf dem Roten Planeten, jedoch sind die von Curiosity gemachten Aufnahmen die mit Abstand sensationellsten.

Die Folgerungen, welche die Wissenschaftler aus den Bildern ziehen konnten, sind schlicht phänomenal! Denn die Größe jener Kiesel aus dem Gale-Krater lassen sogar auf die Fließgeschwindigkeit des urzeitlichen Gewässers schließen. William Dittrich ist Forscher an der University of California, und zählt zu jenen Gelehrten, die an der Auswertung der von dem Rover gewonnenen Daten beteiligt ist. Er konnte ausrechnen, dass das Wasser des Flusses knöchel- bis hüfttief war und ungefähr einen Meter pro Sekunde zurückgelegt hat. „Wir sehen hier zum ersten Mal von Wasser transportierte Kiesel auf dem Mars. Bis jetzt haben wir nur über die Größe des Flussbetts spekuliert, doch nun können wir Beobachtungen machen“, lautete Dittrichs enthusiastischer Kommentar zu der Entdeckung.

Die überwiegend runde Form der Kieselsteine lässt eindeutig den Schluss zu, dass diese vom Wasser über eine lange Strecke hinweg transportiert wurden. Und auch die Abmessungen sprechen dafür, dass sie sicher nicht „vom Winde verweht“ worden sind. Vergleicht man diese Aufnahmen vom Mars mit einer entsprechenden Formation auf der Erde, ist keinerlei Unterschied festzustellen. Man wähnt sich beinahe in einem ausgetrockneten Flusstal im steinigen Norden Namibias oder vergleichbarer Gebiete dieser Welt.

„Es war definitiv Wasser“, betonte die ebenfalls an der Auswertung der Daten und Bilder von Curiosity beteiligte Forscherin Rebecca Williams. Und NASA-Manager John Grotzinger ist der Meinung, die im Gale-Krater fotografierten Flussbettkiesel seien „die Versicherung, dass wir bereits unsere erste potentiell bewohnbare Umgebung gefunden haben.“[68]

Dank der Bilder und Messwerte, die Curiosity zur Erde übermittelte, wissen wir inzwischen, dass der Mars vor 3,8 bis 3,1 Milliarden Jahren sämtliche physikalischen, chemischen und klimatischen Voraussetzungen für eine Biosphäre besaß – also für eine lebensfreundliche Umwelt.[69] Auf der Erde sollte es jedoch noch etwa zwei Milliarden Jahre dauern, bis das Leben auf breiterer Basis begann. Mit einer Ausnahme: Blaualgen müssen bereits zur gleichen Zeit existiert haben, als der Mars die idealen Bedingungen für die Entwicklung organischen Lebens bot. Denn in ungefähr 3,5 Milliarden Jahre alten Hornsteinen aus der südafrikanischen Provinz Transvaal wurden Versteinerungen von Blaualgen gefunden, deren Entwicklungsstufe ihren heute lebenden Verwandten genau entsprach.[70]

Aus den Weiten Afrikas kehren wir zurück zum Mars. Die vorliegenden Daten lieferten Belege, dass damals relativ stabile klimatische Verhältnisse vorherrschten. Die Wetterlage hatte sich von kalten und trockenen Bedingungen hin zu wärmeren und feuchteren entwickelt.[69]

Noch heute: Flüssiges Wasser auf dem Mars!

Warum sich das Klima dann immer stärker veränderte, und der Mars zu dem trockenen Wüstenplaneten mutierte, wie wir ihn zu kennen glauben, darüber können wir im Augenblick nur spekulieren. Doch halt! Können wir denn wirklich so sicher sein, dass „dort oben" eine wasser- und leblose Welt existiert, die sich ebenso trostlos präsentiert wie unser Mond?

Mitnichten, wie die jüngsten Forschungsergebnisse nahelegen. Ich spreche hier auch nicht von den geringen Mengen an Wasserdampf, die bereits seit längerer Zeit in der Marsatmosphäre nachgewiesen werden konnten. Ebenso wenig von den tiefgefrorenen Vorkommen in den Polkappen. Und an dieser Stelle kommt noch einmal die Sonde Mars Express der Europäischen Weltraumorganisation ESA ins Spiel.

Auf der Suche nach Wasservorkommen benutzten Roberto Orosei vom Nationalen Institut für Astrophysik im italienischen Bologna und dessen Kollegen das Radargerät MARSIS an Bord der Sonde Mars Express. Schon in den Jahren von 2012 bis 2015 erfassten und kartographierten die Forscher mit diesem Radar eine 200 Kilometer breite, quadratische Fläche in der Region Planum Australe am Südpol des Mars. Die Radarwellen drangen dabei durch die polaren Eismassen, und wurden an den darunterliegenden Schichten teilweise zurückgeworfen.

Im Laufe der Messungen entdeckten die Wissenschaftler ganz unvermutet einen stark reflektierenden, ungefähr 20 Kilometer breiten Bereich unter dem Eis, den sie als ein regelrechtes Wasserreservoir identifizierten. Denn eine Wasseroberfläche reflektiert einen viel größeren Anteil Radarwellen als eine Gesteins- oder Sedimentschicht. Aus diesem Grunde lässt sie sich auch recht gut von diesen unterscheiden.

Roberto Orosei und dessen Kollegen schätzten die Temperatur unter der polaren Eisschicht auf ungefähr minus 68 Grad Celsius. Aber wie ist es möglich, dass Wasser trotz solcher extrem niedriger Temperaturen flüssig bleibt?

Dieses Phänomen erklären die Wissenschaftler mit zwei verschiedenen Effekten. Zum einen senkt der enorme Druck der Eisschicht – die in dieser Region auf gut eineinhalb Kilometer Dicke geschätzt wird – den Punkt, an welchem Wasser vom festen, also eisförmigen, in den flüssigen Zustand übergeht. Als zweiten Grund vermuten sie, dass Salze, die aus dem Boden ringsum kommen, als natürliches Frostschutzmittel wirken. Im Wasser aufgelöst, könnten diese den Schmelzpunkt sogar auf bis zu 78 Grad unter dem Nullpunkt senken. Ähnlich salzhaltiges Wasser, das selbst bei Temperaturen von minus 50 Grad Celsius in flüssiger Form verbleibt, fand man in der Antarktis.[71]

Ein Ort zum Leben

Natürlich ist der unter dickem Eis entdeckte See noch lange kein schlüssiger Hinweis für Leben auf dem Mars. Man wäre eigentlich versucht, den hohen Salzgehalt als ausgesprochen ungünstig für die Entwicklung organischen Lebens zu betrachten. Aber wissen wir nicht von unserem Heimatplaneten, dass das Leben selbst solche Orte zu erobern vermochte, welche uns auf den ersten Blick als lebensfeindlich, wenn nicht gar tödlich erscheinen? Lebensraum ist überall – im hochradioaktiv strahlenden Wasser und in kochend heißen vulkanischen Quellen, die aus Spalten auf dem Meeresgrund zutage treten. Ebenso in einer für uns Menschen absolut tödlichen Atmosphäre aus hochgiftigem Methangas, um nur ein paar wenige Beispiele zu nennen.

An dieser Stelle blende ich noch einmal zurück zum Erkundungsrover Curiosity, der nach Möglichkeit noch vor dem ersten bemannten Flug zum Mars die Frage nach dessen Eignung für Leben, wie wir es kennen, beantworten soll. Ein Forscherteam um Keisuke Fukushi vom Tokyo Institute of Technology stellte in jüngster Zeit eine auf Messungen an Sedimenten im Krater Gale beruhende Studie vor. Selbige kommt zu dem Schluss, dass das einst an der Bildung dieser Ablagerungen beteiligte Wasser einen Salzgehalt und pH-Wert aufwies, der nahe an dem unserer heutigen irdischen Meere lag. Es war demzufolge mineral- und salzreich genug, um selbst Leben zu ermöglichen, wie wir es auf der Erde kennen.[72]

Seit auf unserem Planeten Ozeane existieren, wimmelt es darin nur so von einer schier unübersehbaren Anzahl verschiedenster Spezies. Meere kann man gewissermaßen als die Wiege des Lebens auf der Erde bezeichnen. Von den ersten einzelligen Organismen des Prä-Kambriums über die Weichtiere und Pfeilschwanzkrebse in den frühen Formationen des Erdaltertums bis hin zu den Fischen, die als Quastenflosser letztlich sogar den festen Lebensraum eroberten. Nach ihnen kamen die Amphibien und die zum Teil riesenhaften Saurier, die alles Land, die Luft und auch die Meere beherrschten. Mit den Walen und ihren Verwandten haben sogar einige Arten aus der Klasse der Säugetiere ihre Heimat in den Ozeanen gefunden. Und jene unergründlichen, lichtlosen Tiefen, die noch weniger erforscht sind als unsere Nachbarn im All, überraschen uns immer wieder mit der Entdeckung der unglaublichsten und bizarrsten Kreaturen.

Tatsächlich glaubte man für lange Zeit, dass da unten wegen des fehlenden Lichtes sowie des gewaltigen Druckes keinerlei Leben mehr existieren könne. Doch das genaue Gegenteil ist der Fall. In der Tiefe tummelt sich eine Artenvielfalt, die es mit der oberirdischen Fauna leicht aufnehmen kann. Diese Kreaturen, die perfekt dem Leben in der Tiefsee angepasst sind, wirken wie Lebewesen von einem anderen Planeten. Da gibt es Tiere, die aussehen wie Pflanzen oder mythologische Ungeheuer. Fische, die Funken sprühen und regelrechte Lichtkaskaden aufleuchten lassen. Doch in der Regel kommen diese „außerirdisch“ wirkenden Geschöpfe nicht an die Meeresoberfläche, da ihr Organismus nur für die gewaltigen Druckverhältnisse dort unten ausgelegt ist.[73]

Fest steht: Der Begriff „Wiege des Lebens“ für unsere Meere ist keine Übertreibung. Waren dies einst auch die Mars-Ozeane, entsprang auch ihnen jenes Leben, nach dem wir seit Jahren mit denkbar großem Aufwand suchen? Da machen Aussagen wie die des bereits erwähnten Keisuke Fukushi Mut, der die Voraussetzungen dafür ausgesprochen positiv einschätzt: „Die einstige Marsoberfläche war ein Ort, an dem auch unser heutiges Leben hätte existieren können.“[72]

Nun ist es höchste Zeit, die Frage nach eindeutigen Lebensspuren auf unserem Nachbarplaneten zu stellen. Doch wie es den Anschein hat, haben diese bereits vor ein paar Jahrzehnten den Weg zur Erde gefunden.

4. Ein „Botschafter“ vom Mars

Reisender in Sachen außerirdisches Leben

Auf dem Mars, vor ungefähr 15 Millionen Jahren. Zur gleichen Zeit lag auf unserer Erde ein einschneidendes und die Fauna grundlegend veränderndes Ereignis bereits 50 Millionen Jahre zurück: Das Zeitalter der Dinosaurier hatte sein jähes Ende gefunden. Und eine neue Klasse, die der Säugetiere, war gerade dabei, sich mit einer ähnlichen Artenvielfalt wie zuvor die Reptilien über den gesamten Planeten auszubreiten. Aber was war ihnen da zu Hilfe gekommen und hatte die einstmals so übermächtige Konkurrenz unverhofft aus dem Rennen geworfen? Denn eins ist gewiss: Wäre das Geschlecht der Dinosaurier nicht von der Erde verschwunden, hätten sie die Säugetiere, die als unscheinbare Nagetiere in ihrem Schatten lebten, für weitere 100 Millionen Jahre unterdrückt. Und aller Wahrscheinlichkeit nach hätten einige Saurier so große Gehirne entwickelt, wie wir sie heute besitzen. Noch eines ist sicher: Die intelligent gewordenen Nachkommen der Riesenechsen würden heute diese Welt beherrschen, und nicht wir![74,75]

Doch dann machte ihnen vor etwa 65 Millionen Jahren der Einschlag eines riesigen Asteroiden den Garaus. So geschehen im Bereich der mittelamerikanischen Halbinsel Yucatan, wo man noch heute deutliche Spuren dieser Katastrophe findet. Und zwar in Form eines mehrere hundert Kilometer durchmessenden Halbkreises aus sogenannten „Cenoten“. Dies sind mit Wasser gefüllte, zumeist kreisrunde Becken, die man ursprünglich als eingestürzte Karsthöhlen betrachtet hat. Doch das waren sie nie. Die Geologen sind sich nämlich mittlerweile darüber einig, dass dieser Ring den verbliebenen Teil einer gigantischen Impaktstruktur darstellt, die der todbringende Meteorit verursachte.[76] Jedenfalls brachte dieses Ereignis den größten Teil der damaligen Flora und Fauna völlig zum Verschwinden.

Und die Dinosaurier, die unseren Planeten für 200 Millionen Jahre fest im Griff hielten, hatten keine Chance in dem Inferno. Sie mussten die „Bühne des Lebens“ für immer verlassen. Erst vor ein paar Jahren gelang Forschern aus dem Team des amerikanischen Geologen Paul Renne von der University of California in Berkeley der Nachweis, dass der Einschlag jenes Himmelskörpers und das unrühmliche Ende der Urzeit-Echsen zeitlich relativ nahe beieinander lagen. Sie konnten belegen, dass beide Ereignisse innerhalb einer Fehlertoleranz von gerade einmal 33.000 Jahren geschahen. Verbesserte Messmethoden, welche die Fehlertoleranz um den Faktor 10 – nämlich von einem auf 0,1 Prozent – verringerten, machten dies möglich.[77]

15 Millionen Jahre durchs All

Szenenwechsel. Wir befinden uns auf dem Mars, rund 50 Millionen Jahre nach diesem apokalyptischen Einschlag, der beinahe das gesamte irdische Leben auslöschte. Auf unserem roten Nachbarn ereignete sich zu dieser Zeit ebenfalls ein Meteoritenimpakt; nur einer von unzähligen in seiner langen Geschichte. Er dürfte auch nicht im Entferntesten die Sprengkraft jenes Brockens aus dem All gehabt haben, der das Ende der Dinosaurier einläutete. Doch mit ihm fiel der Startschuss zu einem Aufsehen erregenden Fund, der den Wissenschaftsbetrieb dieser Welt zu einem längst fälligen Umdenken zwang. Und mit dem Sturm, den er entfachte, um ein Vielfaches mehr an Sprengkraft freisetzte, als die beiden erwähnten Einschläge zusammengerechnet.

Der Meteorit, der vor etwa 15 Millionen Jahren den Mars traf, schlug bei seinem Aufprall große Mengen Gestein aus der Kruste des Planeten. Trifft solch ein Projektil in einer sehr flachen Bahn auf sein Ziel, können einzelne Steine so außerordentlich beschleunigt werden, dass sie die Anziehungskraft ihres Planeten überwinden können, und hinaus ins Weltall gelangen.[2] Genau dies passierte damals mit einem nicht ganz zwei Kilogramm schweren, kinderkopfgroßen Brocken mit metallisch glänzender Oberfläche. Für ihn war es der Beginn einer 15 Millionen Jahre andauernden kosmischen Reise, an deren Ziel eine kalte, unwirtliche Region unseres Planeten stand.

Denn nach seiner beinahe endlosen Odyssee im Kosmos geriet der kleine Brocken vom Mars schließlich in das Gravitationsfeld der Erde, und stürzte vor geschätzten 13.000 Jahren in der südlichen Antarktis nieder. Dort lag er auf den Blaueisfeldern, nicht weit entfernt vom Allen-Hills-Gebirgszug im Süd-Victoria-Land. Weil er mit seiner dunklen Farbe einen ziemlich starken Kontrast zu dem grellen Weiß des Gletschers darstellte, zog er am 27. Dezember 1984 die Aufmerksamkeit von Dr. Roberta Score und ihrer Kollegen auf sich. Die Forschergruppe befand sich zu jener Zeit im antarktischen Eis auf einer Expedition, die von der amerikanischen National Science Foundation, der im Jahr 1846 in Washington gegründeten Smithsonian Institution sowie der Raumfahrtbehörde NASA finanziert worden war.[2,4,78]

Das Geschoss aus dem All war natürlich weder das erste noch das letzte seiner Art, das Forscher in der Antarktis entdeckt haben. Ist doch unser Planet einem ununterbrochen niedergehenden Bombardement dieser kleinen, außerirdischen Festkörper ausgesetzt. Die meisten von ihnen besitzen als Mikro-Meteoriten einen Durchmesser, der kleiner ist als 0,1 Millimeter. Es wird vermutet, dass täglich mehrere tausend Tonnen solchen Meteoritenstaubes in allen Regionen unserer Erde vom Himmel fallen.[4]

In der Antarktis waren bereits Mitte der 1970er Jahre ein paar eher unauffällige Brocken entdeckt und als „Projektile aus dem All" identifiziert worden. Wie dies bei wissenschaftlichen Expeditionen standardmäßig gehandhabt wird, wurde der Meteorit vom Eisfeld des Süd-Victoria-Landes fotografiert und vermessen, steril verpackt und mitgenommen. Von den Forschern erhielt er eine Bezeichnung, unter der er mittlerweile zum „Star" in den Kreisen der Wissenschaft, wie auch an Fragen zu außerirdischem Leben interessierter Laien avancierte: ALH84001. Zum besseren Verständnis: ALH steht für den Fundort bei den Allen Hills und 84 für das Jahr seiner Entdeckung. Schließlich verrät die Ziffernfolge 001, dass dies der erste derartige Stein ist, der im Jahr 1984 an jenem Ort gefunden wurde.[2]

Eindeutiger Ursprung: Mars

Als das Forscherteam um Roberta Score wieder aus den froststarrenden Weiten des Südpols zurückkehrte, wurde ALH84001 in eine Anzahl hauchdünner Schichten zersägt und an verschiedene Institute in den Vereinigten Staaten verschickt. Eine erste Analyse ergab, dass der Stein aus grobkörnigem, kataklastischen Orthopyroxenit besteht.[78] Dieses Fachchinesisch muss ich zum besserem Verständnis genauer erklären. Pyroxenite sind eine Gruppe dunkler Tiefengesteine, deren Härtegrad auf der Mohs'schen Skala 6,0 beträgt. Die Vorsilbe „Ortho" bezeichnet metamorphe – also durch druckbedingte Umwandlung entstandene – Minerale, welche aus magmatischen Gesteinen entstanden sind. Und kataklastisch heißt, dass das Material einst durch starken tektonischen Druck in feinere Partikel zertrümmert wurde.[4]

Zehn Jahre nach seiner Entdeckung konnte ALH84001 eindeutig als Meteorit vom Mars bestimmt werden. Man nennt diese äußerst seltenen Exemplare – bislang kennt man nicht mehr als ein Dutzend davon – SNC-Meteoriten. Diese Abkürzung stammt von den Anfangsbuchstaben der ersten drei Ortschaften, in deren Nähe solche „himmlischen" Objekte zur Erde gefallen sind. Das waren Shergotty in Indien, Nakhla in Ägypten sowie Chassigny in Frankreich.

In kosmischen Maßstäben gemessen sind die meisten dieser SNC-Meteoriten noch relativ „jung"; sie besitzen ein Alter zwischen 1,1 und 1,3 Milliarden Jahren. Und sie enthalten in winzigen Luftbläschen die Einschlüsse von Gasen, die identisch sind mit den Atmosphärengasen des Mars, wie sie 1976 von den Landeeinheiten der beiden Viking-Sonden gemessen wurden. Was bedeutet, dass sie zum Beispiel nicht aus dem Asteroidengürtel stammen können, der sich zwischen Jupiter und Mars befindet.[2]

Im Gegensatz zu den anderen SNC-Meteoriten erwies sich „Allen Hills 84001" als wesentlich älter. Astrophysiker datierten ihn auf stolze 4,091 Milliarden Jahre.[79]

Für ein paar Jahre war der Mars-Meteorit noch ein „Besucher aus dem Kosmos" wie viele andere. Das sollte sich jedoch 1996, zwölf Jahre nach seiner Bergung aus dem ewigen Eis der Antarktis, schlagartig ändern.

Fossiles außerirdisches Leben

Am 7. August 1996 wurde die Öffentlichkeit in einer von CNN weltweit ausgestrahlten Pressekonferenz, die für Schlagzeilen sorgte, über sensationelle Entdeckungen informiert, die in den vorausgegangenen Monaten an dem Meteoriten gemacht wurden. Der damalige Chef der NASA, Daniel Goldin, und ein Forscherteam um den Mikrobiologen Dr. David McKay, waren zu dem Schluss gekommen, dass die Untersuchungsergebnisse für die Existenz von organischem Leben auf dem Mars sprechen!

Was hatte sie zu dieser gewagten Aussage bewogen? Schon ein gutes halbes Jahr vorher, im Januar 1996, hatten Dr. McKay und seine Kollegen die Möglichkeit in Betracht gezogen, echte Spuren außerirdischen Lebens vor sich zu haben. In haarfeinen Rissen, die sich durch den Brocken ziehen, stießen sie auf eine außergewöhnlich hohe Konzentration von Karbonaten. Diese Verbindungen bilden bei uns auf der Erde einen großen Anteil an Ablagerungsgesteinen. Die Kalkschichten aus dem Jura-Zeitalter sowie dem Muschelkalk und weiterer Formationen bestehen aus Kalziumkarbonat ($CaCO_3$), und können in der Regel auf organische Aktivitäten zurückgeführt werden. Bakterien und andere Kleinstlebewesen im Meer entziehen der Luft und dem Wasser Kohlendioxid und scheiden es als Kalziumkarbonat wieder aus. Größere Lebewesen bauen daraus ihre Panzer und Skelette, die nach deren Tod auf den Meeresboden herabsinken. So entstanden auf diese Weise im Verlauf vieler Millionen Jahre mächtige Gesteinsschichten.[2]

Die Forscher fanden aber noch mehr in diesem Stein. Und zwar sogenannte Polyzyklische Aromatische Kohlenwasserstoffe innerhalb der oben genannten Karbonate, wie sie üblicherweise bei dem Zerfall von Bakterien entstehen.[80] Anfangs vermutete man, bei ihnen könnte es sich um Folgeerscheinungen erst auf der Erde aufgetretener Verunreinigungen handeln. Doch konnten zahlreiche Tests sowie mehrmals wiederholte Kontrollversuche diese Möglichkeit nahezu vollständig ausschließen.[38]

Die spektakulärsten Hinweise jedoch sind unter dem Elektronenmikroskop in zigtausendfacher Vergrößerung sichtbar gewordene, wurmartige und eiförmige Strukturen, die als versteinerte Bakterien gedeutet werden. Ihre Größe liegt zwar im Bereich bis zu 500 Nanometern[2] – ein Nanometer entspricht nur 10^{-9} beziehungsweise einem Millionstel Meter –, doch wurden so winzige Bakterien auch auf der Erde entdeckt.[78] Es wurden Einwände laut, dass solche Strukturen auch durch die benutzte Aufnahmetechnik verursacht sein könnten. Doch trotz dieser skeptischen Stimmen deuten die Fakten übereinstimmend darauf hin, dass es sich tatsächlich um fossile Nanobakterien handelt, die in großen Kolonien die feinen Risse im Marsgestein besiedelten.[2] Der Veröffentlichung dieser unglaublichen Jahrtausendentdeckung ging indes harte Laborarbeit voraus.

Einer großen Sache auf der Spur

Aller Wahrscheinlichkeit nach wäre es nicht zu dieser Entdeckung gekommen, hätte 1996 nicht eine komplett neue Technologie zur Verfügung gestanden: Das sogenannte „Transmissions-Elektronenmikroskop“ (TEM). Ganz allgemein gesagt, kommen Elektronenmikroskope dort zum Einsatz, wo die gewöhnlichen Lichtmikroskope an ihre technischen Grenzen stoßen. Sind die zu untersuchenden Objekte nämlich noch kleiner als die Wellenlänge des sichtbaren Lichts, so sind sie nicht mehr erfassbar. Die Grenzen des sichtbaren Lichts liegen bei etwa 0,40 Mikrometer Wellenlänge am violetten und bei etwa 0,75 Mikrometer am roten Ende des Spektrums. Zum besseren Verständnis: Ein Mikrometer beträgt 10^{-6} Meter, dies ist ein Tausendstel eines Millimeters.[4]

Mit dem besagten Transmissions-Elektronenmikroskop aber erschließt sich eine noch viel kleinere Welt, da das Instrument mit weit kürzeren Wellenlängen arbeitet. Die von einem Elektronenstrahl abgetasteten Objekte werden dann im Computer optisch umgerechnet und so für das Auge erst sichtbar gemacht.

Als Dr. McKay und dessen Kollegen die sich in den feinen Spalten von ALH84001 befindlichen, als Globulen, also kugelförmig, ausgebildeten Karbonate mit ihrem neuartigen Elektronenmikroskop untersuchten, stießen sie auf Unerwartetes. Da waren zum einen die erwähnten eiförmigen Strukturen, deren Größe sich zwischen 20 und 100 Nanometern bewegte. Sowie die wurmartigen, bisweilen in Segmente unterteilten Gebilde mit einer Länge bis 500 Nanometer, die die Forscher sofort an irdische Bakterien denken ließen. Das war unerhört spannend und völlig neu. Denn noch nie zuvor hatte man Vergleichbares in einem Meteoriten gefunden!

Schlagartig war den Wissenschaftlern klargeworden, dass sie einer wirklich „großen Sache" auf die Spur gekommen waren. In der Folgezeit verbrachte Dr. McKay etliche Nächte in seinem Labor, „weil es zu aufregend war, um einfach nach Hause zu gehen". In dieser Zeit kam es sogar zu einer unvorhergesehenen, spontanen Bewertung aus einer fachkundigen Richtung. Denn sein Kollege, der Geochemiker Everett K. Gibson, hatte ein paar der mit dem TEM gemachten Aufnahmen mit nach Hause genommen. Diese ließ er unvorsichtigerweise auf dem Küchentisch herumliegen, und seine Frau, ihres Zeichens Biologin, fragte ihn spontan, was das denn für Bakterien seien.[2]

„Heute spricht der Stein 84001 zu uns"

Natürlich gingen die Forscher mit aller gebotenen Vorsicht und einer gesunden Portion Skepsis ans Werk. Über Wochen und Monate drang nichts von ihrer großen Entdeckung und den sich daraus ergebenden Schlüssen an die Öffentlichkeit. Zwischenzeitlich reichten Dr. McKay, der bereits erwähnte Everett K. Gibson sowie sieben weitere mit den Analysen beschäftigte Gelehrte einen gut ausgearbeiteten Beitrag an das renommierte amerikanische Wissenschaftsmagazin „Science“ ein.

Hier angebotene Artikel werden üblicherweise vor der Veröffentlichung von unabhängigen Gutachtern regelrecht „auseinandergenommen“, müssen sodann nochmals gründlich überarbeitet werden. Doch der Beitrag der neun Forscher wurde ohne Widerspruch akzeptiert. Unter dem etwas überladenen Titel „Suche nach vergangenem Leben auf dem Mars: Mögliche Überreste biogener Aktivität im Mars-Meteoriten ALH84001“ erschien er am 16. August 1996 in der Ausgabe Nr. 273 von „Science“[80] – neun Tage nach der in die ganze Welt übertragenen Pressekonferenz, die alle am Thema außerirdischen Lebens Interessierten aufhorchen ließ.

Der damalige 42. Präsident der Vereinigten Staaten, William „Bill“ Jefferson Blythe Clinton, wurde eine knappe Woche zuvor von NASA-Chef Goldin über den Fund informiert. Clinton verfasste darauf persönlich eine Präambel, die anlässlich der weltweiten Präsentation ebenfalls auf Sendung ging:

„Heute spricht der Stein 84001 über die Milliarden Jahre und Millionen von Kilometern zu uns. Er spricht von der Möglichkeit des Lebens. Wenn diese Entdeckung bestätigt wird, so ist dies fraglos eine der erstaunlichsten Einsichten in unser Universum, welche die Wissenschaft jemals zutage gefördert hat. Die Schlüsse, die wir daraus ziehen können, sind unvorstellbar weitreichend und Ehrfurcht gebietend. Obwohl diese Entdeckung Antworten auf unsere ältesten Fragen verspricht, so lässt sie doch auch neue, und noch fundamentalere Fragen entstehen. Wir werden fortfahren, sorgfältig darauf zu hören, was uns dieser Stein zu sagen hat, so, wie wir die Suche nach Antworten fortsetzen werden. Bei diesen Dingen geht es um Fragen, die so alt sind, wie die Menschheit selbst, aber in gleicher Weise bedeutend für unsere Zukunft.“[2]

Soweit die weltbildstürzenden Schlussfolgerungen, welche sich aus den Untersuchungen des zum Medienstar avancierten ALH84001 ergeben haben. Er hat dem Denken im etwas eingerosteten, klassischen Wissenschaftsbetrieb zu frischem Wind verholfen, das ist nicht zu bestreiten. Doch kaum jemand dürfte wissen, dass bereits ein paar Jahre zuvor in einem anderen Meteoriten vom Mars Hinweise auf einstiges Leben dort gefunden wurden. Der ein wenig größere und mit acht Kilogramm Gewicht vier Mal so schwere EETA79001 wurde gleichfalls auf den Blaueisfeldern der Antarktis entdeckt, und zwar schon 1979. Jedoch sollten noch zehn weitere Jahre vergehen, bis EETA79001 endlich zum Gegenstand wissenschaftlicher Untersuchungen wurde.

Deutlich jünger

Vielleicht war diesem nicht dieselbe Medienpräsenz beschieden, weil Briten im Gegensatz zu Amerikanern viel eher zum Understatement neigen. Es war nämlich eine Gruppe von Mineralogen um Professor Ian P. Wright vom Institut für Erdwissenschaften der Universität im englischen Milton Keynes, die sich des fünf Jahre vor ALH84001 im Eis gefundenen Brockens annahm. Auch bei ihm stießen die Forscher auf eine erhöhte Konzentration an Karbonaten in einigen der feinen Risse und Spalten.[81] Darüber hinaus wurden Anteile an Magnesium und Phosphor gefunden, also zwei Elemente, die für biologische Prozesse eine sehr wichtige Rolle spielen, sowie Stickstoff. Mit diesen ebenfalls in ihm festgestellten Lebensbausteinen könnte EETA79001 ein weiterer „Botschafter vom Mars" sein, der uns Aufschluss geben kann über einstiges Leben auf unserem Nachbargestirn.[2]

Zudem ist dieser bereits 1979 gefundene Meteorit deutlich jüngeren Datums als sein Pendant aus dem Jahr 1984. Vorausgesetzt, dass die in EETA79001 entdeckten Spuren tatsächlich auf organische Aktivitäten zurückgehen, würde dies eine unglaublich lang dauernde Spanne für lebensfreundliche Bedingungen bedeuten.

An die drei Milliarden Jahre, nachdem Bakterien in ALH84001 existierten, gab es noch immer Leben auf dem Mars. Und warum sollte sich dieses einzig und allein auf niedere Organismen beschränkt, und sich nicht wie auf unserem Planeten weiterentwickelt haben? Man nimmt an, dass sich die klimatischen Verhältnisse vor 1,1 Milliarden Jahren nicht sonderlich von jenen heute unterschieden haben. Oder im umgekehrten Schluss: Wenn es damals Leben auf dem Mars gab, ist es keineswegs ausgeschlossen, dass es noch immer existiert.

Indizien für fossiles Leben auf dem Mars erreichen uns auch in jüngeren Tagen. So fand der viel zitierte Mars-Rover Curiosity, der seit August des Jahres 2012 im Gale-Krater seine Runden dreht, neben den Anzeichen auf Wasser auch organische Moleküle in dem etwa drei Milliarden Jahre alten Gestein. Eine Entstehung aufgrund nicht-biologischer Prozesse wäre zwar ebenfalls denkbar. Doch wie die NASA mitteilte, werden Moleküle wie die von Curiosity entdeckten in aller Regel mit Leben in Verbindung gebracht Der Erkundungsroboter vermochte die Quelle der organischen Moleküle nicht zu bestimmen. Aber auch, wenn dieses Material mit Leben auf dem Mars nichts zu tun haben sollte, würde es immerhin Hinweise auf chemische Prozesse geben, welche auf dem Mars einst abgelaufen sind. Das ist die Meinung der Forscherin von Jen Eigenbrode, die am Goddard Flight Center der NASA in Greenbelt im US-Staat Maryland arbeitet.[82]

Nicht vorbereitet

Ungeachtet der Frage, ob der Mars nur in früheren Zeiten ein Planet des Lebens war oder dies vielleicht auch heute noch ist, erreichen uns warnende Worte aus den Reihen der Forscher. So machte sich Jim Green, ein Chefwissenschaftler der NASA, ernsthaft Sorgen, ob die Menschheit adäquat auf den Fall vorbereitet sei, sollten Forscher unumstößliche Beweise für Leben auf dem Mars finden. Unerheblich, ob als bestehendes oder in fossiler Form. Jim Green hegt da starke Bedenken: „Das wird revolutionär sein, das wird eine ganz neue Denkrichtung einleiten", ließ er gegenüber der britischen Zeitung „Telegraph" verlauten. „Ich glaube nicht, dass wir auf die Ergebnisse vorbereitet sind", betonte Green in einem Interview. „Das sind wir nicht."

Solche Gedanken macht sich der Leiter der Abteilung für planetarische Wissenschaft bei der NASA, weil man nahe daran sei, außerirdisches Leben zu finden und dies auch zu kommunizieren. Sollten die Forscher sogenannte Biosignaturen in dem Material vom Mars entdecken, so könnten diese Funde die Astrobiologie verändern.[83] Dass dies bereits zu einem großen Teil der Fall ist, dafür hat der Marsmeteorit ALH84001 gesorgt.

Jim Green zufolge würde sich eine Reihe völlig neuer Fragen für alle Bereiche der Forschung ergeben: „Ist dieses Leben wie wir? Wie sind wir damit verwandt?", seien nur zwei davon; Und: „Kann sich das Leben von Planet zu Planet bewegen, oder haben wir einen Funken und genau die richtige Umgebung, und besagter Funken erzeugt Leben, basierend auf der chemischen Umgebung", führte Green seine Überlegungen fort.[83]

Zumindest die Frage, ob sich das Leben von Planet zu Planet bewegen kann, wurde in der wissenschaftlichen Welt schon länger diskutiert. Einer der ersten, der diese Idee der „Panspermie" äußerte, war der renommierte britische Physiker Lord Kelvin of Largs (1824–1907), bekannt geworden durch die von ihm kreierte, in den angelsächsischen Ländern verbreitete Temperatur-Skala.[4] Weniger bekannt ist die Tatsache, dass Lord Kelvin fest davon überzeugt war, dass das Leben nicht ursprünglich auf der Erde entstanden war, sondern vielmehr aus den Tiefen des Alls in Form von Sporen herüberwehte.[84] Und Francis H. Crick (1916–2004) – dieser erhielt 1962 gemeinsam mit zwei Kollegen den Nobelpreis für Medizin für die Entdeckung der DNS als Trägersubstanz der Erbinformation – entwickelte diese Idee weiter. Crick ersann die Theorie der „gelenkten Panspermie" („Directed Panspermia"), der zufolge hochentwickelte Zivilisationen vor undenklichen Zeiten Mikroorganismen ins Weltall geschickt haben, die unter anderem auch auf unserer Erde das Leben „starteten".[85]

Kulturschock

Kommen wir an dieser Stelle noch einmal zurück zu den Überlegungen des bereits erwähnten Chefwissenschaftlers der NASA, Jim Green. Was der Forscher fürchtet, kann man ohne weiteres als Kulturschock bezeichnen. Der trifft zumindest jene Zeitgenossen, die in ihrem tradierten Weltbild keinen Platz für Leben außerhalb der Erde haben. Hierbei bezieht sich Mr. Green noch nicht einmal auf uns in ihrer Entwicklung überlegene Intelligenzen mit einer technologisch basierten Zivilisation. Sondern erst einmal auf organische Lebensformen niedriger Art, die in seinen Augen bereits über das Potential verfügen, für gewaltige Verwerfungen in unserer Gesellschaft zu sorgen.

Was würde uns dann erst erwarten, wenn wir – wo auch immer: ob auf Lichtjahre entfernten Exoplaneten oder vorzugsweise „vor unserer Haustür im Sonnensystem" – auf eindeutige Spuren technisch weit fortgeschrittener, intelligenter Wesen stoßen würden? Auf solch einen Fall wären wir als gesamte Menschheit noch weitaus weniger vorbereitet!

Welche Erschütterungen über uns in einem Szenario wie diesem hereinbrechen würden, habe ich in einem meiner ersten Bücher bereits vor fast 25 Jahren beschrieben.[86] Für die unvermeidlichen Folgen wäre die Bezeichnung „Kulturschock" eine böse Verharmlosung. Damals stellte ich die Frage im Zusammenhang mit dem UFO-Phänomen, welches bekanntlich immer wieder gerne ins Reich des Obskuren verbannt und der Lächerlichkeit preisgegeben wird. Aber trotz allem nach wie vor zu den großen und ungelösten Rätseln unserer Tage zählt. Was ich da vor Jahren für den Fall prognostizierte, sollte eines Tages ein UFO auf der grünen Wiese vor dem Weissen Haus in Washington landen, kann man auch auf andere Ereignisse übertragen. Was würde also passieren, wenn ein Szenario wie dieses plötzlich Realität wird?

Ein weltweites unübersehbares Chaos wäre die Folge. Genauer gesagt, eine globale Autoritätskrise von nie gekanntem Ausmaß in sämtlichen Bereichen unseres Lebens. Sie würde nicht nur die Wissenschaften und Religionen, sondern alle politischen und sozialen Strukturen wie ein mächtiger Sturm erfassen und förmlich aus den Angeln heben.

Die Militärs würden komplett verrücktspielen, da sie sich in vielen Gesellschaften als die alleinigen Hüter der allgemeinen Ordnung sehen. Selbst in autoritären Regimen wären die astronomisch hohen Staatsausgaben für die Rüstung mit einem Mal nicht mehr vermittelbar.

Für den konventionellen Wissenschaftsbetrieb wäre es nicht weniger als der absolute Super-GAU. Bislang hat dieser sich in eitler Nabelschau ergangen: Wir sind die einzigen im Universum weit und breit, und sollten wider Erwarten doch irgendwo ganz weit draußen noch weitere intelligente Lebensformen existieren – was soll's? Die Distanzen wären in jedem Fall unüberbrückbar und eine Kontaktaufnahme dadurch vollkommen unmöglich. Und bitte niemals vergessen: Wir sind ja die Spitze der Evolution, und an unserem Ego sollte gefälligst nichts und niemand kratzen.[86]

Deshalb liegen die Wissenschaften mit ihren Ansichten gar nicht so weit von den Religionen entfernt. Was für die einen nämlich die „Spitze der Evolution“ ist, preisen die andern als „Krone der Schöpfung“.

Vielleicht kommt hier und da schon etwas Einsicht in die Sache, da man die Brisanz erkannt hat, die hinter manchen Funden steckt. Wenige Wochen nach der erwähnten Pressekonferenz vom 7. August 1996, noch Ende desselben Monats, zitierten die Zeitungen Winfried Röhmel, damals Sprecher des Erzbistums München und Freising. Anlässlich der im Mars-Meteoriten ALH84001 gefundenen Lebensspuren meinte dieser: „Auch Außerirdische dürfen am Tage des Jüngsten Gerichts auf Erlösung hoffen. Falls es kosmisches Leben jenseits der Erde geben sollte, dann gehört es auch mit zu Gottes Schöpfung.“[87]

Warm anziehen!

Röhmel führte weiter aus, dass, wenn die Bibel von Erlösung spreche, immer der ganze Kosmos gemeint sei, und nicht nur unsere Erde. Natürlich wollte da die katholische Bischofskonferenz in Bonn auch nicht hinten anstehen. Deren Vertreter beeilten sich zu erklären, dass die katholische Theologie keinesfalls durch intergalaktisches Leben tangiert werde. Zwar spreche die Bibel immer von Himmel und Erde, gemeint sei jedoch der gesamte Kosmos.[87]

Doch weiter mit den Umwälzungen, die uns überrollen werden, sollte die Menschheit ohne Vorwarnung mit Spuren intelligenten Lebens von außerhalb der Erde konfrontiert werden. Bald wäre auch die Wirtschaft betroffen, und da sämtliche politischen Machtstrukturen mit ihr verknüpft sind, wäre auch deren totaler Zusammenbruch nur noch eine reine Frage der Zeit.[86]

Das größte Chaos aber würde in den Köpfen unendlich vieler Zeitgenossen entstehen. Da unser Bildungssystem, in das wir von Kindesbeinen an eingebunden sind, neuen Erkenntnissen um Jahrzehnte hinterherhinkt, würden ganze Weltbilder unweigerlich in sich zusammenstürzen. „Nicht für die Schule, für das Leben lernen wir": Für dieses Leben bleute man Generationen ein, dass „dort draußen" nichts als unendliche Leere herrsche. Und wir tollen Irdischen die ganz große Ausnahme seien. Dasselbe wurde auch in allen Kirchen von den Kanzeln herab verkündet. Abgesehen davon, dass es eine geradezu unanständige Platzverschwendung wäre. Beinahe täglich führen uns die Entdeckungen weiterer Exoplaneten eindrucksvoll vor Augen, dass Planeten wie unsere Erde, wenn schon nicht das Normalste, dann doch zumindest keine Ausnahme im weiten Weltall darstellen. Aber ich bin überzeugt, dass wir gar nicht so weit hinauszugehen brauchen, um eines nicht mehr fernen Tages jene Überraschung zu erleben, die alles von Grund auf verändert.

Darauf sollten wir vorbereitet sein. Die Zeit drängt, es kann schon morgen geschehen Sonst dürfen wir uns alle buchstäblich warm anziehen, wenn gewaltige Veränderungen über uns hinwegrollen. Nur zu lang und zu gern haben wir all die unbequemen Wahrheiten und Fakten, die nicht in unser traditionelles Weltbild zu passen scheinen, verdrängt.

Die Hinweise darauf waren jedoch nicht wirklich zu übersehen.

5. Zwei Menhire für Phobos und Deimos

Endlose Rätsel um die Monde des Mars

Dass die Existenz sowohl unseres „roten Nachbarn", wie auch aller anderen Planeten des Sonnensystems, unseren Vorfahren ein Begriff war, habe ich bereits eingangs erläutert. Doch der Mars fand seine „Heimat" nicht nur in den ungezählten Mythen und Überlieferungen vieler alter Völker. Ebenso geniale wie unbekannte Baumeister setzten ihm unvergängliche Denkmäler, indem sie all ihr Wissen um die Planeten unseres Heimatsterns dem Stein anvertrauten.

Etwa 40 Kilometer nordöstlich der Hauptstadt Mexikos, jener niemals stillstehenden Metropole mit ihrem nie enden wollenden Verkehrschaos, befindet sich die archäologische Zone von Teotihuacan. Ich kenne dieses weitläufige Areal ziemlich gut, denn ich stattete dem ebenso geschichtsträchtigen wie geheimnisumwitterten Ort schon mehrere Besuche ab.

Der Spanier Hernando Cortez (1485–1547) hatte am 14. November 1519 Tenochtitlan, die damalige Hauptstadt des Aztekenreiches, eingenommen, und dessen letzten Herrscher Moctezuma II. (um 1466–1520) gezwungen, die spanische Herrschaft anzuerkennen. Ein Aufstand der Azteken, bei denen die Spanier gewaltige Verluste erlitten, zwang Cortez jedoch fürs erste, sich in der Nacht zum 1. Juli 1520 – in die Geschichte eingegangen als „la noche triste", zu Deutsch „die traurige Nacht" – mit einer Handvoll verbliebener Soldaten umgehend in nördlicher Richtung zurückzuziehen.[4]

Auf den Anhöhen nahe der Ortschaft Otumba fiel dem glücklosen Konquistador eine Reihe seltsam gleichmäßig geformter „Hügel" auf. Womöglich ritt er sogar zwischen diesen Erhebungen hindurch, ohne auch nur im Geringsten zu ahnen, an welch geheimnisvollem Platz er sich befand. Die Azteken wussten es wohl, doch sie verschwiegen es dem verhassten Eindringling, der auf seinem

Rückzug mit Sicherheit keine Zeit hatte, sich mit den Besonderheiten jenes überwucherten Areals zu beschäftigen.

Sie nannten diese buchstäblich steinalte Ruinenstätte „teotihuacan". Dies bedeutet so viel wie „der Ort, an dem man zum Gott wird". Der ursprüngliche Name dieser geheimnisumwitterten Stadt ist allerdings bis auf den heutigen Tag nicht bekannt. Kein Mensch weiß, wer die Erbauer und Bewohner Teotihuacans gewesen, woher sie gekommen waren und in welcher Sprache sie sich untereinander verständigten.

„... das größte und unzugänglichste aller Geheimnisse"

Eine hypothetische Möglichkeit für den im Dunkeln liegenden Ursprung Teotihuacans besteht darin, dass es sich um eine prähistorische Stadtgründung der heute viel weiter im Norden lebenden Hopi-Indianer handelt. Diese seien gemäß ihrer Überlieferungen vor Tausenden von Jahren durch die geheimnisumwitterten „Kachinas" – was mit „hohe und geachtete Wissende" übersetzt wird – von ihrer dem Untergang geweihten Heimat im Pazifischen Ozean evakuiert, und auf dem südamerikanischen Kontinent angesiedelt worden. Auf ihrem Jahrhunderte währenden Treck zu ihren heutigen Siedlungsräumen in Nordamerika hätten sie zahlreiche Städte gegründet, doch dies hier nur am Rande.[88,89]

Bei allen Fragezeichen und Spekulationen aber gilt Teotihuacan noch immer als die älteste Zivilisation auf der mexikanischen Hochebene, sowie als Stadt, die keine Vorgängerin hatte. Die französische Archäologin Laurette Séjourné schrieb deshalb über die geheimnisumwobene Metropole:

„Die Ursprünge dieser Hochkultur stellen mithin das größte und unzugänglichste aller Geheimnisse dar. Wenn es schon recht schwer fällt, anzunehmen, dass Kulturmerkmale (...) bereits im Anfang ihre definitive Prägung gefunden haben sollen, dann ist es noch schwerer, sich vorzustellen, dass der zugehörige Komplex geistiger Voraussetzungen dann plötzlich vollständig ausgebildet einfach vorhanden gewesen sei. Wir haben keinerlei materielle Zeugnisse für solch einen erstaunlichen Entwicklungsprozess."[90]

Die Stadt von unbekannter Herkunft hatte zu ihrer Blütezeit eine flächenmäßige Ausdehnung von etwa 25 Quadratkilometern, und ihre Einwohnerzahl dürfte um die 200000 Seelen betragen haben. Zentrale Achse von Teotihuacan ist die von Süd nach Nord verlaufende Prunkstraße „Camino de los Muertos" – „Die Straße der Toten". Dies ist übrigens eine vollkommen willkürliche Namensgebung aus moderner Zeit, denn kein Mensch vermag zu sagen, wie sie einst tatsächlich hieß. Drei Kilometer lang und durchschnittlich gut 40 Meter breit, ist die „Camino" zu beiden Seiten von zahlreichen kleineren Pyramiden und Tempelplattformen flankiert. Eine ganz besondere optische Täuschung haben die unbekannten Städtebauer mit einem verblüffenden architektonischen Kunstgriff geschaffen.

In nördlicher Richtung weist die Prachtstraße eine Gesamtsteigung von 30 Metern auf. Deshalb gewinnt der Betrachter, der sich von Süden her ihrem Ende bei der sogenannten „Mondpyramide" nähert, den Eindruck, als steige die Straße wie eine endlose Treppe himmelwärts an. Umgekehrt jedoch ist die gesamte Terrassierung verschwunden, wenn man von der abgeflachten Spitze dieser Pyramide den Blick in südlicher Richtung schweifen lässt.

Ich habe es selbst wiederholt ausprobiert. Und war jedes Mal vollkommen perplex, wie überzeugend dieser perspektivische Trick doch das Auge des Betrachters zu täuschen vermag.

In punkto Einwohnerzahl wie auch der flächenmäßigen Ausdehnung, welche „der Ort an dem man zum Gott wird", aufwies, stellte Teotihuacan einst die größten Städte der europäischen Antike wie Athen oder Rom mühelos in den Schatten.

Kosmische Dimensionen

Dem Leser mag schon aufgefallen sein, dass ich hier beinahe so aufwendig ausgeholt habe, wie mit einem Vierzigtonner-Sattelzug beim Überholen. Doch anders würde man der spektakulären Stätte nicht gerecht werden. In den 1980er Jahren kam sie zu geradezu „kosmischen Dimensionen".

Es mag unglaublich klingen: Teotihuacan ist nichts anderes als ein gewaltiges, steinernes Abbild unseres Sonnensystems. Ein unbegreifliches Überbleibsel einer geheimnisvollen Vergangenheit, in der ein Wissen präsent war, das dem heutigen mindestens ebenbürtig, wenn nicht gar weit überlegen gewesen ist.

Solche Vorstellungen können doch eigentlich nur einem phantasievollen Schwarmgeist entsprungen sein. Denn das alles klingt viel zu unwahrscheinlich, um wahr zu sein. Oder etwa nicht?

Mitnichten. Denn die Auslöser dieser Schlussfolgerung kamen diesmal nicht aus der Ecke jener unverbesserlicher und von der Möglichkeit früher außerirdischer Kontakte überzeugten Querdenker, die ihre unbeirrbar auf dem „Boden der Vernunft" stehenden Zeitgenossen beständig mit gewagten Theorien nerven. Es waren vielmehr die aus den Vereinigten Staaten stammenden Forscher Hugh Harleston und Peter Tompkins, die geradezu schockierende Zusammenhänge zwischen den Monumentalbauten Teotihuacans und den Planeten unseres heimischen Sonnensystems nachzuweisen vermochten.

Die beiden hatten sich nämlich zum Ziel gesetzt, der Maßeinheit auf die Spur zu kommen, welche der gesamten Anlage zugrunde lag. In der hehren Erkenntnis, dass eine geometrische wie architektonische Planung ohne ein einheitliches Maß nicht denkbar sei, begannen sie mit ihren Vermessungsarbeiten. Und ihre akribische Suche blieb nicht ohne Ergebnis.

Harleston und Tompkins ermittelten einen Wert von 1059 Millimetern – also exakt 1,059 Meter – und gaben jener Maßeinheit den Namen „hunab". Der Begriff kommt aus der Sprache der Mayas und bedeutet so viel wie „Einheit". Damit war gewissermaßen der „Schlüssel zum Stadtplan" entdeckt. Ganz Teotihuacan ließ sich mit dem besagtem Maßstab „hunab" aufreißen. Doch als die Anlage vollkommen vermessen, die Computer mit sämtlichen Daten gefüttert waren, da rangen die beiden Forscher nur noch um Fassung.

Eine Reihe von herausragenden Bauwerken – wie zum Beispiel die Plattform der „Zitadelle“ mit dem Tempel des Quetzalcoatl oder die Mondpyramide – markieren ganz exakt die durchschnittlichen Bahndaten sämtlicher Planeten unseres Sonnensystems! Startlinie war der Beginn der besagten Nord-Süd-Achse „Camino de los Muertos“. Von jenem Punkt ausgehend, liegen die Bauwerke für die Planeten

- Merkur mit 36 hunab,
- Venus mit 72 hunab,
- Erde mit 96 hunab und
- Mars mit 144 hunab

exakt positioniert. Auch der Asteroidengürtel zwischen Mars und Jupiter, welcher die inneren erdähnlichen von den äußeren Planeten unseres Sonnensystems trennt, und aus vielen hunderttausend kleinen und kleinsten Himmelskörpern besteht[4], ist nicht vergessen worden. Bei einem Abstand von 288 hunab zum Nullpunkt der „camino“ legten die unbekannten Erbauer der Stadt einen künstlichen Kanal für den San-Juan-Bach an, der Teotihuacan unterquert. Wie sagt der Pragmatiker? „Wenn es nicht passt, muss es einfach passend gemacht werden“.

Und wie geht es weiter? Die Ruinen eines unbekannten Bauwerkes bezeichnen bei 520 hunab die Position des Riesenplaneten Jupiter, und der in Stein verewigte „Platzhalter“ für den Saturn lag bei 945 hunab – bis er Planierungsarbeiten für eine Teerstraße zum Opfer fiel. Die bereits erwähnte Mondpyramide am nördlichen Ende der „Camino de los Muertos“ markiert die Bahndaten des sonnenfernen Planeten Uranus. Doch bekanntlich ist damit unser Sonnensystem noch nicht zu Ende.

Astronomische Einheiten

Selbst die letzten beiden Planeten – Neptun und der vor ein paar Jahren zum Kleinplaneten heruntergestufte Pluto – hat man in das steinerne Abbild unseres solaren Systems integriert. Denn die Nord-Süd-Achse findet ihre Fortsetzung in einer virtuellen Linie über die Mondpyramide hinaus in der gebirgigen Umgebung. Bei 2880 hunab trägt eine Bergspitze den Rest eines schon halb verfallenen Tempels. Dieser steht für den Planeten Neptun. Und noch weiter in den Bergen, in 3780 hunab Entfernung, steht ein „hermetischer Turm" ohne Eingänge und Fenster.[91]

So war auch der kleine Pluto, der erst im Jahre 1930 entdeckt wurde, von Anbeginn eingeplant gewesen in diese phantastische Anlage. Das darin enthaltene Wissen lässt uns ratlos zurück.

Wie es den Anschein hat, operierten die unbekannten Erbauer Teotihuacans sogar mit einer heutzutage in der Astronomie international verbreiteten Maßeinheit. Die allgemein anerkannte „Astronomische Einheit" (AE) entspricht dem mittleren Abstand der Erde von der Sonne, also 149,600 Millionen Kilometer.[4] „Mittlerer" Abstand aus dem Grunde, weil die Planeten unser Zentralgestirn nicht in einer kreisförmigen Bahn, sondern vielmehr elliptisch umrunden. Mit einem der Sonne entferntesten sowie einen ihr am nächsten gelegenen Punkt. Bei unserem „roten Nachbarplaneten" Mars wären dies maximal 240 Millionen und im Minimum 204 Millionen Kilometer Distanz zur Sonne.[4]

Als ich mich bei der Arbeit an einem früheren Buch in diese Materie tiefer einarbeitete, stieß ich auf eine Reihe äußerst verblüffender Übereinstimmungen.[92] Demnach stimmen die oben genannten Zahlenwerte – gemessen in hunab an den entsprechenden Bauwerken entlang der Zentralachse „Camino de los Muertos" – überraschend exakt mit den heutzutage in Astronomischen Einheiten ausgedrückten Distanzen der jeweiligen Planeten zur Sonne überein.

So weit, so unverständlich. Deshalb will ich diese seltsame Übereinstimmung hier anhand einiger konkreter Beispiele erläutern.

Der Planet Venus ist im Durchschnitt 108,2 Millionen Kilometer von der Sonne entfernt, dies entspricht 0,72 Astronomischen Einheiten. Das der Venus entsprechende Bauwerk an der „Camino" liegt genau 72 hunab von ihrem Anfang entfernt.

Der mittlere Abstand des Gasriesen Jupiter zu unserer Sonne beträgt 780 Millionen Kilometer – entsprechend 5,20 Astronomischen Einheiten. Ist es tatsächlich nichts als purer Zufall, dass der den Jupiter symbolisierende Bau genau 520 hunab vom Anfangspunkt der Zentralachse entfernt steht?

Ob die zwischen Mars und Jupiter gelegenen Asteroiden einst einen Planeten bildeten, welcher aus unbekannten Gründen zerbarst oder sogar absichtlich zerstört wurde, darauf werde ich an späterer Stelle ausführlich eingehen. Was jedoch unstrittig ist, das sind die 420 Millionen Kilometer, die sie von der Sonne trennen. Was umgerechnet 2,80 Astronomischen Einheiten entspricht. Der San-Juan-Bach, der ganz gezielt für diesen Zweck umgeleitet wurde, fließt in genau 288 hunab Entfernung vom Anfangspunkt der „Straße der Toten".

Und der Ringplanet Saturn, dessen Bahn um die Sonne in durchschnittlich 1.428.000.000 Kilometern Entfernung verläuft, besitzt von dieser einen Abstand von 9,50 Astronomische Einheiten. Sein steinerner „Platzhalter" steht nicht weit von der 63 Meter hohen „Sonnenpyramide" entfernt – und somit 945 hunab vom Ausgangspunkt des „Planetenweges" aus grauer Vorzeit.

Die Existenz solch eines in Stein verewigten Wissens will so gar nicht recht in jenes Bild passen, das die konventionelle Altertumsforschung von unserer Welt vor Tausenden von Jahren noch immer zeichnet.

Im Flusstal der Vilaine

Eine Häufung ohnehin ins Unerträgliche strapazierter Zufälle kann man hier besten Gewissens ausschließen. Stattdessen sollte die Frage in den Vordergrund gerückt werden, welche geheimnisvollen Impulse die Menschen aus einer längst vergangenen Epoche dazu angetrieben haben, ein derart maßstabsgetreues Bild unseres heimischen Sonnensystems zu schaffen. Dessen dem Stein anvertraute Botschaft die Jahrtausende überdauern soll, bis die Menschheit reif für Erkenntnisse ist, die nicht gerade zu den leicht verdaulichen zählen.

Wer bei dieser Faktenlage bereit ist, die Existenz eines maßstabsgetreuen Ebenbildes unseres Sonnensystems im Hochland Mexikos zu akzeptieren, dies aber für ein absolutes Unikat hält, den muss ich hier eines Besseren belehren. Da gibt es noch eine weitere Anlage dieser Art, die sich – im Gegensatz zu der nicht mehr als drei Kilometer langen „Straße der Toten" in Teotihuacan – sogar über ein Vielfaches ihrer Länge erstreckt. Und die nicht nur mit steingewordenen „Platzhaltern" für die Planeten unseres Sonnensystems aufzuwarten weiß. Denn detailgetreu wurden hier sogar die Monde berücksichtigt, die sie umkreisen.

Hierunter recht anschaulich auch die beiden Monde des Mars. Doch alles erst einmal der Reihe nach.

Die Bretagne, im Nordwesten unseres Nachbarlandes Frankreich gelegen, wird – neben Großbritannien und Irland – als die Heimat unzähliger Menhire angesehen. Dies sind aufrecht stehende, bis zu 20 Meter hohe Steinsetzungen, oft in langen Reihen angeordnet. Die mit Abstand bekanntesten Menhiransammlungen sind die „Alignements" von Carnac, in der Bucht von Quiberon gelegen. Die Bezeichnung stammt auch aus der bretonischen Sprache: „Menhir" bedeutet nämlich so viel wie „langer Stein". Die Archäologen datieren sie meistens in die Jungsteinzeit, die nach heute gültiger Lehrmeinung zwischen 6000 und 1800 v.Chr. lag. Und schreiben ihnen eine „kultische" Bedeutung zu. Was immer das auch bedeuten mag.

In besagtem Landstrich, genauer gesagt im Departement Ille-et-Vilaine südlich der alten Universitätsstadt Rehnes, befindet sich im Flusstal der Vilaine ein weiteres „Abbild" unseres Sonnensystems. Ähnlich wie in Teotihuacan die Bauwerke entlang der „Camino de los Muertos" stehen hier Menhire symbolhaft für die Planeten vom

Merkur bis zum Pluto. Mit dem feinen Unterschied, dass das gesamte Alignement sich über eine Entfernung von mehr als 50 Kilometern erstreckt.

Die Entdeckung ist noch relativ jungen Datums. Denn erst im Sommer des Jahres 2000 kamen französische Archäologen dem Mysterium dieser wie auf einer endlosen Perlenschnur aufgereihten Menhire auf die Spur. Im Spätsommer und Herbst 2000 fand sogar eine Ausstellung über jene Entdeckungen in der „Mairie de Messac" statt, wie sich das Rathaus des malerischen Städtchens an der Vilaine auf Französisch nennt.

Ein paar von diesen Menhiren konnte ich inzwischen selbst vor Ort in Augenschein nehmen. Das Verdienst, mich an Stätten unerklärlichen Steinzeitwissens geführt zu haben, gebührt meinem Freund Rainer Holbe, „TV-Urgestein" und einst Moderator vieler Fernsehformate. In den 1990er Jahren und noch einige Zeit darüber hinaus führten wir regelmäßig gemeinsame Seminarwochen auf der Vilaine durch, in deren Verlauf wir unsere Gäste mit Kabinenbooten durch die malerische, zum Teil sogar noch unberührte Flusslandschaft schipperten. Die erwähnten Veranstaltungen liefen unter dem Motto „Phantastische Phänomene" – und die Besonderheiten jener Region banden wir natürlich in unser Programm ein.

Les Menhirs des Grées

Ungefähr 800 Meter nördlich der Marina von Messac, von der aus wir immer mit unseren Booten ablegten, führen unbefestigte Feldwege nach zehn Minuten Fußmarsch zu den in einem dichten Auwald am linken Ufer der Vilaine gelegenen drei „Menhirs des Grées". Der erste ist ein mächtiger Monolith mit einer Höhe von 4,70 Metern, einer Breite von bis zu 2,70 Metern und einer Dicke von eineinhalb Metern. Exakt 70 Meter von ihm entfernt stehen zwei wesentlich niedrigere Exemplare. Deren Höhe beträgt jeweils etwas über einen Meter.[93]

Wie man erst seit dem Sommer des Jahres 2000 weiß, symbolisieren diese „Menhirs des Grées“ unseren Nachbarplaneten Mars. Die erwähnten kleineren Steine stehen für die Monde Phobos und Deimos. Dass sich seltsame Geschichten um die beiden Himmelskörper ranken, darauf komme ich in Kürze zurück.

Ich hatte ja schon angemerkt, dass ich mir Standorte weiterer für Planeten unseres Sonnensystems stehender Menhire angesehen habe. Flusskilometer 69 befindet sich bei der Brücke von Beslé, die bei dem gleichnamigen Städtchen die Vilaine überquert. Gleich nach dem Passieren jener Brücke führt linkerhand, parallel zur Bahnlinie von Rennes nach Redon, ein ungeteerter Weg in den dichten Auwald auf dieser Seite des Flusses. Folgt man dem Weg etwa einen Kilometer flussaufwärts, fallen am Wegesrand zwei nicht übermäßig große Menhire auf. Diese markieren unseren Planeten Erde sowie dessen Begleiter, den Mond.

Ein weiterer Menhir, mehrere Kilometer von Messac in Quellrichtung der Vilaine gelegen, steht für Jupiter, den größten Planeten unseres Systems. Er ist umgeben von 17 kleineren Monolithen. Diese stellen unzweifelhaft die Jupitermonde dar.

Aber halt! Wissen wir nicht, dass der Gasriese von „nur“ 16 Trabanten umgeben ist, die allesamt Namen aus der griechischen Mythologie tragen? Da wären als erstes die vier „Galilei´schen Monde“ Jo, Europa, Ganymed und Kallisto. Sie heißen deshalb so, weil sie schon im Jahr 1610 von dem italienischen Mathematiker, Physiker und Astronomen Galileo Galilei (1564–1642) mit dem Fernrohr entdeckt wurden. Die anderen zwölf sind Amalthea, Sinope, Elara, Pasiphae, Himalia, Lysithea, Carme, Amanke und Leda sowie die erst 1979/80 entdeckten, ganz winzigen Monde Adrastea, Metin und Thebe.[4]

Dies ist jedoch nicht der neueste Stand des Wissens. Vollkommen überraschend ging vor einigen Jahren die Meldung durch die Medien, dass US-amerikanische Astronomen einen weiteren Jupitermond entdeckt hätten. Der von Wissenschaftlern der Universität von Tucson in Arizona und dem Smithsonian Astrophysical Observatory in Massachussetts erstmalig beobachtete Trabant besitzt einen Durchmesser von gerade einmal drei Kilometern. Den Winzling aufgespürt hatten die Astronomen bereits im Oktober des Jahres 1999. Da sie ihn erst für einen Planetoiden aus dem Gürtel zwischen Mars und Jupiter gehalten hatten, gaben sie ihm die vorläufige Bezeichnung 1999 UX 18, danach wurde er als S/1999 J 1 katalogisiert. Doch seit wenigen Jahren „firmiert" er nun endgültig als „Jupiter XVII", beziehungsweise unter dem mythologischen Namen Callirrhoe.[94]

Was das wirklich Spannende an jenem Nachzügler sein dürfte, ist die Tatsache, dass dessen Existenz bereits den unbekannten Megalithsetzern in der steinzeitlichen Bretagne ein Begriff war. Ebenso wie die zwei Marsmonde Phobos und Deimos, mit welchen eine ganze Reihe noch immer ungelöster Rätsel und unergründlicher Geheimnisse verbunden sind.

Mit diesen beiden mehr als ungewöhnlichen Begleitern unseres Nachbarplaneten will ich mich nun eingehender beschäftigen.

„Angst" und „Schrecken"

Als „Mond" (auch „Satellit" oder „Trabant" genannt) bezeichnet man im weiteren Sinne einen natürlichen Begleiter von Planeten. In unserem Sonnensystem sind Monde bei den vier inneren Planeten aber eher eine Ausnahmeerscheinung. So besitzen die beiden der Sonne am nächsten stehenden Planeten Merkur und Venus überhaupt keine Trabanten. Die Erde besitzt einen, über dessen Ursprung sich die Astronomen uneins sind. Während die einen annehmen, unser Mond habe sich bereits bei der Entstehung des Sonnensystems gemeinsam mit der Erde gebildet, vermuten andere, er wäre viel später in das Gravitationsfeld unseres Planeten geraten und dann gewissermaßen „eingefangen" worden.

Um einiges exotischer mutet die Hypothese an, der Erdtrabant sei durch die gewaltsame Abspaltung von der Erde entstanden.[4] So hielt man lange Zeit das Pazifische Becken, das ja weltweit die größte Wassertiefe aufweist, sozusagen für die noch heute sichtbare „Narbe“, welche von der Entstehung unseres Mondes zeugt. Tatsächlich kann man in einigen älteren Büchern und Atlanten noch den Begriff „Laurentische Revolution“ beziehungsweise „Mondnarbe“ in diesem Zusammenhang lesen.

Als einziger der vier inneren Planeten verfügt der Mars sogar über zwei Monde. Nachgerade Winzlinge im kosmischen Sinne, werfen sie jedoch einen umso größeren Berg an Fragezeichen auf. Warum sollte auch ein so geheimnisumwobener Planet, wie der Mars es ist, nicht über Begleiter verfügen, die kaum weniger Mysterien bergen als dieser selbst?

Die beiden Trabanten hat man „Phobos“ und „Deimos“ genannt. Dies bedeutet „Angst“ und „Schrecken“. Neben „Eris“ („Streit“) sind das die Söhne und Begleiter des Kriegsgottes Ares aus der griechischen Mythologie.[32] Entdeckt wurden sie erst im August 1877 durch den amerikanischen Astronomen Asaph Hall (1829–1907), am U.S. Naval Observatory in Washington D.C.

Mit Ausnahme des bereits erwähnten 17. Jupitermonds handelt es sich bei Phobos und Deimos um die kleinsten, in jeden Fall aber um die seltsamsten Trabanten unseres Sonnensystems.

Sie rotieren in beinahe exakten Kreisbahnen über dem Marsäquator. Mit einem ungefähren Durchmesser von gerade einmal 16 Kilometern bewegt sich Phobos weniger als 6000 Kilometer von der Oberfläche entfernt um den Planeten. Für einen Umlauf benötigt er nur sieben Stunden und 39 Minuten. Während eines Marstages geht er zwei bis drei Mal auf und unter. Da er „rechtsläufig“ ist, geht er anders als andere natürliche Himmelskörper im Westen auf und im Osten unter.[95]

Obwohl seine Langzeitprognose nicht allzu günstig ausfällt, wird Phobos seinem Mutterplaneten wohl noch eine ganze Weile erhalten bleiben. Doch sein Schicksal ist besiegelt. Denn im Gegensatz zu Deimos nähert sich seine Umlaufbahn immer stärker der für Gezeitenkräfte kritischen Roche-Grenze an. Das nach dem französischen Astronomen E. Roche (1820–1883) benannte Gesetz besagt nämlich, dass sich innerhalb einer gewissen Zone um einen Zentralkörper kein anderer Körper aufhalten kann, ohne von den durch besagten Zentralkörper ausgeübten Gezeitenkräften zerrissen zu werden, weil ihn die eigene Schwerkraft nicht mehr zusammen halten kann. Für einen solchen Prozess beträgt die kritische Entfernung bei gleicher mittlerer Dichte der beiden Körper in etwa das 2,44fache des Radius vom Zentralkörper.[4]

Im Klartext: Der Abstand des winzigen Phobos zu seinem Planeten Mars reduziert sich pro Jahrhundert um etwa 1,8 Meter, so dass der Trabant in geschätzten 50 Millionen Jahren auf den Mars niederstürzt. Vorausgesetzt, Phobos bricht nicht schon vorher auseinander.[95]

Deimos, der entferntere der beiden Marsmonde, ist mit ungefähr acht Kilometern Durchmesser nochmals deutlich kleiner als Phobos. Im Gegensatz zu diesem ist er jedoch mit einem Abstand von etwas mehr als 20.000 Kilometern über dem Marsäquator weit von der Roche-Grenze entfernt. Darum benötigt er für einen Umlauf um den Planeten einen Tag, sechs Stunden und 38 Minuten, geht also weniger als einmal pro Marstag auf.[96]

„Reise nach Laputa“

Und obwohl der winzige Deimos nur etwa den halben Durchmesser des dem Mars näheren Satelliten aufweist, wurde er von dem bereits erwähnten Astronomen Asaph Hall sechs Tage vor Phobos entdeckt: Der Amerikaner machte ihn am 11. August 1877 mit dem Teleskop aus, Phobos hingegen musste auf seine Entdeckung noch bis zum 17. August warten.

Seltsamerweise suchte man 1862, als sich der Mars in einer günstigeren Position zur Erde befand, vergeblich nach den Marsmonden. Erst 15 Jahre später wurden sie gefunden.[97] Nichtsdestotrotz schien ihre Existenz schon viel länger bekannt zu sein, tauchten sie doch bereits volle 150 Jahre vor ihrer „offiziellen“ Entdeckung mit unheimlich zutreffenden Einzelheiten in einem Roman auf. Der berühmte anglo-irische Schriftsteller Jonathan Swift (1667–1745) beschrieb sie nämlich bereits in dessen 1727 erschienenen Buch „Reise nach Laputa".[98] Dies war Band 3 der Reisen seines Romanhelden Lemuel Gulliver. Swift ließ in dem Buch mehrere charakteristische Eigenschaften jener beiden Satelliten anklingen, wie sie eineinhalb Jahrhunderte vor deren Auffinden eigentlich niemand gewusst haben konnte! Das liest sich im dritten Kapitel der „Reise nach Laputa" wie folgt:

„Die laputanischen Astronomen verbringen viel Zeit ihres Lebens damit, die Himmelskörper zu beobachten, und sie benutzen hierzu Gläser, welche den unsrigen weit überlegen sind. Dieser Vorteil versetzt sie in die Lage, den Bereich ihrer Sichtungen viel weiter auszudehnen, als die Astronomen in Europa, und sie haben einen Katalog von 10.000 Fixsternen, während unsere größten Kataloge nur ein Drittel davon enthalten. Sie entdeckten unter anderem zwei kleine Sterne, oder Satelliten, die um den Mars laufen. Hiervon ist der innerste vom Mittelpunkt des Planeten genau drei, der äußere fünf seiner Durchmesser entfernt. Ersterer vollendet seinen Umlauf im Zeitraum von 10, letzterer in einem Zeitraum von 21,5 Stunden, wodurch die Quadrate ihrer Umlaufzeit sich stark der dritten Potenz ihrer Entfernung vom Mittelpunkt des Mars nähern. Dies zeigt erneut, dass sie dem gleichen Gravitationsgesetz unterworfen sind, das auch die anderen Himmelskörper beeinflusst."[98]

Woher mag Jonathan Swift so unglaublich detailreiche Angaben bezogen haben, die doch erstaunlich nahe an die Realität heranreichen? Man kann hier sicher „exotische" Erklärungsversuche oder gar Verschwörungsphantasien außen vor lassen. Einen plausibleren Hinweis vermag uns jene Textpassage zu geben, in der der Romanautor auf das dritte Kepler'sche Gesetz eingeht, welches die Beziehung zwischen Bahngrößen und Umlaufzeiten darlegt.[4] Immerhin geht die Annahme, dass der Mars von zwei Satelliten begleitet wird, auf den angesehenen Astronomen Johannes Kepler (1571–1630) zurück. Der Gelehrte, dem wir auch die Erkenntnis verdanken, dass die Planeten ihre Sonne in elliptischen statt in kreisförmigen Bahnen umrunden, postulierte die Existenz der Marsmonde im Jahre 1610. Da wurden die – bereits an anderer Stelle erwähnten – vier Galileischen Monde des Jupiter entdeckt. Was Kepler in seiner Überzeugung bestärkte, dass im Sonnensystem etwas herrschen würde, was er mit dem Begriff „harmonische Verhältnisse" bezeichnete.[99,100]

Ein paar Jahre später behauptete der Kapuzinermönch Schyrl, die Marsmonde gesehen zu haben. Doch mag er wohl einer Täuschung erlegen sein, denn mit den optischen Instrumenten in jener Zeit waren die beiden winzigen Himmelsobjekte bestimmt nicht zu erkennen.[97] Und genau 125 Jahre vor deren Entdeckung sowie 25 Jahre nach Swift schrieb der französische Schriftsteller Voltaire – eigentlich Francois Marie Arouet (1694–1778) – in dessen Roman „Micromégas" (1752) über die Monde.[101]

Hohle Himmelskörper?

Es sind fraglos recht seltsame Umstände, welche sich mehr um die Vorgeschichte ihrer Entdeckung denn um die erste bestätigte Sichtung der Marsmonde ranken. Aber noch viel spannender nehmen sich jene Schlussfolgerungen aus, zu denen gleich mehrere internationale Astronomen von Weltruf um die Mitte des 20. Jahrhunderts gelangten. Eine Reihe namhafter Gelehrter folgerte nämlich aufgrund von diversen Messungen an den Marsmonden, dass diese hohl seien, und folglich keinen natürlichen Ursprung besitzen könnten!

Als erster spekulierte der sowjetische Mathematiker, Astronom und Astrophysiker Jossif S. Shklovsky (1916–1985) über diese phantastisch klingende Möglichkeit. Phobos und Deimos könnten demnach künstlich errichtete Raumstationen einer fremden, außerirdischen Intelligenz sein. Shklovsky war nicht irgendwer; bereits 1953 hatte er eine Professur am renommierten Moskauer Sternberg-Institut bekommen, und war bald zum Leiter der Abteilung Radioastronomie in dieser Forschungseinrichtung berufen worden. Als einem Wissenschaftler hinter dem „Eisernen Vorhang“ wurde ihm im Jahr 1967 die seltene Ehre zuteil, in die American Academy of Sciences aufgenommen zu werden, und sechs Jahre später in die National Academy of Sciences.[102,103]

Für den Astrophysiker stellten die beiden Marsmonde einen wirklich einzigartigen Fall in unserem Sonnensystem dar. In einer Sendung, die „Radio Moskau“ am 1. Mai 1959 ausstrahlte, und deren Inhalt später von zahlreichen Zeitungen des Landes wiedergegeben wurde, präsentierte er dem Publikum geradezu schockierende Neuigkeiten:

„Aufgrund der neuesten Beobachtungen müssen wir annehmen, dass es sich bei Phobos und Deimos sehr wahrscheinlich um zwei künstliche Satelliten handelt, die von einer unbekannten Rasse in Umlauf gebracht worden sind, welche vor zwei oder drei Milliarden Jahren den Mars bewohnte.“[101]

Mögen die von ihm genannten zwei oder drei Milliarden Jahre aus heutiger Sicht vielleicht ein wenig zu hoch gegriffen erscheinen, hatte er sich doch ein ziemlich schlüssiges Gedankengebäude zu dem Thema zurechtgelegt. Die hauptsächlichen Punkte hieraus erläuterte er später in einem Interview mit der 1925 gegründeten Tageszeitung „Komsomolskaja Prawda“:

„Die Marssatelliten unterscheiden sich in vielerlei Einzelheiten von allen natürlichen Satelliten der unser Sonnensystem bildenden Planeten. Ganz besonders weichen sie wegen ihrer winzigen Ausmaße ab, die beträchtlich geringer sind als die aller anderen kosmischen Begleiter. An zweiter Stelle wäre zu bemerken, dass Phobos und Deimos sich in enger Bahn um die Oberfläche des Mars bewegen. Noch ein Phänomen, für das sich im Reich der Sonne nichts Vergleichbares findet, besteht darin dass die Umlaufzeit des Phobos kürzer ist als die Zeit, welche der Mars für die Rotation um die eigene Achse benötigt.“[101]

Professor Shklovsky wies auch darauf hin, dass die Annahmen über den Ursprung der beiden Marsmonde nicht plausibel seien – man hielt beziehungsweise hält sie noch immer für zwei aus dem

Asteroidengürtel zwischen Mars und Jupiter „eingefangene" Körper. Shklovsky stört sich hier vor allem daran, dass alle beiden Satelliten annähernd kreisförmige Umlaufbahnen beschreiben, und zwar in beinahe derselben Ebene über dem Äquator des Mars. Ein einzelnes Bruchstück aus dem Weltall mag dies vielleicht zufällig tun, doch bei allen beiden wäre der Glauben an den viel zu oft strapazierten Zufall doch etwas überzogen.

Mond oder Raumstation?

Im weiteren Verlauf des Interviews unterstrich der Astronom aus Moskau, dass das Verhalten des Phobos verblüffend genau jenem unserer künstlichen Satelliten gleiche. Der kleine Himmelskörper verliere zunehmend an Höhe, und beschleunige dabei doch gleichzeitig seine Umlaufgeschwindigkeit. In ein paar Millionen Jahren würde er unvermeidlich auf der Oberfläche des Mars zerschellen.

Für eine Raumstation wäre dies trotz alledem eine außergewöhnliche Widerstandsfähigkeit und Langlebigkeit. Zum Vergleich: Die am 20. Februar 1986 in eine Erdumlaufbahn gebrachte, bemannte russische Raumstation „Mir" („Frieden") hielt nicht länger durch als magere 15 Jährchen. Dann war Schluss mit Lustig. Das Paradestück russischer Raumfahrttechnik wurde am 23. März 2001 zum kontrollierten Absturz über dem Pazifik gebracht, wo es keinen Schaden anrichten konnte.

Dass der kleine Phobos auch eine so außergewöhnlich geringe Dichte besitzt, konnte für Professor Shklovsky nur eines bedeuten, wie er der Komsomolskaja Prawda erläuterte:

„Es gibt nur eine einzige Schlussfolgerung, mit der die Festigkeit des Satelliten und dessen lächerliche Dichte erklärt werden können: Phobos muss hohl und innen leer sein – genauso wie eine Konservenbüchse, aus der man den Inhalt entnommen hat. Ist es aber möglich, dass ein natürlicher Himmelskörper hohl ist? Die Vermutung ist à priori zu verwerfen. Es bleibt demnach nur mehr übrig, einen künstlichen Ursprung jenes Satelliten anzunehmen. Das gleiche kann vielleicht für Deimos gesagt werden, obgleich dessen Anomalien viel weniger offenkundig sind.

Vom technischen Standpunkt aus stellt der Bau von Weltraumstationen einer solchen Größe kein unlösbares Problem dar. Ich bin sicher, dass in einigen hundert Jahren ganz ähnliche Konstruktionen auch an unserem irdischen Himmel erscheinen werden. Logischerweise dürfte man sogar vermuten, dass sie in beträchtlichen Höhen, die der dreifachen Länge des Radius der Erde entsprechen, erbaut werden. In dieser Höhe wird dann der Einfluss der Atmosphäre und der Gezeiten so unbedeutend sein, dass den Satelliten eine Lebensdauer von Hunderten von Millionen Jahren gesichert sein würde. Also eine Zeitspanne, welche zehntausendmal länger wäre als die Geschichte der Menschheit. Und sie werden als Monumente des menschlichen Geistes sehr viel länger bestehen als die allen Unbilden ausgesetzten, Jahrtausende alten ägyptischen Pyramiden.

Könnten nicht auch die Satelliten des Mars Monumente einer bereits in fernster Vergangenheit blühenden Kultur auf dem Planeten gewesen sein?“[101]

Zum Abschluss des Interviews für die „Komsomolskaja Prawda“ machte sich Professor Shklovsky noch ein paar detaillierte Gedanken, welches Schicksal diese hypothetische Marszivilisation erlitten haben mag, und wie es auf dem Planeten heutzutage aussehen könnte.

Akademische Mitstreiter

„Ich bin davon überzeugt, dass das Leben auf jenem Planeten nunmehr erloschen ist – oder vielleicht von bescheidenen Organismen pflanzlicher Art wie Flechten und Moose vertreten wird. Aber vor zwei oder drei Milliarden Jahren war die Situation eine ganz andere. Viele Wissenschaftler meinen, dass es auf dem Mars einstmals

Sauerstoff und ausgedehnte Meere gegeben habe. Und wahrscheinlich existierten dort zu der Zeit auch intelligente Wesen, die eine hohe Kultur erreicht hatten.

Ich möchte mich nicht bei den Äußerungen dieser Kultur aufhalten, und auch nicht bei dem, was später geschehen sein kann. Sicher ist jedoch, dass die Bewohner dieses Planeten in einer bestimmten Phase ihrer Entwicklung dessen Oberfläche verlassen haben. In diesem Zusammenhang wäre zu bemerken, dass der kosmische Flug sehr viel bequemer vom Mars, als von der Erde ausgeführt werden kann. Das Schwerefeld jenes Globus ist sehr viel schwächer als das irdische."[101]

In den akademischen Kreisen der damaligen Sowjetunion wurden solche Überlegungen sehr ernst genommen. Aber nicht nur dort. Einen wissenschaftlichen Mitstreiter vergleichbaren „Kalibers" – und dies beim seinerzeitigen „Klassenfeind" – fand Shklovsky in dem amerikanischen Astronomen, Astrophysiker und Exobiologen Carl Sagan (1934–1996). Mit ihm, der den Weg für die Suche nach außerirdischem Leben bereitete, doch gleichzeitig als beinharter Ablehner zum Beispiel des UFO-Phänomens galt, verfasste er das 1966 erschienene Werk „Intelligent Life in the Universe."[104] Beide unterstützten in diesem Buch ganz entschieden die Theorie eines hohlen Marsmondes Phobos als ein technologisches Relikt. Geschaffen von einer vor Zeiten untergegangenen Superzivilisation auf dem „Roten Planeten".

Mysteriöser „Phobos-Monolith"

Ein Dritter im Bunde derer, welche einen künstlichen Ursprung zumindest des Marsmondes Phobos in Erwägung zogen, war der in Estland geborene Astronom Ernst Julius Öpik (1893–1985). In einem mathematisch fundierten Artikel im „Irish Astronomical Journal" beschäftigte er sich ebenfalls mit dieser Frage und bemerkte dazu, dass sein sowjetischer Kollege Shklovsky trotz skeptischer Reaktionen eine Reihe weiterer Argumente für diese Möglichkeit vorzubringen vermochte.[105]

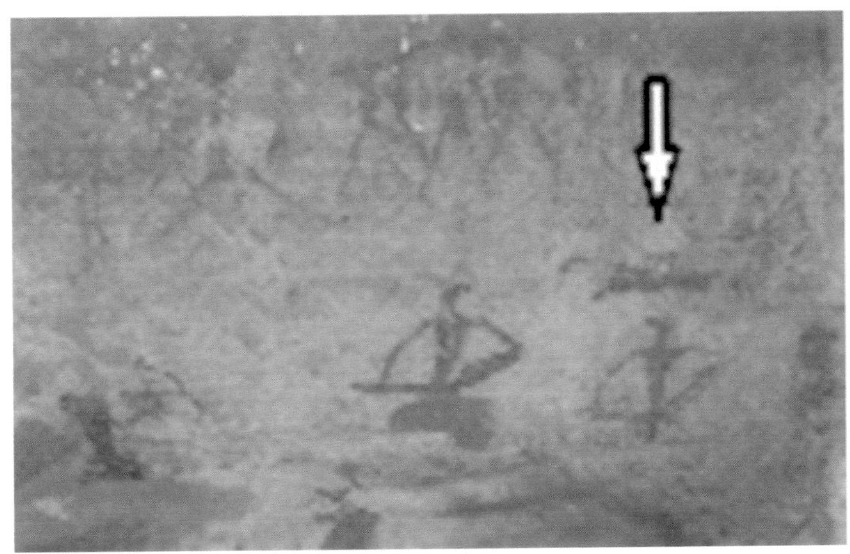

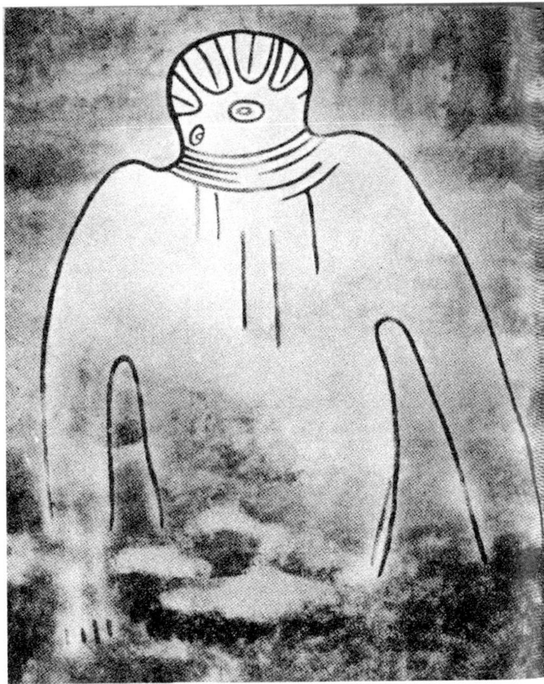

Abb. 1: Eine seltsame Szene ist auf einer steinzheitlichen Felsmalerei in Twyfelfontein (Namibia) abgebildet. Die Landung eines außerirdischen Flugobjekts?

Abb. 2: „Der große Marsgott": So nannte der französische Archäologe diese Felszeichnung im Tassili-Gebirge Algeriens. Welches Wesen stand einst dem Künstler Modell?

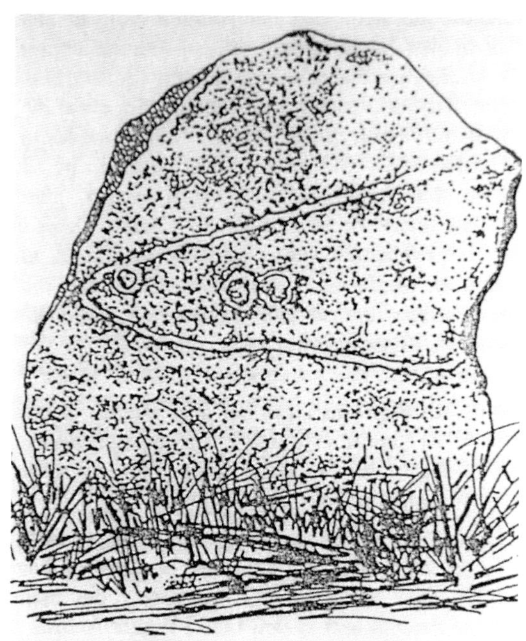

Abb. 3: Der Grabstein eines „Marsianers"? Wer stürzte am 17. April 1897 in Aurora (Texas) ab, der seine letzte Ruhe auf dem Friedhof der Kleinstadt fand?

Abb. 4: In dem von ihm gegründeten Observatorium widmete sich der Hobby-Astronom Percivel Lowell vor allem der Beobachtung unseres Nachbarplaneten Mars.

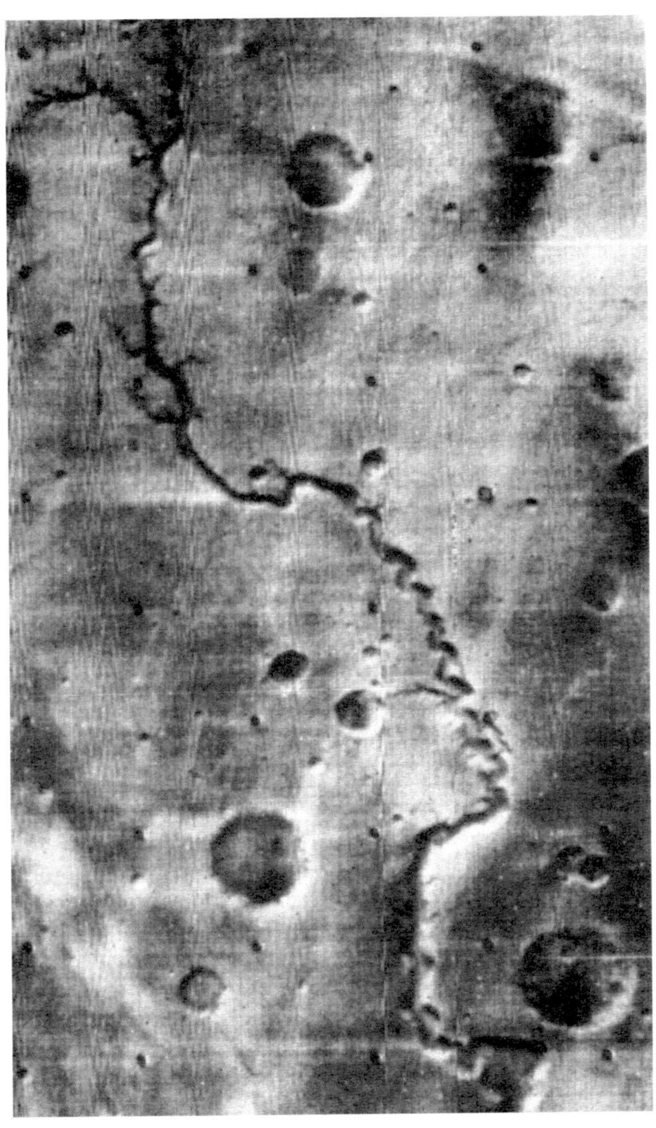

Abb. 5: Die „Marskanäle" entpuppten sich als Täuschungen. Doch die zum Mars entsandten Sonden – unter ihnen „Mariner 9" – entdeckten gewaltige, heute ausgetrocknete Flusstäler.

Abb. 6: Heute erkunden Mars-Rover wie „Curiosity" die Oberfläche unseres Nachbarplaneten und entdecken immer wieder spannende und erstaunliche Dinge.

Abb. 7 (unten): Blick auf eine wüstenartige Region des Mars, aufgenommen von einem der Erkundungs-Rover. War unser roter Nachbar einst ein Planet mit einer ausgedehnten Biosphäre?

Abb. 8: Blick auf die „Camino de los Muertos" im mexikanischen Teotihuacan. Die Anlage ist ein maßstabsgetreues Abbild unseres Sonnensystems mit sämtlichen Planeten.

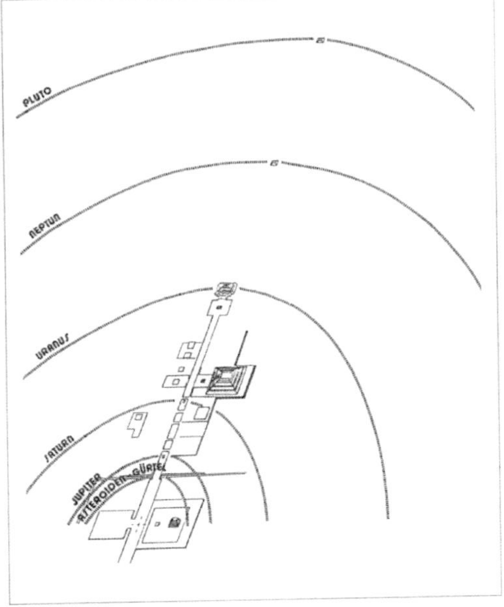

Abb. 9: Auf dieser Skizze wird deutlich: Für jeden Planeten steht ein markantes Bauwerk. Für den Asteroidengürtel hinter dem Mars wrude sogar einst ein Bach umgeleitet!

Abb. 10: „Les Menhirs des Grées": Auch im Flusstal der Vilaine existiert ein Abbild unseres Sonnensystems. Der hier gezeigte Monolith steht für den Planeten Mars ...

Abb. 11: ... während 70 Meter weiter zwei kleinere Monolithen im Gelände stehen. Sie symbolisieren die beiden Marsmonde, Phobos und Deimos.

Abb. 12.: Geheimnisvoller Begleiter: Marsmond Phobos steckt voller Rätsel. In den 1960er Jahren wurde vermutet, er sei hohl und künstlichen Ursprungs.

Abb. 13: Deutlich erkennbar zeichnet sich der „Phobos-Monolith" von seiner Umgebung ab und wirft einen langen Schatten. Ist er ein natürliches oder ein künstlich errichtetes Objekt?

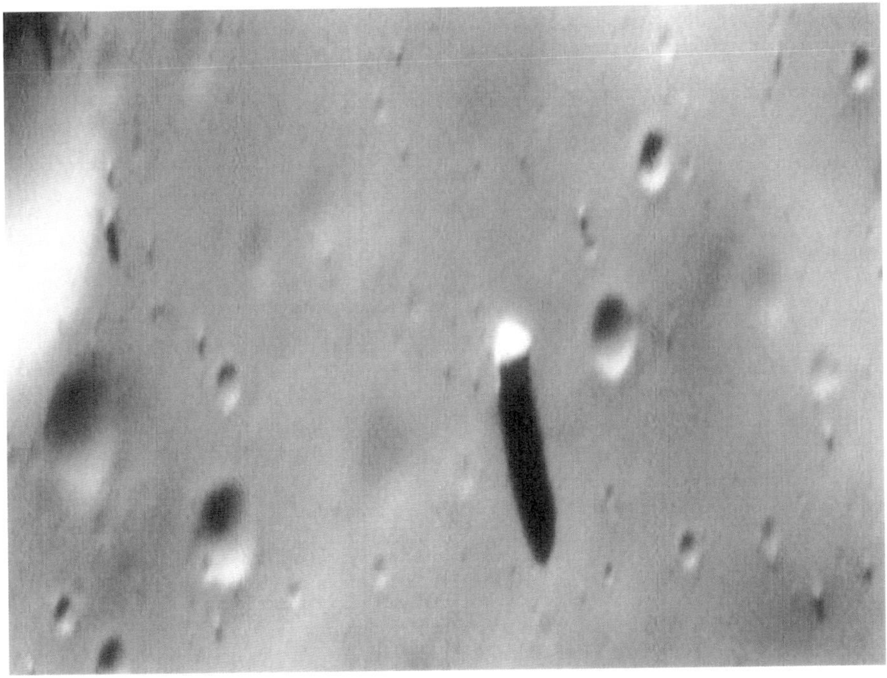

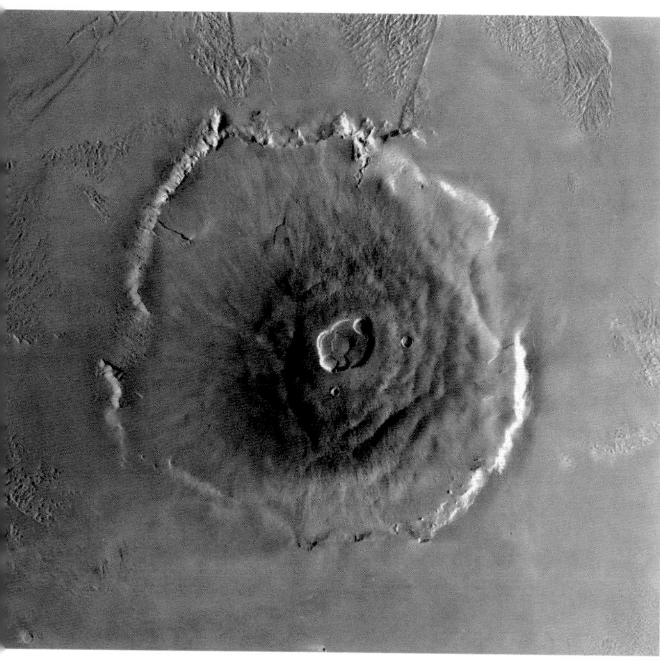

Abb. 14: Olympus Mons, der größte Marsvulkan und Berg unseres Sonnensystems. Da die Marsvulkane aber erloschen sind, können sie nicht die Ursache mysteriöser Leuchterscheinungen sein.

Abb. 15: Vollkommen rätselhaft: Ein Zeichen, das wie unser Buchstabe „W" aussieht, erstreckte sich etwa Anfang der 1960er Jahre über fast ein Viertel der Marsoberfläche! Ursache unbekannt.

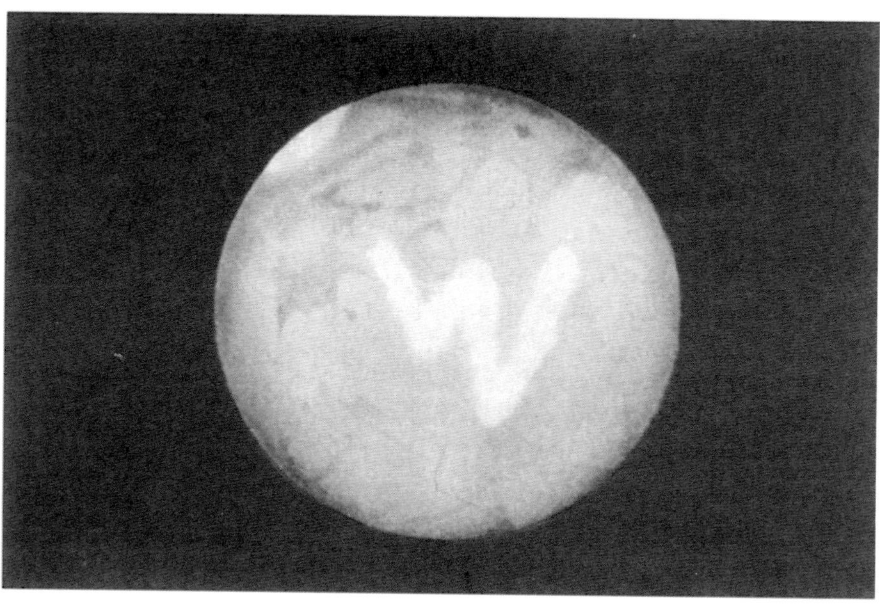

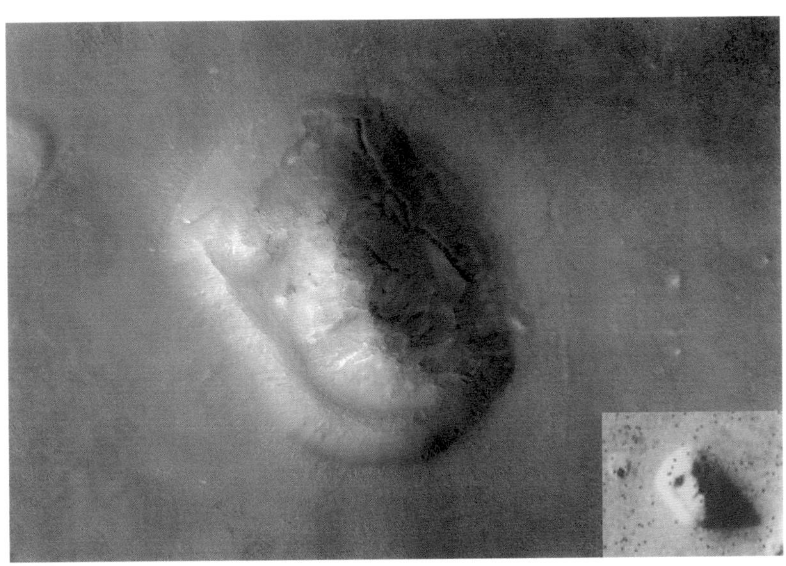

Abb. 16: War das berühmte „Marsgesicht" wirklich nur eine optische Täuschung, wie dies heute behauptet wird? Oder sind wir auf eindeutige Beweise für außerirdische Intelligenzen noch nicht hinreichend vorbereitet?

Abb. 17: Mein „Mars-Gesicht" der Osterinsel: Ein Moai, dessen Blick himmelwärts gerichtet ist. Die Ähnlichkeit ist verblüffend!

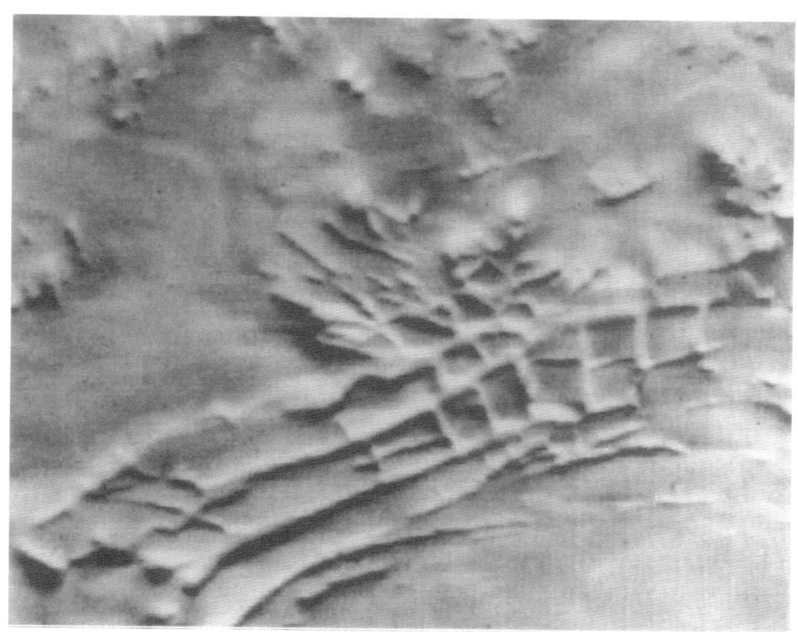

Abb. 18: Von der Sonde „Mariner 9" am 12. Februar 1972 aufgenommen: „Inka City", eine künstlich wirkende Struktur, die inmitten ihrer Umgebung wie Mauern einer alten Ruine anmutet.

Abb. 19: Wurde einst auf dem Mars existierendes, intelligentes Leben durch eine gewaltige nukleare Katastrophe ausgelöscht? Es gibt tatsächlich Hinweise auf solch ein apokalyptisches Szenario.

Immerhin fand der damalige Sonderberater des U.S.-Präsidenten in Weltraumfragen, Dr. S. Fred Singer, die Überlegungen ungeheuer brisant. Unverzüglich informierte er in dieser Sache Präsident Dwight D. Eisenhower (1890–1969), und teilte ihm mit, dass es sich bei dem Marsmond möglicherweise um eine verlassene Raumstation handeln könnte.[106]

In unseren Tagen ist man zwar im Allgemeinen von der „Nicht natürlichen Ursprungs"-Hypothese abgerückt. Doch nichts ist wirklich geklärt, nach wie vor bleiben eine Menge Fragezeichen bestehen. Der erwähnte estnische Astronom Ernst J. Öpik zog neben dem künstlichen Ursprung des Phobos auch Gezeitenkräfte des Mars in Erwägung, die für das seltsame Verhalten des inneren Marsmondes verantwortlich sein könnten.

Endgültige Klarheit wird es nicht geben, bevor eine bemannte Mission zum „Roten Planeten" aufbricht, die auch eine nähere Erforschung der Marsmonde beinhaltet. Bis dahin wird wohl weiterhin munter über die Pros und Contras diskutiert.

Immerhin hat der winzige Phobos auch in jüngerer Zeit für Rätselraten gesorgt. Die Sonde „Global Surveyor" fotografierte im Jahre 1998 ein sehr auffälliges Objekt auf der Oberfläche des kleinen Mondes. Es ist der sogenannte „Phobos-Monolith". Er befindet sich in der Nähe des Kraters Stickney, der benannt ist nach dem Geburtsnamen der Ehefrau seines Entdeckers, Asaph Hall. Deutlich erkennbar zeichnet sich der „Phobos-Monolith" von seiner Umgebung ab, und wirft dabei einen langen Schatten.[95]

„Nur" ein natürliches, oder womöglich ein künstlich geschaffenes Objekt? Bestimmt wird auch diese Frage noch länger im Raum stehen, und für viele leidenschaftlich geführte, kontroverse Dispute sorgen.

6. Grelles Licht in der Ferne

Leuchtphänomene, seit Jahrhunderten beobachtet

Ich muss ganz offen gestehen, dass jene phantastische Vorstellung eines künstlich ausgehöhlten Himmelskörpers, der in Gestalt des Mini-Trabanten Phobos um den Mars kreist, für mich schon etwas ungemein Faszinierendes hat. Auch wenn eine solche Idee im Augenblick wohl eher dem Reich der Science Fiction zugerechnet wird, haben sich vor relativ kurzer Zeit noch mehrere ernsthafte, renommierte Wissenschaftler vorurteilsfrei mit dieser Möglichkeit beschäftigt. Ungefähr zur selben Zeit, da sich Forscher wie Jossif Shklvsky und Carl Sagan der Hypothese eines hohlen Marsmondes annahmen, ließ sich eine erfolgreiche deutsche Comic-Serie von der Idee inspirieren.

Mein leider viel zu frühzeitig verstorbener Freund und Autorenkollege Dr. Johannes Fiebag (1956–1999) hat diese Serie in seinen Jugendjahren ebenfalls gelesen. Mehr noch: Vom Titel eines ihrer kleinformatigen Bände ließ sich Johannes einige Jahre später zur Namensgebung seines 1993 erschienenen Bestsellers „Die Anderen“ anregen.[37]

Die Handlung ist rasch erzählt. In mehreren Folgen, in welcher der Held mit dem Eingreifen menschenähnlicher Wesen vom Planeten Mars konfrontiert wird, entführt ihn eine von zwei rivalisierenden Gruppen auf den Trabanten Phobos. Der wurde von der Zivilisation, die viel älter ist als die Menschheit, zu einem befestigten Vorposten ausgebaut. Eine Bahn bringt die Entführer und ihn mit rasender Geschwindigkeit in ihr Hauptquartier, das sich im Zentrum des Mondes befindet. Die Leute vom Mars haben vor, ihn über den Stand der irdischen Raumfahrttechnik auszufragen. Doch in der Zentrale angekommen, erfahren die Aufständischen, dass auf dem Mars ein erbitterter Krieg zwischen den beiden bis aufs Blut verfeindeten Gruppen tobt. Dieser gipfelt zum Schluss in einer gewaltigen Atomexplosion. Ein unheimliches Glühen am Horizont kündigt die finale Katastrophe an, die alles Leben auf dem Roten Planeten zerstört. Einzig der Serienheld und einer seiner Entführer, der ihm mitten durch die feindlichen Linien die Flucht vom sterbenden Planeten Mars ermöglicht, entkommen diesem Inferno und erreichen die rettende Erde.

Vielleicht nahm das Genre der Science Fiction – nicht nur in diesem Fall – eine „Anleihe" in der realen Welt. Ich hatte an vorangegangener Stelle bereits von einer Beobachtung des Astronomen Tsuneo Saheki aus dem Jahre 1949 berichtet, die der Japaner als untrügliches Zeichen für eine gewaltige Atomexplosion deutete.[57] Was sicher eine Fehlinterpretation gewesen sein dürfte. Ob sich stattdessen aber in ferner Vergangenheit eine nukleare Katastrophe auf dem Mars ereignete, worauf ein Physiker belastbare Hinweise gefunden zu haben glaubt, wird noch Gegenstand meiner Betrachtungen sein.

Es blitzt!

Es ist eine nicht allzu bekannte Tatsache, dass es auf dem Mars immer wieder zu rätselhaften Lichtblitzen und leuchtenden Erscheinungen kommt, welche die Forscher ratlos und verunsichert zurücklassen. Die Beobachtungen sorgen dann in schöner Regelmäßigkeit für manch gewagte Spekulationen, die wiederum kontroverse Diskussionen und hitzige Dispute auslösen.

Das Phänomen hat beinahe schon etwas Vertrautes. Wir kennen es seit ein paar Jahrhunderten von unserem nächsten Begleiter, dem Mond. Rührige Forscher haben ihm einen Namen gegeben, ohne sich allerdings auf irgendeine Erklärung für dessen mögliche Ursachen zu berufen: „Moonblinks". Mit den lunaren Erscheinungen möchte ich mich hier nicht zu lange beschäftigen – darum mögen ein paar wenige Beispiele genügen.

Schon im Jahre 1787 schrieb der namhafte Astronom Friedrich Wilhelm Herschel – er entdeckte sechs Jahre zuvor den Planeten Uranus, und wurde dafür 1816 in Großbritannien geadelt[4] – über rätselhafte Lichter auf dem Erdtrabanten. Er beschrieb sie mit einem „roten, funkelnden Glanz".[107]

Der Astronom Johannes Classen berichtete 1969 über die sonderbare Sichtung der Mondbeobachterin Pierrette Jean aus Kanada. Im Mitteilungsblatt der Sternwarte Pulsnitz – nordwestlich der sächsischen Landeshauptstadt Dresden gelegen – schrieb er:

„Zum Schluss seien hier noch ein paar merkwürdige Beobachtungen aus neuerer Zeit angeführt, die das Lunar and Planetary Laboratory in Tucson (Arizona, USA) am 22. November 1967 brieflich den an der Mondüberwachung beteiligten Stellen mitteilte. Danach bemerkte Pierrette Jean am 11. September 1967 im Mare Tranquilitatis einen dunklen Fleck von rechteckiger Form, der sich von West nach Ost bewegte und nahe der Lichtgrenze verschwand. Nur wenige Minuten später blitzten bei dem Krater Sabine gelbliche Flecke auf, und zwar in einem Fall für Bruchteile einer Sekunde, im anderen Fall für mehrere Sekunden."[108]

Nebenbei bemerkt: Die in diesem Beitrag erwähnte Mondregion Mare Tranquilitatis, in der die Kanadierin das ungewöhnliche Phänomen beobachtete, war der Ort der ersten Mondlandung vom 20. Juli 1969.

Und eine regelrechte „Lichtfontäne" sichtete der Hobby-Astronom Rainer Klemm aus der niederbayerischen Dreiflüssestadt Passau, am 25. April 1972 im Bereich des Ringgebirges Aristarchus. Und weil das Phänomen mehrere Minuten lang anhielt, gelang es dem Passauer sogar, selbiges fotografisch festzuhalten. Über diese Sichtung wurde noch in demselben Jahr in einer Fachzeitschrift detailliert berichtet.[109]

Damit möchte ich es nun jedoch mit diesen seltsamen Leuchterscheinungen auf unserem Erdtrabanten bewenden lassen. Die Anzahl jener „Moonblinks" – man kennt sie auch unter der fachspezifischen Bezeichnung „Transient Lunar Phenomena" (TLP), also „vorübergehende, lunare Erscheinungen" – dürfte derweil in die Tausende gehen.

Wie auf dem Mond, zeigen sich auch auf dem „Roten Planeten" seit langem unerklärliche Lichter und Blitze. Ebenso steil in die Höhe ragende Wolkensäulen, sowie geradezu bizarr wirkende Formationen, die immer wieder die Aufmerksamkeit von Experten und von interessierten Laien erregen.

Headline in der „New York Times"

Der Mars ist bedeutend weiter von der Erde entfernt, als der Mond mit seinen bescheidenen, im Durchschnitt 385.000 Kilometern. Das ist eine Binsenweisheit, die in ihrer Banalität eigentlich keiner Erwähnung wert wäre. Aber sie ist gleichsam eine schlüssige Erklärung für die Tatsache, dass Beobachtungen von „Marsblinks", wie ich sie jetzt in Anlehnung an jene vom Mond nennen möchte, zeitlich erst in einer der unseren etwas näheren Epoche begannen. Genau gesagt, war dies ab dem letzten Viertel des 19. Jahrhunderts der Fall. Erinnern wir uns: Die ominösen „canali" des italienischen Astronomen Giovanni Schiaparelli hatten in der Welt der Astronomie für reichlich Furore gesorgt. Und mancher Sterngucker von Profession sowie interessierte Laien hatten fortan ihre Teleskope auf den Mars ausgerichtet. In den Vereinigten Staaten errichtete Percival Lowell gar ein komplettes Observatorium, dessen einziger Zweck – zumindest in den Anfangsjahren – die systematische Beobachtung unseres roten Nachbarn war.[46]

Bei so großer Aufmerksamkeit konnte es nicht lange ausbleiben, dass auch auf dem Mars merkwürdige Phänomene gesichtet wurden. So beobachtete ein britischer Astronom mit Namen Illing am 11. Dezember 1896 einen auffälligen Lichtblitz.[110]

Beinahe auf den Tag genau vier Jahre später wurde an besagtem Lowell-Observatorium in Arizona ein Lichtblitz registriert, der es Anfang des Folgejahres sogar in die großen Print-Medien in den USA schaffte (es ist geradezu herzerwärmend, vergleicht man dies mit der unfassbaren Geschwindigkeit, mit der heutzutage Nachrichten um den ganzen Erdball jagen).

In meinem Archiv findet sich ein Zeitungsbericht der renommierten „New York Times" aus dem Jahre 1901. Darin wurde am 16. Januar jenes Jahres, unter dem Titel „The Light Flash From Mars", der nachfolgende Sachverhalt bekannt gegeben:

„Der Lichtblitz vom Mars. Professor Pickering gibt ein Statement ab über angebliche Signale.

Cambridge, Massachussetts, den 15. Januar. Professor Pickering vom Observatorium der Harvard Universität erklärte heute: Anfang Dezember (des Jahres 1900; HH) erhielten wir vom Lowell Observatorium in Arizona ein Telegramm, dass man einen Lichtstrahl beobachtet habe, der vom Mars ausging (das Lowell-Observatorium ist spezialisiert auf den Mars), und ganze 70 Minuten lang andauerte.

Wir schickten diese Nachricht nach Europa, und wir sandten auch mehrere Kopien durch unser Land. Der Beobachter (damit ist der Mitarbeiter am Observatorium gemeint, der den besagten Lichtstrahl beobachtete; HH) dort ist ein umsichtiger, verlässlicher Mann, und es gibt keinen Grund daran zu zweifeln, dass dieser Lichtstrahl existierte. Er ging von einem bekannten geografischen Punkt auf dem Mars aus. Nun ist die Geschichte um die ganze Welt gegangen, und in Europa sagt man, dass ich in Kommunikation mit dem Mars stehe, und alle möglichen Spekulationen sind entstanden.

Was immer das Licht war, wir wissen es nicht. Ob es intelligenten Ursprungs war oder nicht, kann niemand sagen. Das alles ist vollkommen unerklärlich."[111]

Wie die Überschrift des Artikels unübersehbar verrät, hielt man damals, zu Anfang des 20. Jahrhunderts, solche Erscheinungen für ganz gezielt in den Äther gefunkte Signale. Übermittelt von intelligenten Marsbewohnern, um Kontakt mit uns Menschen von der Erde aufzunehmen. In demselben Jahr (1901) war auch der italienische Funktechniker Guglielmo Marconi (1874–1937) – er erhielt 1909 den Nobelpreis für Physik zuerkannt – fest davon überzeugt, drahtlose Botschaften von den Marsbewohnern aufgefangen zu haben.[112]

Fernsehbilder vom Mars?

Marconi war vermutlich der prominenteste, aber ganz sicher nicht der einzige, der zu damaliger Zeit eine Kontaktaufnahme mit Marsbewohnern für wahrscheinlich hielt. Vor allem während der 1920er Jahre fand diese Vorstellung sehr weite Verbreitung, besonders in den Vereinigten Staaten. Dies führte schließlich so weit, dass die amerikanische Regierung ein Projekt tatkräftig unterstützte, welches den Empfang vom Mars kommender Botschaften zum Ziel hatte.

So wurden am 21. August 1924, beginnend um 22.50 Uhr abends, auf Anordnung aus Washington alle Radiostationen Nordamerikas für 24 Stunden abgeschaltet. Ein etwas schrulliger Erfinder namens Francis Jenkins setzte daraufhin eine Apparatur in Betrieb, die er ersonnen hatte, um von Außerirdischen übermittelte Fernsehbilder aufzufangen.[101]

Das Prinzip der Übertragung bewegter Bilder war zu der Zeit schon lange kein Neuland mehr. Hatte doch der deutsche Ingenieur Paul Nipkow (1860–1940) bereits im Jahre 1884 einen unter dem Namen „Nipkow-Scheibe“ bekannt gewordenen Bildfeldzerleger konstruiert, der noch bis 1943 für Fernsehübertragungen Verwendung fand.[4] Doch was kam bei dem von der US-Regierung im August 1924 forcierten Experiment heraus? Gab es überhaupt ein erwähnenswertes Resultat?

Die von Francis Jenkins gemachten Aufzeichnungen wiesen auf den ersten Blick nur eine unentzifferbare Abfolge von Punkten und Linien auf. Andererseits waren auch einige Strukturen zu erkennen, die sich mit ein wenig Phantasie als menschliche Profile interpretieren ließen. Für kurze Zeit lösten diese seltsamen Aufnahmen durchweg reges Interesse aus, aber nach ein paar Wochen geriet das Experiment in Vergessenheit.[101] All die hochgesteckten Erwartungen, die man in die spektakuläre Aktion gesetzt hatte, waren nicht erfüllt worden.

Chronologie des Unfassbaren

Gerne kehre ich deshalb an dieser Stelle zu den grell aufblitzenden Lichtern und anderen Leuchtphänomenen zurück, die schon seit mehr als einem Jahrhundert den Beobachtern unseres roten Nachbarn große Rätsel bescheren.

Einer der eifrigsten Marsbeobachter war der Astronom Percival Lowell, der uns bereits im Zusammenhang mit den „Marskanälen" begegnet ist. In der Nacht vom 7. auf den 8. Dezember 1900 saß er, wie so oft vorher, in seinem Observatorium in Flagstaff, sein Teleskop auf die Marsscheibe gerichtet. Plötzlich sah er, wie von der Oberfläche des Planeten ein gewaltiger Lichtstrahl gen Himmel schoss, der für insgesamt eine Stunde und zehn Minuten sichtbar blieb.[113]

Im August 1924, als in den Vereinigten Staaten das erwähnte, wenig überzeugende Experiment zur Aufzeichnung von Fernsehbildern vom Mars lief, war dem sowjetischen Astronomen Professor Baraschow mehr Erfolg beschieden. Plötzlich bemerkte dieser einen grell aufleuchtenden, weißen Streifen auf dem Planeten. Im Gegensatz zu der über eine Stunde anhaltenden Sichtung von Lowell blieb der Streifen gerade einmal für wenige Minuten sichtbar. Dann verschwand er ebenso unvermittelt, wie er zuvor aufgetaucht war.[110,114]

In einer Chronologie unerklärlicher Leuchtphänomene auf dem Mars tauchen auffallend häufig Berichte von japanischen Astronomen auf. Unter ihnen auch von dem schon wiederholt zitierten Tsuneo Saheki, nach dem ein Krater auf dem Mars benannt wurde. Saheki beobachtete am 8. Dezember 1951 im westlichen Abschnitt des „Tithonis Lacus" ein pulsierendes Licht, dessen Helligkeit die der Eiskappe des Nordpols deutlich übertraf. Die Erscheinung dauerte etwa fünf Minuten an. Im Anschluss entwickelte sich daraus eine große graue Wolke von schätzungsweise 300 Kilometern Durchmesser. Die Gesamtdauer dieses Vorfalls betrug mehr als 40 Minuten.[115]

Ein starkes Leuchten beobachtete Saheki auch am 1. Juli des Jahres 1954 in der Region Edom. Während des nur fünf Sekunden währenden Aufblitzens wechselte die Farbe von einem brillanten Weiß zu Gelb-Weiß. Und nicht genug, erblickte er gerade einmal drei Wochen später erneut Ungewöhnliches. Diesmal war die Erscheinung von ungleich längerer Dauer. Vom 23. Juli bis zum 3. August 1954 beobachtete Saheki einen sehr hellen Fleck, der in der Region des Mare Acidalium weiß leuchtete.[115]

Die besagte Tithonis-Lacus-Region stand auch am 6. November 1958 im Mittelpunkt einer mysteriösen Sichtung. An ihrem südlichen Ende bemerkte S. Tanabe eine leuchtende Erscheinung, die vier Minuten lang um ein Mehrfaches heller erschien als die Polarkappe.[110,115] Und nur vier Tage später leuchtete dem Beobachter S. Fukui im nordöstlichen Teil des Solis Lacus eine Erscheinung entgegen, deren Durchmesser er auf ungefähr 250 Kilometer schätzte. Sie war so hell wie die aus Eis bestehende Polkappe, und blieb fünf Minuten lang sichtbar.[115]

Wie ein Atompilz

Beinahe noch mysteriöser als jene ungewöhnlich lichtstarken Phänomene sind wolkenartige Gebilde in der Marsatmosphäre, die bekanntlich um ein Vielfaches dünner ist als die der Erde. Kohlendioxid hält dabei mit etwa 95 Prozent den größten Anteil, während Sauerstoff mit nur unter einem Prozent vertreten ist. Zum Vergleich: in der Erdatmosphäre beträgt der Sauerstoffanteil etwa 20 Prozent, während das viel geschmähte Kohlendioxid (CO_2) gerade einmal 0,04 Prozent ausmacht. Der Luftdruck auf dem Mars beträgt bescheidene fünf Millibar respektive Hektopascal, während er auf der Erde durchschnittlich bei einem Wert um die 1000 liegt.[4]

So spreche ich hier, was wolkenartige Formationen betrifft, nicht von Sandstürmen, wie sie zum Beispiel Ende 1971 die von der Raumsonde Mariner 9 gemachten Aufnahmen beeinträchtigt haben.[54] Vielmehr tauchen oft wie aus dem Nichts Dinge auf, die uns an die sinistren Begleiterscheinungen menschengemachter Zerstörungen erinnern. Wie atomare Explosionen.

Was hat es eigentlich mit jener weißen, pilzförmigen Wolke auf sich, die der Münchner Astronom Dr. Werner Sandner Anfang der 1950er Jahre in einer Höhe von etwa 30 Kilometern über der Marsoberfläche beobachten konnte? Das Gebilde, das ihn an den für nukleare Explosionen so typischen „Atompilz“ erinnerte, besaß eine Ausdehnung von ungefähr 500 Kilometern. Es wurde auch bestimmt nicht von einem normalen Staubsturm verursacht, denn es bewegte sich nicht von der Stelle fort, an welcher es sich gebildet hatte. Und erst nach einer Frist von etwa sieben bis acht Tagen löste sich diese geheimnisvolle „Pilzwolke“ langsam wieder auf.[101]

Der Astronom Dr. Holger Heuseler von der Wilhelm-Foerster-Sternwarte in Berlin befasste sich ebenfalls mit diesen Phänomenen, und bezog sich auf eine hoch in die Mars-Atmosphäre aufsteigende, leuchtende Säule. In einer Veröffentlichung aus dem Jahre 1969 unterschied er sogar zwischen plötzlich auftretenden bläulichen, weißen und grauen Wolken. Heuseler konkretisierte die auch von ihm gemachten Beobachtungen:

„Auffallend ist der „Rauchsäulen-Effekt“ in der Anordnung der grauen Wolkenerscheinung. Die Höhe des Objekts wurde auf ungefähr 30 Kilometer geschätzt. Zusammenfassend lässt sich ausführen, dass die grauen Marswolken in Frequenz, Anordnung und Farbe nicht mit den bekannten Wolkenerscheinungen (meist bedingt durch Sand- und Staubstürme auf dem Planeten; HH) in der Marsatmosphäre vergleichbar sind. Auffallend ist ihre Häufigkeit in der südlichen Hemisphäre.“[116]

Doch kehren wir noch einmal zurück zu dem Beobachter aus der Münchner Volkssternwarte.

Ein Monat im Jahr 1952

Der erwähnte Dr. Werner Sandner (1905–1997) gehörte während der fünfziger Jahre des 20. Jahrhunderts zu den Mitarbeitern der Münchner Volkssternwarte. Dort war er einer der aktivsten Planetenbeobachter, wobei der Mars natürlich den bedeutendsten Anteil seines Interesses beanspruchte. Seine oben beschriebene Beobachtung machte Dr. Sandner mit einem 20-Zentimeter-Refraktor. Dies ist ein Fernrohr mit einem Farbfehler korrigierenden Linsensystem. In jenen Jahren nach dem Zweiten Weltkrieg hatte er eifrig die Ergebnisse seiner Marsbeobachtungen notiert. Besonders was mit außergewöhnlichen Aktivitäten auf der Oberfläche des Planeten zusammenhing.

Allein in einem Monat, und zwar im April des Jahres 1952, gelangen Dr. Sandner eine ganze Reihe aus dem Rahmen des „Normalen" fallender Beobachtungen, von denen ich im Folgenden eine kleine Auswahl präsentieren möchte.

- 3. April 1952, um 23.05 Uhr. Ein auffälliges Detail auf der Marsscheibe ist auf den ersten Blick sehr deutlich zu sehen. Auf der Südhalbkugel ist ein sehr dunkles, ausgedehntes Objekt, das von einer hellen Brücke unterbrochen ist, und weit nach Süden bis in die Äquatorgegend vorstößt.

- 8. April 1952, 22.25 Uhr. Besonders bemerkenswert am östlichen Rand ein kleines sternartiges, auffallend helles Gebilde wie ein kleiner Polfleck, ein wenig nördlich vom Äquator. Es ist von überraschender Helligkeit. (...) Großräumige Aufhellung am Westrand über der Isidis-Region. (...) Auffallend helles Gebilde über der Landschaft Chryse ...

- 17. April 1952, 21.50 Uhr. Ein kleiner, heller Nordpolfleck. Ausgedehnte helle Fläche südlich des südlichen Maregürtels, und große Aufhellung am Ostrand südlich des Äquators.

- 19. April 1952, 02.20 Uhr. Am Südwestrand ein heller Fleck, ähnlich eines Polflecks (...) Im Südost-Quadranten dreieckiges, dunkles Gebilde, etwas kleiner als jenes des südwestlichen Quadranten. (...) Schwache, großflächige Aufhellung am linken westlichen Sonnenuntergangsrand in der Äquatorgegend, und eine kleine, besonders helle Fläche in der Äquatorgegend am rechten, östlichen Sonnenaufgangsrand.[116]

Diese paar Beispiele sollten eigentlich ausreichend sein, um zu belegen, dass geheimnisvolle Dinge auf dem Mars geschehen. Immer wieder erscheinen auch Strukturen auf dessen Oberfläche, die uns ganz frappierend an Zeichen, Zahlen und Buchstaben erinnern, wie sie bei uns gebräuchlich sind.

„W wie Wolke"

Die bereits 1976 abgesetzten Landemodule des amerikanischen Viking-Programms – wir werden den beiden Raumsonden später im Zusammenhang mit den noch immer kontrovers diskutierten Bodenstrukturen in der Cydonia-Region begegnen – stießen nur wenige Meter von ihrem Landeplatz entfernt auf ein paar große Brocken Gestein. Auf einem von diesen zeigte sich etwas, das unserem Buchstaben „B" beziehungsweise der Ziffer 8 ähnlich sah. Auf einem weiteren Stein befand sich der Buchstabe „E", respektive eine umgedrehte Zahl 3.[39]

Nun gut: Das Ganze könnte ohne Zweifel auch durch zufällige Lichteinflüsse verursacht worden sein. Die unterschiedlichsten Faktoren, wie etwa der Stand der Sonne und die Position der Kamera zu dem aufgenommenen Objekt, mögen ihren Einfluss ausgeübt haben. Und noch etwas dürfen wir keineswegs außer Acht lassen: Unsere Wahrnehmung – das ist der psychophysiologische Prozess, der die durch die Sinnesorgane vermittelten Reize aufbereitet – funktioniert ausgesprochen selektiv. Mit weniger geschwollenen Worten: Unser Gehirn ist seit jeher darauf „programmiert", aus den beispielsweise von den Augen übertragenen Eindrücken Dinge zu formen, die ihm vertraut erscheinen.

So „erkannten" zum Beispiel manche Augenzeugen der Zwischenfälle vom 11. September 2001 in den Rauchwolken, die von den Türmen des World Trade Centers in New York hochstiegen, gespenstische Gesichter und dämonische Fratzen. Einem harmloseren Background begegnen wir bei den Eindrücken, die wir bei der entspannten Betrachtung natürlicher Wolkenformationen gewinnen. Gilt dies auch für die seltsamen Zeichen auf den Steinbrocken vom Mars? Was uns jetzt auf direktem Weg zum eigentlichen Thema zurückführt.

Was sollen wir dann von einer fast ein Viertel der gesamten Marsscheibe einnehmenden Struktur halten, die offenbar irgendwann in den frühen 1960er Jahren die Beobachter verblüffte? Im redaktionellen Teil einer bekannten Jugendzeitschrift (Ausgabe aus dem Sommer 1967) stieß ich auf einen Bericht, der gleichfalls mysteriöse Zeichen und Erscheinungen auf dem Mars betraf.[117]

Im Fokus dieses Beitrages stand ein gewisser Dr. Schleifer, der wohl damals am Lowell-Observatorium tätig war, und natürlich auch dessen Tätigkeit: „Heute gilt das von Lowell gegründete Observatorium als das führende Institut in der Mars-Forschung. Hier ist Dr. Schleifer tätig. Er hält die Existenz von Leben auf dem Mars für eine Vermutung."

Neben zwei Fotos, die den erwähnten Marsforscher an dessen Arbeitsplatz in Flagstaff zeigen, beinhaltet diese Publikation noch zwei weitere Aufnahmen, die Dr. Schleifer durchs Teleskop vom Mars gemacht hat. Absolut spektakulär ist, was auf einer jener beiden Abbildungen zu erkennen ist. Auf dem Planeten erstreckt sich über fast ein Viertel seiner Oberfläche ein Zeichen, welches genau wie unser Buchstabe „W" aussieht!

Ein Begleittext zu dem Bild gibt konkretere Hinweise: „Ein Lichtschein wurde vor nicht allzu langer Zeit auf dem Mars beobachtet. Dieser tauchte plötzlich auf und verschwand wieder. Die Wissenschaftler rätselten: Vulkanausbruch oder Atomexplosion? Wollten sich etwa die Marsbewohner bemerkbar machen? Dann zeigte sich ganz plötzlich eine Wolke in Form eines „W". War das etwa eine Botschaft von Lebewesen auf dem Mars, oder ein Staubsturm?"[117]

Leider verabsäumte es der Bericht, einen konkreten Zeitpunkt dieses erstaunlichen Schauspiels anzugeben. Legt man jedoch den Erscheinungstermin der Zeitschrift zugrunde – Juni 1967 –, und berücksichtigt die Angabe „vor nicht allzu langer Zeit" in dem Begleittext, dann müsste sich der mysteriöse Vorfall in der ersten Hälfte der 1960er Jahre abgespielt haben.

Und so stelle ich hier nochmals die Frage, was wir von diesem ominösen „W wie Wolke" halten sollen. Für eine Staubwolke wäre es eine ziemlich ungewöhnliche Struktur. Es sei denn, auf dem Mars gibt es Winde, die im Zickzackkurs blasen ...

Erklärungen? Fehlanzeige

Was mag hinter derartigen Phänomenen wie den hier hinlänglich beschriebenen stecken? Gibt es probate Lösungen oder halbwegs einleuchtende Erklärungen? Ich fürchte, über die Ursachen der von so vielen Menschen beobachteten Absonderlichkeiten ist zur Zeit nicht viel mehr möglich, als zu spekulieren.

Ein Ansatzpunkt, der in diesem Zusammenhang gern und in schöner Regelmäßigkeit genannt wird, sind vulkanische Aktivitäten. Tatsächlich gab es einst auf dem Mars eine rege Vulkantätigkeit. Man identifizierte mehrere Berge auf dem Planeten als einstmals aktive Vulkane. Sie verfügen sogar über Dimensionen, wie wir sie auf der Erde nicht kennen.

Da wäre zum Beispiel der Olympus Mons – ganz nebenbei ist er auch der größte Berg des gesamten Sonnensystems. Dessen Ausmaße sind schier unvorstellbar: An der Basis beträgt sein Durchmesser 1.000 Kilometer, die Höhe liegt bei fast 27.000 Metern. Verglichen mit diesem wahren Titanen unter den Bergmassiven ist der für Bergsteiger so verlockende Mount Everest mit seinen 8846 Metern über dem Meeresspiegel geradezu ein popeliger Hügel – und doch der höchste Berg der Erde. Auch der eigentlich höchste Berg auf unserem Planeten, wenn man von dessen untermeerischer Basis aus misst, der auf Hawaii gelegene Vulkan Mauna Loa, erreicht im Endeffekt gerade einmal die halbe Höhe des Olympus Mons.

Zwei weitere, fast genauso hohe Feuerberge liegen mit Olympus Mons gleichfalls in der Tharsis-Region; von Südwesten nach Nordosten sind sie aufgereiht wie auf einer Perlenschnur.[2] Alle Vulkane auf dem Mars sind jedoch schon seit vielen Millionen Jahren erloschen – sie können demzufolge nicht als Ursache für die Lichtblitze und ähnliche geheimnisvolle Erscheinungen verantwortlich sein.

Handelt es sich bei jenen unheimlichen Phänomenen womöglich um atmosphärische Erscheinungen, ähnlich unseren Blitzen, oder den Polarlichtern? Ich bin nicht sicher, ob elektrische Entladungen, die auf der Erde Stromstärken von mehreren zehntausend Ampere erzeugen können, auch in der wesentlich dünneren Atmosphäre des Mars entstehen können.

Haben die ominösen „Marsblinks" vielleicht tektonische Ursachen, entstehen sie in geologischen Spannungszonen? Man weiß von vergleichbaren Ereignisse auf der Erde; sie beruhen auf plötzlichen Entladungen, wie sie vor allem im Verlauf von Erdbeben auftreten. Die technisch korrekte Bezeichnung hierfür wäre Seismo-Elektrizität. Man kennt sie unter anderem aus den Kordilleren Südamerikas, wo „Gipfelentladungen" zu weithin sichtbarem Leuchten führen kann. Über den mehr als 6.000 Meter hohen Andengipfeln Chiles ist dieses Phänomen oft vom späten Frühling bis zum frühen Herbst zu beobachten.

Das gleichbleibende Leuchten rings um die Gipfel kann dabei sogar in ausbrechende Strahlen übergehen, die wie gigantische Scheinwerferkegel aussehen. Vor allem bei klarem Himmel werden solche Phänomene beobachtet, und ein enger Zusammenhang mit den in dieser Gegend recht häufig vorkommenden Erdbeben gilt als unzweifelhaft. So waren beispielsweise im August 1906, als in Chile ein großes Erdbeben wütete, die Gipfelentladungen von solch großer Helligkeit, dass man sie über große Entfernungen zu sehen vermochte.

„Der gesamte Himmel schien in Flammen zu stehen", lautete damals der Kommentar eines Zeugen.[118]

„Ganz andere" Aktivitäten?

Wie unschwer zu erkennen ist, gibt es zwar eine ganze Reihe Annahmen und Mutmaßungen, von wirklich schlüssigen Erklärungen sind wir jedoch noch meilenweit entfernt. Da verfängt auch nicht die Erklärung, es handle sich nur um Spiegelungen des Sonnenlichts auf Eisflächen. Besonders dann, wenn regelrechte „Lichtsäulen" oder an Atompilze erinnernde Gebilde hoch in den Marshimmel steigen.

Nur eines können wir mit Sicherheit sagen: Das Rätsel existiert und man kann es nicht einfach wegdiskutieren! Als amerikanische Beobachter im Juni 2001 erneut jene rätselhaften Lichtblitze auf der Marsoberfläche sahen, gelang es ihnen diesmal sogar, das ganze Schauspiel auf Video aufzuzeichnen.[110]

So bleibt es letztlich auch nicht aus, dass mitunter in „exotischere" Richtungen spekuliert wird. Gibt es auf dem Mars Aktivitäten, die auf das geheime Wirken fremder Intelligenzen zurückgehen? Der Rote Planet sozusagen als ein Testgelände Außerirdischer?[116] Könnte es sein, dass da oben eine Art Forschungsstation oder Versorgungsbasis einer raumfahrenden Rasse existiert, die in unserem Sonnensystem schon seit undenklichen Zeiten zugange ist? Und auch der Erde nicht nur in grauer Vorzeit ihre Besuche abgestattet hat?

Vielleicht lassen sich jene „Anderen" nur ungern bei ihren Aktivitäten auf die Finger schauen. Dies könnte bereits die eine oder andere Errungenschaft irdischer Raumfahrttechnologie „zu spüren" bekommen haben. Denn zahlreiche ungeklärte Fälle mysteriösen Versagens von Raumsonden stellten die Verantwortlichen in Ost und West schon wiederholt vor Probleme nicht nur technischer Art. Über das irgendwann zwischen Dezember 2003 und Februar 2004 verschollene Erkundungsfahrzeug „Beagle 2" der ESA-Sonde Mars Express habe ich bereits an vorausgegangener Stelle berichtet.[58] Doch es traf noch eine ganze Reihe weiterer Projekte.

Am 25. September 1992 hob der Orbiter Mars Observer an Bord einer Trägerrakete vom Typ Titan-III in Cape Canaveral ab. Mars Observer verfügte neben diversen Messinstrumenten auch über eine hochauflösende Kamera, deren Aufgabe die Erforschung der Marslandschaft mit einer nie zuvor gekannten Detailgenauigkeit war.

Nach elf Monaten Flug durchs All, am 20. August des Folgejahres, schwenkte die Sonde in eine Umlaufbahn um den Roten Planeten ein. Am Anfang schien alles noch ganz exakt nach Plan zu verlaufen. Doch mit einem Schlag war nichts mehr, wie es sein sollte. Ohne Vorwarnung brach der Funkkontakt zu der Sonde ab. Die letzten von ihr zur Erde gefunkten Signale trafen am 21. August 1993 hier ein. Danach herrschte nur noch unheimliche Stille im Kontrollzentrum. Und seit jenem Tag gilt Mars Observer als im Weltraum verschollen, das viele Millionen Dollar teure Projekt als gescheitert.[114]

Was mit der gewohnten Zuverlässigkeit funktionierte, war nur die Gerüchteküche, die es bekanntlich immer am besten weiß.

Allerdings macht es schon ein wenig nachdenklich, wenn in schöner Regelmäßigkeit technisch aufwendige und teure Marsmissionen an rätselhaften Problemen scheitern. Auch die Russen sind in dieser Weise betroffen. Im Jahr 1989 – zwei Jahre vor dem Ende der Sowjetunion – waren die beiden Marssonden Phobos 1 und Phobos 2 auf dem Weg zu dem Roten Planeten. Dabei verschwand Phobos 1 bereits während der Anflugphase, während Phobos 2 noch in eine Umlaufbahn eintrat. Doch dann brach auch bei dieser Raumsonde jeglicher Kontakt zur Bodenstation plötzlich und für immer ab.

In der Folge drangen jedoch ganz merkwürdige Berichte und auch Bilder an die Öffentlichkeit. Die Aufnahmen ließen ein nicht identifizierbares, fliegendes Objekt erkennen, welches eine leuchtende Spur hinter sich herzog, und sich schnurstracks auf die

Sonde zu bewegte. Angeblich sprachen sowjetische Wissenschaftler hinter vorgehaltener Hand über ein „raketenartiges“ Objekt, das „dort eigentlich nicht sein dürfte.“[114]

Laufen auf dem Mars und in dessen Umfeld vielleicht doch Aktivitäten außerirdischer Intelligenzen ab, von denen wir nichts erfahren sollen? Und was wissen die Verantwortlichen bei den Großmächten und in der Weltraumforschung darüber? Besitzen sie Informationen zu den geheimnisvollen Dingen, die dort oben vor sich gehen, und halten sie diese wissentlich zurück?

Erkundungsrover fotografiert Marsblinks

Ein Repräsentant irdischer Raumfahrttechnik funktioniert im Gegensatz zu den als Totalverlust abgeschriebenen Sonden schon seit Jahren ohne jede Beanstandung. Es ist der hinlänglich bekannte und seit August des Jahres 2012 durchs Gelände kurvende Mars-Rover Curiosity. Der machte auch in diesem Zusammenhang seinem Namen alle Ehre. Gelangen ihm doch in der Zwischenzeit mehrfach Aufnahmen von unerklärlichen Lichtblitzen. Und dies nicht über etliche Millionen Kilometer Distanz, sondern direkt vor Ort!

Das erste Mal fotografierte er am 2. und 3. April 2014 ein aufblitzendes Licht in der Ferne.[110] Die Spezialisten der NASA erklären Phänomene wie diesen sinnigerweise als „Spiegelung des Sonnenlichts an Eiskristallen“. Die sollen als Wolken in der dünnen Atmosphäre des Mars schweben. Das mag vielleicht für den einen oder anderen Fall gelten, aber hat man damit schon sämtliche Vorfälle dieser Art enträtselt?

Weiß man in den Reihen von NASA, ESA und Kollegen womöglich mehr, und schiebt nur derartige Darlegungen vor, um die Öffentlichkeit auf eine falsche Fährte zu locken?

Wesentlich jüngeren Datums sind Sichtung und Aufnahme eines Lichtblitzes, den Curiosity am 16. Juni 2019 registrierte. Wie aus dem Nichts tauchte an jenem Tag in der Ferne, vor dem Hintergrund einer Hügelkette, ein heller, breiter Lichtpunkt auf. Dieser ist übrigens nur auf einem einzigen Bild in einer Folge von Aufnahmen zu erkennen. Davor und danach ist nichts als die ruhig daliegende Marslandschaft zu sehen.

Wäre es eine „Spiegelung des Sonnenlichts auf Eis", müsste das Licht dann nicht länger an Ort und Stelle zu sehen sein? So gehen die Meinungen über die Ursache des Phänomens naturgemäß auseinander. Im Netz verbreitete sich die Aufnahme wie ein Lauffeuer. Die NASA indes scheint – zumindest nach außen hin – nicht sonderlich alarmiert zu sein. „Wenn wir etwas sehen, das wir nicht sofort identifizieren können, vor allem, wenn es auf einem anderen Planeten geschieht, ist es einfach, sich in die wildesten Spekulationen zu stürzen", so die offizielle Lesart bei den NASA-Wissenschaftlern.[119] Doch das Rätsel bleibt weiterhin bestehen und wird die Gemüter wohl noch länger erhitzen.

Wie eine Reihe höchst seltsamer Strukturen auf dem Roten Planeten, die man als künstlich geschaffene Anlagen betrachten kann. Auf ein solches Objekt, das die wildesten Vermutungen nährt, stieß auch Curiosity auf seiner einsamen Tour durch die fremde Welt.

7. Planet der Pyramiden?

Bauten, die es auf dem Mars nicht geben dürfte

Es sind nicht alleine jene so häufig gesichteten, grell aufblitzenden oder leuchtenden Erscheinungen auf dem Mars, die uns gleichermaßen in Erstaunen versetzen wie unsere Phantasie beflügeln. Denn neben solchen Vorfällen, die sich in der Mehrzahl der Fälle nur für eine relativ kurze Zeitspanne manifestieren, scheinen sich dort oben auch dauerhafte Strukturen zu befinden, die möglicherweise künstlichen Ursprungs sind. Da gibt es Anordnungen, die in ihrem Aufbau so gleichmäßig konstruiert wirken, dass man die Natur nur schwer als ihren Schöpfer und Baumeister ansehen mag.

Mit dem geheimnisumwitterten „Phobos-Monolithen“, der sich auf dem größeren der beiden Marsmonde befindet, habe ich schon eines dieser „unmöglichen“ Artefakte angesprochen. Erinnern wir uns: Scharf zeichnet sich dieses markante Objekt auf der Oberfläche des Phobos, das sich in unmittelbarer Nähe des mit neun Kilometern größten Kraters Stickney befindet, von dessen Umgebung ab.[95] Ist es künstlichen Ursprungs? Und wenn ja, was war sein Sinn und Zweck?

Von besagtem Stickney-Krater geht auch eine Anzahl auffälliger, oft parallel verlaufender Rillen aus. Im Gegensatz zum „Phobos-Monolithen“ dürfte deren Ursprung eindeutig natürlich sein. Am Anfang vermutete man, dass deren Ursache in den starken Gezeitenkräften zu finden seien, denen der kleine Mond in der Nähe der sogenannten Roche-Grenze unterworfen ist.[120] Doch nach ein paar Computersimulationen aus dem Jahr 2018 scheint es sich eher um die Spuren von Trümmern zu handeln, welche bei der Entstehung des Kraters Stickney davongeschleudert wurden. Die seien in der Folge über die Mondoberfläche gerollt.[121]

Rätselhaft bleibt der kleine Trabant auf jeden Fall, und dies nicht erst, seit er vor 60 Jahren ein paar renommierte Astronomen zu gewagten Spekulationen inspiriert hat. Auch die Fragen um den

„allein auf weiter Flur" stehenden „Phobos-Monolithen" sind noch lange nicht beantwortet. Dieses verdächtige Artefakt erinnert uns vielmehr daran, dass auch auf dem Erdtrabanten bereits eine Anzahl sonderbarer Objekte gesichtet wurden, deren Ursprung mindestens strittig sein dürfte.

Die „Mondbrücke"

Im vorangegangenen Kapitel hatte ich eingangs über mysteriöse Lichtblitze auf dem Mond berichtet, die als „Transient Lunar Phenomena" (TLP) in die einschlägige Nomenklatur eingegangen sind. Bevor ich nachfolgend ausführlich auf möglicherweise künstlich errichtete Bauten auf dem Mars eingehe, darf ich die wenigstens ebenso häufig beobachteten und ungeklärten tektonischen Anomalien und Gebilde auf unserem Mond keinesfalls unerwähnt lassen. Und damit einen Vergleich ermöglichen zwischen Bauten, die es – hier wie dort – eigentlich nicht geben dürfte.

Etliche Beobachter des Mondes sollen in den Jahren zwischen 1930 und 1960 mehr als 200 runde, gleichmäßig geformte kuppelförmige Bauwerke verschiedener Größe gesichtet haben.[122] Zu sehen waren neben Kuppeln auch noch andere, nachgerade bizarre Strukturen, die sich jeder Erklärung entzogen.

So entdeckte ein gewisser John O'Neill, seinerzeit Wissenschaftsredakteur der Tageszeitung „New York Herald Tribüne", am 29. Juli 1953 mit seinem Teleskop schier Unglaubliches. Das betreffende Gebilde sah aus wie eine gewaltige Brücke von mindestens 20 Kilometern Länge, die sich in einer vollkommen geraden Linie durch das beinahe kreisrunde Mare Crisium zog. O'Neill schloss dabei die Möglichkeit einer Spiegelung oder optischen Täuschung vehement aus, weil er gleichfalls die Schatten dieser Brücke, sowie die darunter durchlaufenden Strahlen der Sonne ganz deutlich zu erkennen vermochte.

Auf der Stelle berichtete er dem bekannten britischen Ingenieur, Astronomen und Mondspezialisten Dr. H. Percy Wilkins (1896–1960) von seiner spektakulären Sichtung. Der zögerte nicht lange und warf einen Blick durch das 60-Zoll-Teleskop am Mount-Wilson-Observatorium. In der Folge konnte er die nicht in unser Weltbild passende Beobachtung des Redakteurs nur bestätigen: Jene riesenhafte Konstruktion existierte tatsächlich, und Wilkins konnte gleichfalls mühelos deren Schatten auf der Mondoberfläche erkennen.[122,123]

In seinem Buch machte sich der Mondspezialist tiefgreifende Gedanken um das, was ihm da so unversehens vor die Optik seines Teleskops gekommen war: „Es stellen sich jetzt natürlich zwei Fragen. Wenn diese Struktur schon seit langer Zeit existieren sollte, warum wurde sie dann bis heute (1953, HH) noch nie bemerkt, und wie widersetzte sie sich erfolgreich Meteoriteneinschlägen und anderen Einflüssen? Falls diese 'Brücke' aber erst kürzlich entstand, wird die Sache noch verzwickter, denn wie soll das Ding dann überhaupt entstanden sein? Und falls es allen vernünftigen Erwartungen zum Trotz auch noch künstlichen Ursprungs sein sollte, dann öffnet sich natürlich das Feld für Spekulationen. Immerhin ist diese Konstruktion, ganz gleich, ob nun natürlich oder künstlich, eine der interessantesten Strukturen überhaupt, die je mithilfe eines Teleskops entdeckt wurde."[124]

Und nicht nur der zitierte Mondforscher vermochte O'Neills überraschende Entdeckung zu bestätigen. Auch ein weiterer Astronom, Dr. James J. Bartlett aus Baltimore (Maryland), konnte das äußerst mysteriöse Bauwerk sehen.[122]

Nicht weniger große Rätsel geben uns die sogenannten „Obelisken" auf, die wiederholt am Rande des Mare Tranquilitatis gesichtet wurden, dem späteren Landeplatz von Apollo 11. Es handelte sich dabei um eine Reihe von insgesamt acht schwarzen, kegelförmigen Spitzen, die klar abgegrenzte Schatten auf der Mondoberfläche warfen.

Die amerikanische Weltraumsonde Lunar Orbiter II – diese Satelliten der NASA hatten die Aufgabe, nach geeigneten Landeplätzen für die Mondfähren des Apollo-Programms zu suchen[4] –

machte am 21. November 1966 aus einer Höhe von nur 46 Kilometern Aufnahmen von der Oberfläche des Trabanten. Über dem zentralen Hochland südlich der Arideus-Rille nahm sie eine Fläche von 230 auf 167 Meter genauer ins Visier.

Kettenspuren?

In einer fünffachen Vergrößerung der hier gemachten Aufnahmen konnte man deutlich acht schwarze, geometrisch angeordnete Punkte wahrnehmen. Aufgrund der unter einem Winkel von 11 Grad einfallenden Sonnenstrahlen sowie der Schattenlänge wurde die Höhe des größten „Obelisken" mit ungefähr 22 Metern, bei einer Breite an dessen Fuß von 15 Metern, errechnet.[122]

Ein Erforscher des Ungewöhnlichen, der ebenfalls fest davon überzeugt war, dass auf unserem Mond von fremden Intelligenzen errichtete Bauten zu finden seien, war der amerikanische Autor George H. Leonard (1921–1994). Auf etlichen der von NASA-Satelliten gemachten Aufnahmen vermeinte dieser, riesige, domartige Bauten, Türme, ausgedehnte Tunnelsysteme und kilometertiefe Bohrlöcher entdeckt zu haben.[125]

Sind dies Hinweise auf bergbautechnische Aktivitäten, hinter denen Besucher aus den Weiten des Kosmos stehen, die auf dem Mond nach für sie wertvollen Rohstoffen graben? Und die dasselbe vielleicht auch auf dem Mars sowie auf dem benachbarten Asteroidengürtel tun? Der Amerikaner glaubte sogar Hinweise darauf gefunden zu haben, dass an einigen Stellen durch das „Vernähen" von Spalten auf der Mondoberfläche deren gesamte Topographie grundlegend verändert wurde. Im Klartext: Dass sich nach dem „Eingriff" der Fremden die ganze Gegend komplett anders präsentierte.[125]

Man mag zu solchen – zugegeben gewöhnungsbedürftigen – Spekulationen stehen, wie man will. Doch sollte eine kettengliedartige Spur von 275 Metern Länge selbst den eingefleischtesten Skeptiker zum Nachdenken anregen. Diese „Kettenspur" zieht sich nahe dem Krater Vitello über den Mondboden und endet an einem unbekannten, leuchtenden Objekt. Viel zu gleichmäßig erscheint die ominöse Fährte im Sand, um auf natürliche Ursachen wie seismische Aktivitäten – also Erdbeben – oder andere geologische Verschiebungen zurückzugehen.[107,126]

Rätselhafte Pyramiden

Unter den als „tektonische Anomalien“ bezeichneten, außergewöhnlichen Gebilden auf unserem „nächtlichen Begleiter“ sollen sich sogar pyramidenartige Bauten befinden. Dem Vernehmen nach sahen die Astronauten einer der Apollo-Mondlandemissionen eine ganze Reihe kleiner Pyramiden im Sektor des Kraters Fra Mauro. Diese sollen sogar in geometrischer Form angeordnet sein. Im Verlauf einer Live-Übertragung im Deutschen Fernsehen konnten aufmerksame und der englischen Sprache mächtige Zuschauer aus dem Funkverkehr zwischen den Astronauten Beschreibungen der offenbar künstlichen Objekte hören. Auf Nachfrage wurde diese ganze Angelegenheit jedoch später von der NASA dementiert respektive kein Kommentar mehr dazu abgegeben.[123] Wie üblich in solchen Fällen.

Einem Informanten zufolge handelte es sich bei der besagten Live-Übertragung um eine Sendung der ARD oder des ZDF. Was jedoch klar sein dürfte, denn damals waren neben diesen zwei öffentlich-rechtlichen Sendeanstalten noch keine privaten Sender in Deutschland zugelassen. Stattgefunden haben soll diese Sichtung im Verlauf der Mondlandemission Apollo 12 (Landung am 19. November 1969 im Mare Procellarium). Allerdings müsste die Beobachtung aus der Mondumlaufbahn heraus, sprich von oben, gemacht worden sein. Und zwar von den Astronauten Charles Conrad und Alan Bean sowie als drittem Mann Robert Gordon, der während der Landung mit seiner Kommandokapsel im Orbit den Mond umkreiste.

Auffallend ist jedoch, dass für die nächste geglückte Mondlandung von Apollo 14 – die im April 1970 gestartete Mission Apollo 13 musste bekanntlich nach der Explosion eines Sauerstofftanks abgebrochen werden – am 5. Februar 1971 tatsächlich das Gebiet des Kraters Fra Mauro als Landeort gewählt wurde.[4] War dies eher eine zufällige Wahl, oder wollte man der mysteriösen Sache auf den Grund gehen?

Die damals von der NASA so energisch abgestrittenen Pyramiden auf dem Mond bringen uns nun wieder auf direktem Wege zum Mars zurück. Dort stieß nämlich der schon wiederholt erwähnte Mars-Rover Curiosity im Juni des Jahres 2015 auf ein mysteriöses Objekt, welches man nicht anders beschreiben kann als eine Pyramide. Sogar in jener Form, wie wir sie aus dem alten Reich der Pharaonen kennen! Die bekannte deutsche Tageszeitung mit den „vier Buchstaben" schrieb hierüber in ihrer Ausgabe vom 24. Juni 2015:

„Zwischen Felsen, Geröll und Staub hat der Mars-Rover Curiosity etwas in der Form einer Pyramide entdeckt! Verschwörungstheoretiker sind sicher: Das ist der Beweis, dass es Leben auf dem Mars gibt. Andere hingegen spekulieren, dass Winde dieses seltsame Objekt geformt haben."[127]

Die ebenfalls in der Zeitung abgebildete Fotografie, veröffentlicht von der US-Weltraumbehörde NASA, lässt, da gibt es keinen Zweifel, eine Pyramide erkennen. Und zwar, wie wir sie uns im Idealfall vorstellen. Denn sie verfügt offensichtlich über vier gleichmäßig auf eine Spitze zulaufende, gleichseitige Dreiecke als Seiten. Diese Form kennen wir einzig aus dem alten Ägypten. Die zahllosen Pyramiden in anderen Teilen unseres Planeten – wir kennen sie unter anderem aus China und Australien, Griechenland und Mittelamerika, und selbst von den im Atlantik liegenden Kanareninseln Teneriffa und La Palma und der Azoreninsel Pico – sind anders gebaut. In den meisten Fällen erscheinen sie stufenförmig, mit einem flacheren Böschungswinkel und einer Plattform anstatt einer Spitze.[18,92,128]

Die Höhe der vom Mars-Rover fotografierten Pyramide lässt sich aus der Aufnahme allein leider nicht genau ermitteln – es fehlen Bezugspunkte auf dem Bild –, aber ein paar Meter dürften es sein.

Das Bauwerk macht auch keinesfalls den Eindruck, als sei es von Wind und Wetter geformt worden. Sehr viel „pyramidenartiger“ sehen jene Bauwerke auch nicht aus, welche uns das „alte Land am Nil“ hinterlassen hat.

„Auf dem Mars ist der Affe los“

Und doch ist die besagte, vom Mars-Rover Curiosity fotografierte Pyramide nicht das einzige Bauwerk dieser Art, das auf unserem roten Nachbarplaneten für lebhafte Aufmerksamkeit gesorgt hat. Denn es gibt noch eine Reihe weiterer Bauten dieser Art. Sie hängen alle zusammen mit einer spektakulären Entdeckung, die vor nunmehr über 40 Jahren nachgerade ein intellektuelles Erdbeben auslöste. Wohl keine andere Entdeckung wurde in der Folgezeit so erbittert kontrovers diskutiert, ließ Skeptiker und Befürworter ungebremst aufeinanderprallen, wie dieses Objekt aus einer Marsregion, deren Koordinaten 40 Grad 80 Minuten nördlicher Breite, und neun Grad 48 Minuten westlicher Länge lauten.

Die Region auf dem Mars trägt den Namen Cydonia. Und spätestens an dieser Stelle weiß bestimmt jeder, um welches Objekt es hier geht. Was gibt es über die Geschichte dieser Entdeckung zu berichten? Es fing, wie alles Spektakuläre, eigentlich ganz harmlos an.

Es begann im Hochsommer des Jahres 1975. In kurzen Abständen, und zwar am 20. August und am 9. September, schickte die NASA zwei Raumsonden auf den langen Weg zum Roten Planeten: „Viking 1“ und „Viking 2“. Jede dieser Sonden bestand aus zwei Modulen Da war zum einen der sogenannte „Orbiter“, der in eine Umlaufbahn um den Mars einschwenken und dort verbleiben würde. Des Weiteren ein Landegerät, das sich von dem anderen Teil trennen und auf der Oberfläche des Planeten niedergehen sollte, um dort den Boden wie auch die weitere Umgebung zu erforschen.

Als erstes erreichte Viking 1 am 19. Juni 1976 den Zielplaneten; dessen Landemodul setzte einen Monat später, am 20. Juli in der Region Chryse Planitia auf. Viking 2 war unterdessen im Anflug auf den Mars, und der Orbiter der ersten Sonde hielt Ausschau nach einem geeigneten Landeplatz für das andere Modul. Man schrieb den 25. Juli 1976, als Viking 1 dem Roten Planeten bis auf 1873 Kilometer nahegekommen war, und sich über der Region Cydonia befand.[39]

Die Aufnahmen, die der Orbiter an jenem Tag machte, sollten später in die Geschichte der Marsforschung eingehen. Auf ihnen waren nämlich höchst absonderliche Strukturen zu erkennen. Allen voran ein Bergmassiv in Form eines riesigen, menschlichen Antlitzes, welches geradewegs zum Himmel blickte. Als eines der Fotos dieser Bodenstruktur von der NASA am 31. Juli 1976 mit dem Code 35A72 registriert wurde, nahm noch niemand ernsthaft Notiz davon.

Dies änderte sich fünf Jahre später schlagartig. Ein wahrer Sturm erfasste Wissenschaftler und interessierte Laien auf der gesamten Welt. Die Zeitungen überschlugen sich mit sensationslüsternen Schlagzeilen wie „Auf dem Mars ist der Affe los“[129], „Intelligente Wesen auf dem Mars“[130] oder „Wissenschaftler spekulieren über 'Mars-Gesicht'.[131] Was war da plötzlich geschehen? Und wer war verantwortlich für diese „Spätzündung“, die eine umso heftigere Wirkung nach sich zog?

Geänderte Aufnahmebedingungen, gleiches Resultat

Bereits 1976 hatten sich ein paar NASA-Spezialisten über das besagte Foto gewundert, das eine merkwürdige, gesichtsartige Anmutung besaß. Wie erwähnt, hatte man ihm jedoch keine weitere Aufmerksamkeit gewidmet. Zufällig war dann 1979 oder 1980 der Computerspezialist Vincent diPietro aus Glenndale (Maryland) auf Viking-Foto 35A72 gestoßen. Dieser reagierte wie elektrisiert auf die Schwarzweißaufnahme eines „erhabenen Antlitzes gegen den Hintergrund einer Marslandschaft“, wie sich diPietro später wörtlich ausdrückte.[132] Tatsächlich ähnelte das als „Mars-Gesicht“ in der ganzen Welt bekanntgewordene Steingebilde von etwa 1500 Metern Länge verblüffend einem frühmenschlichen Gesicht, dessen linke Hälfte zum großen Teil im Schatten liegt.

Gemeinsam mit einem anderen Computerexperten, Gregory Molenaar, machte sich diPietro an die Arbeit, um mehr Details aus dem Bild herauszuholen. Sie entwickelten dafür eigens eine Methode, mit der die einzelnen Bildpixel (kleinste Bildeinheiten bei der digitalen Fotografie) in jeweils neun neue, kleinere Einheiten zerlegt wurden. Hierbei erwies es sich, dass der im Sonnenlicht liegende Gesichtsteil eine Augenhöhle, Nasenrücken und Mund, das Kinn sowie den Haaransatz zeigte, die schwerlich einem zufälligen Licht- und Schattenspiel zugeschrieben werden konnten.[38] Letzteres war allerdings von Anfang an die offizielle Lesart von Seiten der NASA. Die interpretierte das „Mars-Gesicht" als nichts anderes als eine optische Täuschung. Eine natürliche Bodenformation von eineinhalb Kilometern Länge und ungefähr 450 Metern Höhe, deren menschliche Züge allein aus von der Sonne erzeugten Schattentälern resultierten.[131]

Doch die beiden Computerspezialisten stießen noch auf eine weitere Aufnahme (70A13) der Struktur, die der Viking-Orbiter ganze 35 Tage nach der ersten gemacht hatte. Trotz einem anderen Kamerawinkel, einem anderen Sonnenstand und einer etwas geänderten Umlaufbahn des Orbiters war auf ihm genau dasselbe menschliche Gesicht zu erkennen. Sie bearbeiteten auch dieses Bild mit ihrem Computer, und das Resultat überstieg ihre kühnsten Erwartungen. Das zweite Bild stellte nicht nur eine Bestätigung des ersten dar, es brachte darüber hinaus weitere Einzelheiten ans Licht.

Die im Sonnenlicht sichtbare Augenhöhle des Fotos 35A72 war auch auf dem zweiten unverändert zu erkennen, aber dazu wurde noch die linke Augenhöhle sichtbar. Der Haaransatz, einer mittelalterlichen „Pagenfrisur" nicht unähnlich, umrahmte auch die andere Gesichtshälfte. Deutlich zeichnete sich die Kinnlinie ab, und außerdem entdeckten die Spezialisten einige Kilometer entfernt Bauwerke, die sie als Pyramiden ansahen.[38] Hierüber später mehr, für den Augenblick verweile ich noch bei dem „Mars-Gesicht".

Als Vincent diPietro und Gregory Molenaar im Juli 1981 auf einer Konferenz an der Universität von Boulder (Colorado) ihre Ergebnisse einer breiten Öffentlichkeit bekannt machten, wurde Richard C. Hoagland auf sie aufmerksam. Der Wissenschaftsjournalist und Raumfahrt-Experte hatte mit regem Interesse die Ausführungen der beiden Computerspezialisten verfolgt. Er war sowohl von den Ergebnissen, als auch von der Gründlichkeit ihrer Arbeit äußerst beeindruckt.[38] Das Mars-Mysterium ließ Hoagland in der Folge nicht mehr los. Zusammen mit dem Optik-Experten Mark Carlotto, dem Anthropologen Randolfo Ponzo und dem ehemaligen Astronauten Brian O'Leary kam er zu der Überzeugung, dass dieses halb im Schatten gelegene Gesicht viel mehr sein könnte, als eine bloße optische Täuschung, ein den Betrachter verwirrendes Spiel von Licht und Schatten.[131]

Fünfseitige Pyramiden

Mit Unterstützung des Computers stellten die Forscher dreidimensionale Modelle der NASA-Aufnahmen her. Auch hier war das Ergebnis höchst beeindruckend. Sogar bei der Drehung um die eigene Achse – also bei geändertem Blickwinkel und wechselnden Lichtverhältnissen – blieb das mysteriöse Bildnis eines frühmenschlichen Antlitzes gleich. Was wiederum die Arbeiten von Vincent diPietro und Gregory Molenaar an dem erwähnten zweiten Foto bestätigte.

Dies war jedoch nicht das einzige Resultat. Richard Hoagland machte sich in der Folge mit Zirkel, Lineal und Winkelmesser über beide Aufnahmen her, und stieß dabei auf eine ganze Reihe mathematischer und geometrischer Auffälligkeiten.[131]

An dieser Stelle kommen nun weitere, merkwürdige Strukturen in der näheren Umgebung des Mars-Gesichtes ins Spiel. In einer Entfernung von rund zehn Kilometern befindet sich eine Ansammlung von seltsam gleichmäßig scheinenden Formationen. Unter ihnen die – nach diPietro und Molenaar benannte – „D&M-Pyra-

mide" mit fünf Seiten anstatt der üblichen vier. Wie auch eine vierseitige Anlage, die den Eindruck eines in Ruinen liegenden Festungsbauwerkes vermittelt. Man könnte fast von einer richtigen „Stadt" auf dem Mars sprechen.[38,129,130,131]

Diese fünfseitige „D&M-Pyramide" erinnert mich ganz spontan an ein ebensolches Bauwerk, dem ich auf der Kanareninsel Teneriffa begegnete. Auf der Ferieninsel existieren etliche Pyramiden: Als letztes Projekt des norwegischen Forschers Thor Heyerdahl (1914–2001) gilt der „Parco Etnografico" im Städtchen Güimar, der sechs Stufenpyramiden umfasst. Diese werden heute den Guanchen zugeschrieben, den nach der Eroberung durch die Spanier ausgerotteten Ureinwohnern des Archipels.

Mitte September 2014 hielt ich mich in dem bekannten Weinstädtchen Icod de los Vinos, an der nordwestlichen Küste der Insel gelegen, auf. Dort bekam ich einen Hinweis auf eine sehr gut erhaltene, vorzeitliche Pyramide im Vorort Santa Barbara. Und tatsächlich fand ich dort, eingerahmt von Feldern und Weinstöcken, an einem sanft zum Meer hin abfallenden Hang, das gesuchte Bauwerk. Es besteht wie zahlreiche andere Pyramiden auf den Kanarischen Inseln aus insgesamt sieben Stufen – sein Grundriss ist allerdings fünfeckig.[18] Doch zurück von der spanischen Ferieninsel im Atlantik zu den noch immer geheimnisumwobenen Strukturen der Cydonia-Region auf dem Mars.

Geometrische Botschaften

Der Schlüssel zu ihrem Verständnis scheint die Geometrie zu sein, die bereits bei unseren Vorfahren, vor allem bei den alten Griechen, als eine „heilige Wissenschaft" galt. Denn alle diese Strukturen sind mutmaßlich nach geometrischen Gesetzmäßigkeiten angeordnet. Die „Stadt" mit ihren Pyramiden und anderen künstlich wirkenden Details – unter anderem ein von exakt kugelförmigen Strukturen gebildetes Quadrat in ihrem geometrischen Zentrum – liegt in präziser Verlängerung zum Mars-Gesicht. Führt man diese Gerade noch ein Stück in östlicher Richtung fort, so gelangt man zu einem als „Cliff" bezeichneten Gebilde. Dies ist ein schmaler, etwa drei Kilometer langer Tafelberg, an dessen Oberseite sich ein auffallend scharf umrissener und völlig linearer Grat über die ganze Länge zieht.

Hinter dem seltsam geformten „Cliff" befindet sich ein riesiger, kraterähnlicher Ring mit zwei weiteren, pyramidenähnlichen Strukturen auf dessen Rand. Ist es ein normaler Meteoritenkrater? Doch wäre der Krater durch den Einschlag eines Meteoriten verursacht worden, und das „Cliff" eine natürliche Formation, die schon vor dem Einschlag existierte, stellt sich folgende Frage: Weshalb gibt es bei diesem keinerlei Anzeichen einer Zerstörung? Oder wenigstens das in vergleichbaren Fällen typische Trümmermaterial, das in Richtung jenes „Cliffs" ausgeworfen wurde? Richard Hoagland konnte berechnen, dass eine nach der erwähnten Ausrichtung gezogene Achse einstmals, vor ungefähr 500.000 Jahren, ganz genau auf den Sonnenaufgang zur Zeit der Sommersonnenwende des Mars gezielt hatte.

Doch nicht genug der geometrischen Beziehungen. Die Abstände zwischen dem westlichen Rand der „Stadt", dem erwähnten, von Kugeln gebildeten Quadrat, dem Mars-Gesicht sowie dem seltsam länglichen „Cliff" mit seinem linear verlaufenden Grat, stehen im Verhältnis 1:2:4:8 – dies heißt im Klartext, die Zahlenwerte der Distanzen verdoppeln sich in jedem Fall. Außerdem weist die Spitze der fünfseitigen „D&M-Pyramide" genau auf das Mars-Gesicht.

Alles nur Zufall? „So unglaublich es mir am Anfang vorkam", ließ Richard Hoagland verlauten, „erschien mir die Hypothese einer intelligenten Planung schließlich mehr und mehr als die logischere Erklärung."[133]

In seinen Gedanken zog der Wissenschaftsjournalist sogar eine mögliche Verbindung dieser unbekannten, vorzeitlichen Baumeister vom Mars mit unserem Heimatplaneten in Betracht. Er ließ zur Vorsicht aber auch eine mögliche natürliche Entstehung der Struktur anklingen:

„Entweder sind die Strukturen auf dem roten Planeten natürlichen Ursprungs, und die Forschungsarbeit ist reine Zeitverschwendung – oder aber sie wurden künstlich errichtet. Das wäre natürlich eine der wichtigsten Entdeckungen für die gesamte Menschheit. Doch das Gesicht ist nun einmal da (...) und falls es künstlicher Natur sein sollte, es sich also tatsächlich um ein humanoides Konstrukt handelt, und nicht nur um ein verdammtes Trugbild aus einem uns unerklärlichen geologischen oder meteorologischen Prozess, wie lässt sich dann seine Existenz im Rahmen moderner Wissenschaft erklären? Für mich gibt es nur eine, mit all unserem Wissen übereinstimmende Hypothese, selbst wenn es sich dabei um die am liebsten ignorierte Hypothese handelt: Irgendwie hat es einmal eine direkte Verbindung zu unserer Erde gegeben.“[133]

Zerplatzte Träume?

Dann kam ganz jäh die Ernüchterung. Die NASA und die europäische Weltraumagentur ESA veröffentlichten neue Aufnahmen der Sonden Mars Global Surveyor, Mars Express und Mars Odyssey, denen zufolge die gesamte Struktur natürlichen Ursprungs sein solle. Bei dem Mars-Gesicht handle es sich „lediglich um einen weiteren Tafelberg, eine Bergformation, die für jene Gegend des Roten Planeten typisch“ sei.[134] Einzig und allein durch einen bestimmten Stand der Sonne sei es zur Entstehung von „Schattentälern“ gekommen, die aus einem gewöhnlichen Gebirge ein Bauwerk einer unbekannten Hochzivilisation machten.

Bereits 1996 – womöglich noch ganz im Zeichen der sensationellen Entdeckungen von Lebensspuren im Mars-Meteoriten ALH84001 – hatte der damalige NASA-Chef Daniel Goldin angekündigt, die Sonde Mars Global Surveyor in einer stark elliptischen Umlaufbahn über die Cydonia-Region fliegen zu lassen. Man wollte dadurch mehr Klarheit gewinnen, was es mit diesem oninösen Mars-Gesicht auf sich hat. Das Resultat war eine herbe Enttäuschung für all jene, die von der Möglichkeit eines intelligenten Ursprungs überzeugt waren.

Die Untersuchungen durch die oben genannten drei Raumsonden sollen belegen, dass die mysteriöse Struktur nichts weiter ist als ein Inselberg, welcher der Erosion besser standgehalten habe als dessen Umgebung. Die Morphologie dieses „Restberges" wurde demnach durch einen Bergrutsch und eine sich dadurch ergebende Schutthalde mitbestimmt. Weiterhin wird vermutet, dass früher in Bewegung geratenes Gestein in späterer Zeit durch „Überflutungen" mit Lava überdeckt worden sein könnte.[135]

Bedeutet dies nun das Ende, das unabänderliche „Aus" für jene geheimnisvolle Struktur, die so viel Unruhe in den gesamten Wissenschaftsbetrieb zu bringen vermochte? Ist damit der wirklich verlockende Traum von einem durch möglicherweise außerirdischen Intelligenzen errichteten Monument auf dem Mars endgültig zerplatzt?

Wenn ich auch nicht mit letzter Sicherheit „pro" oder „contra" die Existenz technisch basierter Überreste in der Cydonia Region des Mars votieren kann, so möchte ich doch hier eine skeptische Stimme erheben. Skeptisch allerdings in einer etwas anderen Richtung. Sicher hat niemand daran gedacht, dass dieses Rätselobjekt zur Gänze künstlich errichtet worden sein könnte. Vielmehr wäre ein bereits bestehendes Inselgebirge „überprägt" worden. Sozusagen Mount Rushmore in größerem Stil: Weltbekannt ist die Gedenkstätte in den Black Hills von South Dakota, mit den Köpfen der US-Präsidenten George Washington, Thomas Jefferson, Abraham Lincoln und Theodore Roosevelt.[4] Das Mars-Gesicht wäre damit die Hinterlassenschaft einer hochentwickelten raumfahrenden Intelligenz, die weder vom Roten Planeten, noch aus unserem Sonnensystem stammte.[136]

Oder vielleicht doch vom Mars – und fiel sie einst einer apokalyptischen Katastrophe zum Opfer, die nicht nur ihren Planeten verwüstete?

Was mir hier nicht einleuchten will, ist die erwähnte Argumentation, dass einzig eine geänderte Umlaufbahn und andere Lichtverhältnisse zu den neuen Erkenntnissen geführt hätten.

Erinnern wir uns: Die beiden erwähnten Computer-Spezialisten Vincent diPietro und Gregory Molenaar konnten ja bereits auf zwei unterschiedliche NASA-Aufnahmen – 35A72 und 70A13 – aus dem Jahre 1976 zurückgreifen, die unter ganz verschiedenen Kamerawinkeln, Sonnenständen und Umlaufbahnen gemacht wurden. Und trotzdem völlig identische Ansichten erbrachten. Im Vergleich zu ihnen erscheinen die neueren Aufnahmen, denen zufolge nichts Künstliches an der Struktur sein soll, irgendwie „gesoftet" oder anderweitig verfremdet. Hand aufs Herz: Was kann man heutzutage nicht alles mit einer geeigneten Software auf einem Computer fabrizieren! Und die technischen Möglichkeiten werden buchstäblich von Tag zu Tag ausgefeilter, wie man an den aktuellen Entwicklungen auf dem Gebiet sogenannter „Fake-News" unschwer beobachten kann.[137]

Mein „Mars-Gesicht der Osterinsel"

Und was ist mit all den geometrisch-mathematischen Zusammenhängen, auf welche der Wissenschaftsjournalist Richard Hoagland gestoßen zu sein glaubte? Alles nur reine Spekulationen?[136] Speziell was die Strukturen in der Umgebung des Mars-Gesichts betrifft, kamen auch andere Forscher zu dem Schluss, dass „deren Entstehung mit natürlichen Prozessen schwerlich in Einklang zu bringen" sei.[138] So analysierten die Professoren Horace Krater vom Weltrauminstitut der Universität Tennessee und Stanley McDaniels von der Sonoma State University ein auffälliges Hügelfeld zwischen der „Stadt" und der „D&M-Pyramide". Sie kamen zu der Folgerung, dass „die Konfiguration der Hügel vernünftigerweise nicht als ein Resultat seltener geologischer Kräfte betrachtet werden kann."[139]

Wie dem auch sei: Mir kommen bei der ganzen Aktion ganz spontan wieder die warnenden Worte des NASA-Chefwissenschaftlers Jim Green in den Sinn, die dieser im Zusammenhang mit dem Mars-Meteoriten ALH84001 geäußert hatte. Green machte sich ernsthafte Sorgen, ob denn die Menschheit angemessen auf die Entdeckung von unumstößlichen Beweisen für intelligentes Leben außerhalb der Erde vorbereitet sei. Der Wissenschaftler war sich absolut sicher, dass dies definitiv nicht der Fall ist.[83]

Der folgende Exkurs ist als eine Art „Auflockerung" gedacht, bevor ich dieses Kapitel mit ein paar weiteren ungewöhnlichen Strukturen auf unserem Nachbarplaneten beschließe. Nicht versäumen möchte ich allerdings, vorauszuschicken, dass eventuelle Ähnlichkeiten nur rein zufällig sind.

Bereits dreimal war ich auf der Osterinsel, jenem abgelegenen Eiland mitten in der Südsee, knappe 4.000 Kilometer vor der südamerikanischen Westküste. Sie wurde weltweit berühmt wegen ihrer „Moai" genannten Statuen aus Vulkangestein, die genauso stumm wie fragend dreinblicken. „Wer hat uns warum geschaffen, wann und mit welchen Mitteln?"

Es war 1996, als ich dort zum ersten Mal über „mein" Mars-Gesicht der Osterinsel stolperte. Der Fundort ist kein Geheimnis. Gerade einen Steinwurf von der Landebahn des Airports, im Südwesten der Insel, befindet sich die „Inka-Mauer" von Vinapu. Ein eher deplaziert wirkendes, zyklopisches Mauerwerk, das mit seinen tonnenschweren und fugenlos aneinandergereihten Blöcken viel eher ins Hochland der Anden, unweit der alten peruanischen Inka-Hauptstadt Cuzco passen würde.

Nur ein paar Meter neben besagter „Inka-Mauer" liegt das irdische Pendant zum Mars-Gesicht. Eigentlich ist es eine kleinere Moai-Statue, die da halb vergraben im Boden steckt. Nur das Gesicht schaut aus der Grasnarbe hervor, den Blick zum Himmel gerichtet. Die Ähnlichkeit mit dem Antlitz auf den 1976 entstandenen Aufnahmen der Viking-Sonde ist jedoch schlichtweg verblüffend! Selbstverständlich ließ ich es mir nicht nehmen, „mein" Mars-Gesicht zu besuchen, wann immer ich auf Rapanui weilte, wie die Osterinsel von ihrer angestammten Bevölkerung genannt wird. Und im Gegensatz zu seinem „marsianischen" Vorbild hat sich hier fast gar nichts geändert. Nur ein einziger Unterschied fiel mir anlässlich meiner jüngsten Reise auf die Südseeinsel im November 2019 ins

Auge: Ein kleiner Ring aus Steinen, den man rund um das Relikt aus einer geheimnisvollen Vergangenheit errichtet hat. Dieser soll gedankenlose und unbelehrbare Touristen davon abhalten, auf ihm herumzutrampeln.

„Inka City“

Der aufmerksame Leser mag es schon ahnen: Aus einer Entfernung von mehreren hundert Millionen Kilometern, selbst mit noch so scharfen Bildern, die uns die Sonden aus dem Mars-Orbit ebenso wie die Rover am Boden zur Erde funken, werden wir die Rätsel des Roten Planeten sicher nicht aufklären. Und bis unsere ersten irdischen Astronauten ihren Fuß auf die geheimnisvolle Nachbarwelt gesetzt haben, werden wir mit all den kontroversen Diskussionen und unterschiedlichen Interpretationen leben müssen. Gleichzeitig täten wir gut daran, die eine oder andere seltsame Wahrnehmung nicht vorschnell ad acta zu legen. Oder in einem Anflug von Überheblichkeit ins Reich der Fabel zu verbannen.

Denn es gibt viel zu viele mysteriöse Dinge auf der Oberfläche des Mars, um sie allesamt und unisono zu ignorieren. Was sollen wir zum Beispiel von den pyramidenartigen Strukturen halten, die die Sonde Mariner 9 im Jahre 1972 in der Elysium-Region der östlichen Hemisphäre aufgenommen hat? Zwar war diese Sonde nur ein knappes Jahr aktiv, bevor sie aus technischen Gründen abgeschaltet wurde. Doch funkte sie in dieser verhältnismäßig kurzen Zeit, mit einer im Vergleich zu heute „primitiven“ Methode, unglaubliche 7.329 Bilder zur Erde.[54]

Die eben erwähnten aus der Landschaft Elysium sorgten damals für eine Menge Aufregung. Darauf waren Gebilde mit drei Kanten zu erkennen, die nach oben hin spitz zuliefen. Offenbar besitzen sie respektable Ausmaße. Mit einer Seitenlänge an der Basis von etwa 3.000 Metern und einer Höhe von bis zu 1.000 Metern stellen sie alles in den Schatten, was wir hier auf Erden an vergleichbaren Bauten kennen. Selbst der als außerordentlich kritisch bekannte amerikanische Astronom und SETI-Pionier Carl Sagan bezeichnete diese Strukturen in seiner eigenen TV-Serie „Kosmos“ und einem parallel dazu erschienenen Begleitbuch als „unerklärliche Gebilde“.[39]

Von derselben Mariner-Sonde stammen auch die Bilder auffallend gleichmäßiger, rechteckiger Strukturen, nicht weit von der Südpol-Region gelegen. Ein jedes dieser präzisen Rechtecke ist zwischen zweieinhalb und drei Meilen breit, also 4.000 bis 5.000 Meter. Man hat zehn bis zwölf von ihnen gezählt, und sie heben sich ungewöhnlich deutlich von der übrigen Landschaft ab. (s. Bildteil) Der Geologe John McCauley, der die Mariner-9-Mission wissenschaftlich begleitete, äußerte sich wie folgt über diese am 12. Februar 1972 entdeckten, seltsamen Strukturen: „Die Bergkämme sind durchgehend, und sie zeigen keine Brüche. Inmitten des umliegenden Flachlandes und kleiner Hügel ragen sie wie Mauern einer alten Ruine heraus.“

Geradezu fasziniert von den ruinenähnlichen Gebilden war der Geologe Dr. Harold Masursky vom U.S. Geological Survey Center. Seiner Meinung nach sind sie geometrisch derart präzise, dass man sie ohne weiteres als eine Hinterlassenschaft intelligenter Lebensformen interpretieren kann. Andererseits könnten sie auch eine äußerst ungewöhnliche geologische Struktur darstellen – in diesem Fall also natürlichen Ursprungs sein –, wobei man bedenken sollte, dass in der Natur 90-Grad-Winkel so gut wie nie vorkommen.

Dr. Jim Cutts, Astronom und Mitarbeiter des Viking-Projekts, und Dr. Larry Soderblom, ebenfalls vom U.S. Geological Survey, gaben dieser rechteckigen Formation 1977 den Namen „Inka City“ – wegen ihrer Ähnlichkeit mit Mauern aus der Zeit der Inkas in Südamerika. Dr. Cutts merkte dazu diplomatisch an:

„Viele geologische Formationen bergen einen launischen Charakter in sich, doch enthalten diese Figuren eine gewisse Ordnung. Wenn auf dem Mars tatsächlich Leben existiert, dann wäre es wahrscheinlich am ehesten in den Polargebieten des Planeten zu lokalisieren.“

Kreisrund, einmal mit Rampe

Und der bereits angeführte Dr. Masursky vom U.S. Geological Survey Center geht von einem sehr hohen Alter der rechteckigen Strukturen aus: „Wenn die 'Inka-Stadt' von Lebewesen errichtet wurde, dann würde ich sie in die vergangenen 200 Millionen Jahre daticren."[140]

Abschließend möchte ich noch zwei sehr ungewöhnliche, kreisrunde Formationen vorstellen, die im Schatten des Mars-Gesichtes und der Inka-Stadt ein wenig unterzugehen drohen. Wenige Kilometer südlich des „Cliffs" befindet sich ein seltsames, eingesäumtes Objekt, welches als „Tholus" bekannt geworden ist. Die Bezeichnung kommt aus dem Griechischen; es handelte sich dabei um Rundbauten mit einer meist flachen Abdeckung, wie man sie unter anderem in Delphi, Epidauros und Olympia fand.[4] Was bei dem Tholus auf dem Mars so ungewöhnlich erscheint, ist die Tatsache, dass sich bei diesem eine spiralförmige Rampe einem breiten Weg gleich von der Basis bis zur Spitze windet.

Das ungewöhnliche Gebilde scheint gleichfalls in einem geometrischen Verhältnis mit anderen Objekten des Cydonia-Komplexes zu stehen. Zieht man nämlich eine Linie entlang des „Cliffs" genau bis zur Spitze des Tholus, und eine zweite von diesem zurück zu einer der pyramidenähnlichen Strukturen auf dem Rand des dem „Cliff" benachbarten Kraters, so beträgt der Winkel der Spitze des dabei entstandenen Dreiecks exakt 19,5 Grad. Dies ist ein Wert, der immer wieder zwischen einzelnen Bodenstrukturen in diesem Teil der Cydonia-Region gemessen werden konnte.[141]

Erst Anfang des Jahres 2020 veröffentlichte die NASA Bilder einer außergewöhnlichen Kaverne, die bereits 2011 von dem noch immer aktiven Mars Reconnaissance Orbiter (MRO) gemacht worden sind. Darauf zu sehen ist eine exakt kreisrunde, gähnende Öffnung in der Mitte eines ebenso kreisrunden Kraters. Dies alles befindet sich an einem der Hänge des mit 14.000 Metern zweithöchsten

Marsvulkans Pavonis Mons in der Tharsis-Region. Was weiß man noch über diese Struktur?

Der Durchmesser des Kraters beträgt etwa 130 Meter, der der genau zentrisch darin liegenden Öffnung rund 30 Meter. Forscher des Lunar & Planetary Laboratory (LPL) der Universität Arizona vermuten in dem Loch den Eingang zu einem unterirdischen Hohlraum. Astrobiologen halten ihn für einen idealen Ort, um nach Spuren von Leben zu suchen. Andere Forscher wiederum sehen die rätselhafte Formation als geeigneten Siedlungsstandort für künftige bemannte Missionen zum Roten Planeten.[142]

Eines hoffentlich nicht mehr so fernen Tages dürfte auch dieser Menschheitstraum in Erfüllung gehen. Welche Überraschungen erwarten dann die Abgesandten des „blauen Planeten“ Erde? Werden künftige Raumfahrer auf dem Mars auch auf Spuren furchterregender Szenarien stoßen, die sich dort vor unglaublich langer Zeit abgespielt haben könnten?

8. Tödliche Nachbarschaft

Katastrophen im Sonnensystem

Am Mars-Gesicht scheiden sich noch immer die Geister, dies steht außer Frage. Und zwar nicht allein zwischen den beiden extremen Positionen, die sich entweder für einen natürlichen oder aber einen künstlichen Ursprung dieser seltsamen Struktur entschieden haben. Bei den Letztgenannten gibt es ebenfalls ein paar deutliche Unterschiede in der Auslegung. Da wären einmal jene, die das humanoid wirkende Gesicht einer aus den Tiefen des Weltraums gekommenen Spezies zuschreiben. Außerirdische hätten einst in unserem Sonnensystem – nicht nur – den Roten Planeten besucht, und dort möglicherweise Stützpunkte errichtet. Andere hingegen halten es für wahrscheinlicher, dass vor Millionen von Jahren eine hochentwickelte Zivilisation den Mars selbst bevölkerte. Doch eine Katastrophe von unvorstellbaren Ausmaßen hätte diese vernichtet, und den Planeten in seiner uns heute bekannten Form zurückgelassen.

In der einschlägigen Science-Fiction-Literatur wurden derartige Vorstellungen immer wieder nur allzu gerne aufgegriffen. Zu Beginn des sechsten Kapitels bin ich ja kurz auf ein solches Szenario eingegangen, welches mehreren Ausgaben einer in den 1950er und 1960er Jahren sehr erfolgreichen deutschen Comic-Serie ein gerütteltes Maß an Spannung verlieh. Ich gebe es ja zu: Ich habe sie auch gerne gelesen.

Ist das Thema einer untergegangenen Marszivilisation also nichts als eine phantastische Idee einiger Science-Fiction-Fans, oder gibt es tatsächlich ernstzunehmende Hinweise auf ein derartiges Geschehen?

Der wissenschaftliche „Mainstream" winkt natürlich auf der Stelle entrüstet ab, wird Überlegungen wie diese ohne viel Aufhebens ins Reich der Fabel verweisen und als unseriöses Gewäsch abtun. Ich befürchte allerdings, dass es diesmal nicht so einfach sein wird. Denn nicht aus dem Genre utopischer Romane und Bildgeschichten kamen in jüngster Zeit spektakuläre Indizien dafür, dass der Mars einst die Heimat einer technisch basierten Hochzivilisation gewesen ist. Mit einem Klima ähnlich dem der Erde, mit einem oder mehreren Ozeanen und zahlreichen Flüssen – dies wird nach den vielen Sonden und Erkundungsfahrzeugen, die seit ein paar Jahrzehnten unsere Nachbarwelt erkunden, ohnehin nicht mehr in Frage gestellt.

Halbwertszeit: 15,7 Millionen Jahre

Für eine sehr lange Zeit soll der Rote Planet Heimat zahlreicher Pflanzen- und Tierarten, wie auch einer humanoiden Zivilisation gewesen sein. Doch mit einem Schlag endete diese Lebensfülle. Ursache soll eine thermonukleare Katastrophe globalen Ausmaßes gewesen sein, die den Planeten vollkommen verwüstet und dessen Biosphäre zerstört habe. Wie bereits angemerkt, kommen solche Betrachtungen nicht aus der Science Fiction. Sondern vor allem von Vertretern der sogenannten „exakten" Naturwissenschaften. Genauer gesagt, aus der Physik.

John E. Brandenburg ist Plasmaphysiker. Der spezielle Teilbereich der Physik befasst sich mit der Erforschung der Eigenschaften ionisierter Gase und deren Anwendungsmöglichkeiten. Zudem gilt das Plasma – neben fest, flüssig und gasförmig – als „vierter Aggregatzustand der Materie".

Von Ionisation spricht man, wenn die Atome und Moleküle eine elektrische Ladung besitzen. Verfügen sie über mehr Elektronen als im Normalzustand, sind sie negativ geladen. Haben sie hingegen weniger Elektronen, so ist ihre Ladung positiv.[143] Im Verlaufe seiner Arbeit befasste sich Brandenburg mit nuklearen Isotopen – ich verweise an dieser Stelle auf den Anhang dieses Buches mit einer Reihe von Begriffserklärungen –, mit denen es beispielsweise möglich ist, den Ursprung von Meteoriten zu bestimmen. Hierbei fällt den Elementen Sauerstoff und Xenon eine grundlegende Bedeutung zu. Das letztere, zu der Gruppe der Edelgase zählende Element, ist in der irdischen Atmosphäre mit nur 0,000008 Volumenprozenten vertreten.[4] Auf dem Mars kommt es allerdings in einer wesentlich höheren Konzentration vor. Und zwar in Form des Isotops Xenon-129.

Besagtes Isotop Xenon-129 soll das Zerfallsprodukt von Jod-129 sein, welches mit einer Halbwertszeit von 15,7 Millionen Jahren das langlebigste aller Isotope des chemischen Elementes Jod ist. Neben Xenon-129 enthält die derzeitige Atmosphäre des Mars auch große Mengen Argon-40. Durch die Dominanz dieser beiden Isotope war es übrigens auch möglich, als Herkunftsort der sogenannten SNC-Meteoriten – was diese Abkürzung bedeutet, habe ich im Zusammenhang mit dem Meteoriten ALH84001 schon an früherer Stelle erklärt – eindeutig den Mars zu bestimmen.

Auch auf einem weiteren Planeten unseres Sonnensystems kommt das Isotop Xenon-129 in verhältnismäßig großen Mengen vor. Und zwar auf der Erde – doch dies erst seit den 1950er Jahren. Konfrontiert mit dieser Erkenntnis, vermutete John Brandenburg im ersten Moment, dass der auffallend hohe Anteil an Xenon-129 auf die zahlreichen seit jener Zeit weltweit ans Netz gegangenen Atomkraftwerke zurückzuführen sei. Den Anfang machte damals ein Kernkraftwerk, das im Juni 1954 nahe Moskau in Betrieb ging, darauf folgte im Oktober 1956 das noch immer existierende Calder Hall in England.[4]

Bald entdeckte der Plasmaphysiker jedoch, dass die mittlerweile arg in Verruf geratenen Atommeiler nur eine sehr geringe Menge an Xenon-129 erzeugen. Als logische Folge ergab sich daraus, dass dieses Isotop vielmehr durch die Tests mit atomaren Massenvernichtungswaffen freigesetzt wurde.[144] In jenen Jahren ließen bekanntlich die militärischen Großmächte – die Vereinigten Staaten und die Sowjetunion, Frankreich und Großbritannien sowie die erst 1964 dem „Club der Atommächte“ beigetretene Volksrepublik China – ihre Kernwaffen ohne Skrupel und Rücksicht auf die Menschen in der Atmosphäre detonieren. Große Gebiete östlich des Ural, in der Wüste Gobi oder in den Weiten des Pazifik sind noch auf Jahrtausende hinaus mit einer tödlichen Strahlendosis verseucht. Und die Erdatmosphäre weist seit diesen Versuchen einen extremen Überschuss an Xenon-129 auf, welcher mit den bekannten Vorgängen in der Natur nicht in Einklang zu bringen ist.[144]

Der Tod regnete vom Himmel

Zurück zum Mars. Die Folgerungen, die Plasmaphysiker John E. Brandenburg aus all diesen Erkenntnissen zog, sind schlichtweg schockierend! Er kam nämlich zu dem Schluss, dass auf unserem Nachbarn im Sonnensystem einstmals eine gewaltige Kernspaltung stattgefunden hatte, die – wie bei irdischen Atomexplosionen – zu einer plötzlichen Energiefreigabe geführt hätte. Allerdings mit einer Zerstörungskraft, die alles Vergleichbare aus irdischen Waffenarsenalen wirken lässt wie ein altes Luntenschloßgewehr aus dem Jahr 1600 gegen eine moderne Maschinenpistole.

Das Vorkommen eines anderen Edelgases auf dem Mars, des auf unserer Erde ebenfalls sehr seltenen Kryptons – von diesem kennen die Chemiker insgesamt 24 Isotope, von denen jedoch nur sechs natürlich vorkommen und als stabil gelten[4] – spricht gleichsam für die Überlegungen des Plasmaphysikers. Bei einigen der vom Mars stammenden Meteoriten wurde ein extremer Überschuss eines Krypton-Isotops mit der Ladungszahl 80 gefunden. Was im Grunde nur dadurch erklärt werden könnte, dass das Gestein einer sehr starken Neutronenbestrahlung ausgesetzt war, bevor der spätere Mars-Meteorit durch den Aufprall eines anderen Projektils über die Anziehungsgrenze ins Weltall geschleudert wurde und den Weg zu uns fand..

Man kann nur ansatzweise versuchen sich vorzustellen, welch ein Kataklysmus einst auf dem Mars vor sich ging. Nach dieser Explosion – es können ebenso gut mehrere, über den ganzen Planeten verteilte, apokalyptische Detonationen gewesen sein – regneten unvorstellbare Mengen radioaktiver Stoffe auf die Oberfläche herab. Der Tod stieg leibhaftig vom Himmel. Unmittelbar zuvor hatte es noch eine Kettenreaktion in der Lufthülle gegeben, welche das Ende allen organischen Lebens einläutete. Tatsächlich können verschiedene Einflüsse die Atmosphäre eines Planeten geradezu „zerfressen". Besonders dann, wenn er kein allzu starkes Magnetfeld besitzt, wie dies beim Mars der Fall ist.[144]

Brandenburg, der an der Southern Oregon University in Ashland Physik studiert sowie an der University of California einen Doktor in theoretischer Plasmaphysik erworben hat[145], fand jedoch noch mehr heraus. Die Oberfläche des Mars enthält große Mengen Uran, Thorium und radioaktives Kalium – drei sehr stark strahlende Elemente. Thorium-232 besitzt in unserer Atomtechnologie eine wichtige Bedeutung, da sich aus ihm durch Einfangen thermischer Neutronen das spaltbare Uran-233 bildet.[4] Im Vergleich zur Oberfläche des Mars besitzen die von dort stammenden Meteoriten deutlich weniger der genannten drei radioaktiven Stoffe. Denn sie lagen geschützt im Untergrund; erst beim Aufprall eines in flacher Bahn auftreffenden Projektils wurden sie hinaus ins Weltall geschleudert. Brandenburg schloss daraus, dass der Mars von einer dünnen Oberflächenschicht aus radioaktiv stark strahlendem Material bedeckt war.

Als einzig mögliche Ursache sieht er Kernexplosionen unglaublicher Intensität, die lokale Niederschläge von Neutronen sowie radioaktiv verseuchtem Trümmermaterial auf dem gesamten Planeten erzeugten. Was auch durch Strahlungskarten bestätigt wurde, welche zwei Zentren besonders hoher Radioaktivität ausweisen. Das eine liegt in der Nähe von Cydonia, das zweite hingegen unweit der Utopia-Region.[144]

Letztere ist ein Gebiet in der nordöstlichen Mars-Hemisphäre, das der Cydonia-Region fast genau diametral gegenüberliegt. Auch dort wurden, nebenbei bemerkt, ein paar mysteriöse Strukturen ausgemacht. Und zwar zwei weitere „Mars-Gesichter" wie auch „Straßen", die mit einer Art „Leitschienen" versehen sind. Bei Letzteren handelt es sich um teilweise kerzengerade verlaufende, strichartige Erhebungen der Marsoberfläche, welche in regelmäßigen Abständen mit „Noppen“ versehen sein sollen. Nicht wenige sehen darin „unnatürliche Gebilde“, für die nur sehr schwer eine Erklärung zu finden sei.[133]

Faunenschnitte

Doch zurück zu dem hypothetischen, alles zerstörenden nuklearen Massaker, welches laut John E. Brandenburg die Ursache der Vernichtung einer vor Millionen von Jahren blühenden Zivilisation auf dem Mars war. Er vermutet eine Kettenreaktion und Detonationen in der dadurch vernichteten Lufthülle, also weit über dem Boden, da in den zwei Zentren der hohen Radioaktivität keine Krater zu erkennen seien. Die hierbei freigesetzte Energie bezifferte er auf etwa eine Milliarde Megatonnen – eine Megatonne alleine beträgt bereits eine Million Tonnen – Sprengstoff.[144]

Zum Vergleich: Die USA testeten am 1. März 1954 auf dem Bikini-Atoll, im Norden der Marshall-Inseln, ihre erste Wasserstoffbombe. Die gesamte Region ist seither auf Jahrtausende strahlenverseucht. Die neu entwickelte Bombe verfügte über eine Sprengkraft von 15 Megatonnen; damit war sie um vieles stärker als die beiden am 6. und 8. August 1945 über Hiroshima und Nagasaki abgeworfenen Uran-Bomben.[4]

Die Energiefreisetzung von einer Milliarde Megatonnen aber ist eine für uns schier unvorstellbare Größe. Sie würde in eine den gesamten Planeten in Mitleidenschaft ziehende Katastrophe führen. Nicht nur das: Sie würde sämtliches organische Leben auf dem Mars auslöschen.[144] Ob nun dieser atomare Holocaust von einer Zivilisation auf dem Mars selbst verursacht wurde, oder im Verlauf einer kriegerischen Konfrontation von irgendwelchen fremden Aggressoren aus den Tiefen des Alls, wie John E. Brandenburg vermutet, besitzt in dieser Diskussion ohnehin nur einen höchst marginalen Charakter.

Als mögliches Datum einer solchen Atomkatastrophe gibt der Plasmaphysiker eine Zeit vor etwa 200 Millionen Jahren an. Und spekuliert außerdem, dass dies ziemlich genau mit einem globalen

Tiersterben im Perm-Zeitalter, am Ende des Paläozoikums, übereinstimmt. Zu der besagten Zeit soll ein großer Teil auf der Erde lebender Spezies verschwunden sein. Waren im späten Erdaltertum bei den Wirbeltieren noch die Amphibien vorherrschend, begann im daran anschließenden Erdmittelalter der unaufhaltsame Siegeszug der Reptilien, der in der Dominanz riesiger Saurier auf dem festen Land, im Wasser und in den Lüften gipfelte.

Sogenannte Faunenschnitte ereigneten sich wiederholte Male im Laufe der Erdgeschichte. Am bekanntesten dürfte mit Abstand jener sein, welcher mit einem verheerenden Meteoriteneinschlag am Ende der Kreidezeit einherging, und mit dem Aussterben der Dinosaurier endete. Erst dann vermochte sich die Klasse der Säugetiere zu etablieren, die vor etwa 100 Millionen Jahren zwar mindestens schon 29 Linien umfasste, aber in Form von unscheinbaren Nagetieren ihr kümmerliches Dasein im Schatten der Dinos fristete. Anders als bisher vermutet, waren die ersten höheren Säugetiere doch keine Zeitgenossen der Monsterreptilien. Nach neuesten Erkenntnissen entstanden sie erst nach der Katastrophe, welche vor 65 Millionen Jahren die „Schreckensechsen" – dies ist die wörtliche Übersetzung des Begriffs Dinosaurier – vom Angesicht unseres Planeten tilgte.[146]

Eine ganze Tierwelt verschwindet

Ein fast noch spannenderer Vorfall dieser Art, der sich wie die anderen in einer geologisch gesehen sehr kurzen Zeitspanne ereignete (man spricht hier von nur einigen 10.000 bis zu höchstens 100.000 Jahren) vollzog sich in noch weit früherer Zeit. Es war vor etwa 580 Millionen Jahren, an der Grenze vom Prä-Kambrium zum Kambrium. Bis dahin hatte es nur ein- oder vielzellige und vor allem wirbellose Weichtiere gegeben, deren höchste Entwicklungsstufe noch am ehesten mit Quallen zu vergleichen ist. Man gab dieser Tiergemeinschaft den Namen „Ediacara-Fauna". Fossilien dieser merkwürdigen Organismen konnten erstmals in 680 Millionen Jahre alten, quarzhaltigen Sandsteinen aus Australien nachgewiesen werden, später in etwa ebenso alten Gesteinen in England und Sibirien. Diese „Ediacara-Fauna“ war somit über eine relativ lange Zeit, für 100 Millionen Jahre, erstaunlich stabil.[147]

Doch auf einen Schlag, mit dem Beginn des Kambriums, schien die komplette Tierwelt der Erde wie ausgetauscht! Die beschriebene Fauna war mit einem Mal vollständig verschwunden, von unserem Planeten getilgt wie etwa 500 Millionen Jahre später das Geschlecht der Dinosaurier. Und ebenso unvermittelt waren alle wichtigen Tierstämme – natürlich mit Ausnahme der Wirbeltiere, die erst 60 bis 80 Millionen Jahre danach auf der Bühne des Lebens erschienen – vertreten.

Allerdings gibt es keine Hinweise, wie es zu dieser unvermittelten Explosion des Lebens kam. Denn eine stetige Evolution lassen die Fossilien nicht erkennen. Sofort mit Beginn des Kambriums wimmelte es in den Meeren mit einem Schlag geradezu von Weichtieren, Korallen, Würmern, Schwämmen, Hohltieren und vor allem Gliederfüßlern – den für dieses Erdzeitalter so typischen Trilobiten. Dies waren Urkrebse, deren Körper von einem dreigelappten Rückenpanzer bedeckt war. Woher kamen all diese Tiere, und warum so plötzlich? Geradezu wie „aus dem Nichts“, denn man fand keinerlei Hinweise auf eine Entwicklung aus den vorher existierenden Stämmen.

Was geschah damals, vor 580 Millionen Jahren, auf der Erde? Jene Ediacara-Wesen können mit ihrem vollkommen unterschiedlichen Körperbauplan unmöglich die Vorfahren der Spezies aus dem Kambrium sein. Aus diesem Grunde nannte der Tübinger Professor für Paläontologie Adolf Seilacher diese so komplett verschwundene Fauna „ein Experiment der Evolution, das schiefgegangen ist“. Und er brachte – wohl eher unbeabsichtigt – einen weiteren Aspekt in die ganze mysteriöse Angelegenheit ein: „Das Konstruktionsprinzip dieser Ediacara-Wesen ist so wenig vergleichbar mit den Bauprinzipien aller späteren und heutigen Vielzeller, so dass sie eigentlich viel eher die Lebensform darstellen könnten, die wir immer auf irgendwelchen Planeten im All vermuten.“[148]

Sollten künftige, bemannte Mars-Missionen ähnliche versteinerte Organismen auch auf dem Roten Planeten aufstöbern? Vielleicht stellte die Ediacara-Fauna die eigentlich „eingeborene" Lebensform auf der Erde dar. Ihre Entwicklung führte jedoch in eine Sackgasse und wurde zu Beginn des kambrischen Zeitalters durch das gezielte Einsetzen neuer und völlig unterschiedlicher Tierstämme abrupt beendet.[149]

Was mich nun auf direktem Wege wieder zu der Annahme von John Brandenburg zurückführt, der das massenhafte Aussterben zahlreicher irdischer Spezies am Ende des Perm-Zeitalters mit einer globalen, nuklearen Vernichtung auf dem Mars verbindet.[144] Ich persönlich bin den spannenden Schlussfolgerungen dieses Physikers, die er aus den dort aufgefundenen, radioaktiven Elementen zieht, nicht abgeneigt. Alles macht auf mich einen durchaus schlüssigen Eindruck, lässt es sich doch zusätzlich mit jenen empirischen Erkenntnissen unterlegen, die wir bei Atomwaffentests auf der Erde gewonnen haben.

Einer fehlt!

Doch was sowohl das Artensterben am Ende des Perm-Zeitalters als auch das vollständige Verschwinden der Ediacara-Fauna angeht, kann ich mir ungleich besser ein Eingreifen außerirdischer Intelligenzen in die Evolution des irdischen Lebens vorstellen. Meine Vorstellungskraft reicht sogar noch dazu aus, den Meteoritenimpakt vor 65 Millionen Jahren als ein wenn auch perfides „Instrument" einer evolutionären Steuerung anzusehen. Voller Absicht in Gang gesetzt, um die Entwicklung der Säugetiere nicht länger von einer Vorherrschaft rammdösiger Fleischberge behindern zu lassen. Unser Planet als biologisches Großlabor einer unglaublich hoch entwickelten, fremden Zivilisation. Oder etwas griffiger, ein „Experiment Erde", das schon vor Millionen, wenn nicht gar vor Milliarden Jahren begann.[150]

Aber möglicherweise steht die Vernichtung einer einst existierenden Marszivilisation im Zusammenhang mit einer weiteren, noch gewaltigeren Katastrophe, die sich im unmittelbaren Umfeld des Roten Planeten abgespielt haben könnte.

Zwischen dem Mars und dem riesigen Gasplaneten Jupiter gibt es eine große Lücke, die eigentlich keine ist. Denn dort kreisen Hunderttausende sogenannter „Asteroiden“ – bis zum Februar des Jahres 2018 wurden bereits 755.017 davon registriert[151] – um unsere Sonne. Die Erkenntnis, dass da draußen mehr ist als nur eine große Leere zwischen dem vierten und fünften Planeten, ist noch um einiges älter als die Entdeckung dieser „sternenartigen“ Körper, wie die Übersetzung ihrer Bezeichnung lautet. Im Jahre 1766 fiel dem deutschen Naturwissenschaftler Johann Daniel Titius (1729–1796) eine mathematische Gesetzmäßigkeit in den Distanzen der einzelnen Planeten zur Sonne auf.

Sechs Jahre später, 1772, hatte der Astronom Johann E. Bode (1747–1826) die Angaben genau untersucht, für richtig befunden und das Ganze publik gemacht. Es ist seither als „Titius-Bode-Reihe“ bekannt.

Das auch als „Titius-Bode-Gesetz“ bekannte Prinzip will ich kurz erklären. Nehmen wir nun die nachfolgende Zahlenreihe als Ausgangspunkt:

- 0, 3, 6, 12, 24, 48 und 96.

Mit Ausnahme der ersten beiden Zahlen ist jede doppelt so groß wie die vorhergehende. Addieren wir als nächstes zu jeder der Zahlen nun eine 4 hinzu, erhalten wir die Zahlenreihe:

- 4, 7, 10, 16, 28, 52 und 100.

Nehmen wir jetzt die Entfernung der Erde zur Sonne mit 10 an – die dritte Zahl der Reihe steht für den dritten Planeten des Sonnensystems – so bestimmen die restlichen Zahlen mit verblüffender Genauigkeit die Entfernungen aller anderen Planeten zu unserem Zentralgestirn.

Die inneren Planeten Merkur und Venus befinden sich auf der 4 beziehungsweise der 7, der Mars auf 15 (dies ist nahe der 16 gemäß der Titius-Bode-Reihe). Jupiter liegt genau auf 52, sowie Saturn auf 95, was nicht weit von 100 entfernt ist. Was jedoch ist mit der 28 in der Zahlenreihe, die zwischen Mars und Jupiter liegt? Dort fand sich kein Planet.[126] Oder etwas banaler ausgedrückt: Einer fehlt!

Die auffällige Lücke innerhalb des Titius-Bode'schen Abstandsgesetzes widersprach jeglicher Logik. Und sie spornte in den nachfolgenden Jahren zahllose Astronomen an, fieberhaft nach dem offenbar verschollenen, fünften Planeten zu suchen.

Die Lücke füllt sich

Einer der Himmelsbeobachter, die nach dem fehlenden Planeten Ausschau hielten, war der italienische Mathematiker und Astronom Giuseppe Piazzi (1746–1826), Direktor der Sternwarten in Palermo und Neapel. In der Nacht des 1. Januar 1801 saß der Sizilianer, wie schon so oft, hinter seinem Fernrohr. Er hatte eigentlich vor, an einem neuen Sternenkatalog weiterzuarbeiten, als sich urplötzlich ein kleines Objekt in sein Blickfeld schob, das er noch nie zuvor gesichtet hatte. Piazzi gab dem Himmelskörper den Namen „Ceres Ferdinandae“ – nach der römischen Göttin Ceres, der Schutzpatronin Siziliens und nach König Ferdinand IV. (1751–1825) von Neapel und Sizilien. Das Objekt verlor er aber bald wieder aus dem Gesichtsfeld. Zum Glück hatte Piazzi über seine Sichtung berichtet, und andere Astronomen machten sich auf die Suche nach dem Himmelsobjekt.

Das ließ sich genau 364 Tage danach erneut blicken. Denn in der Silvesternacht 1801 stieß der deutsche Astronom Heinrich Wilhelm Olbers (1758–1840) wieder auf den kleinen Wandelstern. Heute heißt der Asteroid Ceres und gilt mit einem Durchmesser von knapp 1.000 Kilometern als größter von ihnen. In derselben Silvesternacht entdeckte Heinrich Olbers noch einen weiteren, hellen Punkt – den mit 560 Kilometern zweitgrößten Asteroiden Pallas. Es folgten immer weitere „Brocken“, die die anfängliche Lücke schließlich füllten.[126,151]

Für Olbers konnte es nur einen einzigen Grund geben, warum er genau dort, wo Titius und Bode einen Planeten vorausgesagt hatten, auf die zwei Planetoiden gestoßen war. An dieser Stelle musste tatsächlich einmal ein richtiger Planet seine Bahn um die Sonne gezogen haben, der aus unerfindlichen Gründen zerstört wurde. Diese Meinung vertritt heutzutage allerdings nur noch eine kleine Fraktion von Astrophysikern, obwohl eigentlich viel mehr für diese Möglichkeit spricht. Sie gaben ihm auch einen Namen: „Phaethon" („der Leuchtende").

In der griechischen Mythologie war Phaethon ein Sohn des Sonnengottes Helios. Als er einmal für einen Tag den Sonnenwagen seines Vaters lenken durfte, kam er aus Unachtsamkeit der Erde zu nahe und verursachte dabei einen gewaltigen Brand. Hierauf schleuderte Göttervater Zeus ihn mit einem Blitz vom Wagen, und Phaethon stürzte in den Fluss Eridanos.[32]

Ein Planet oder kein Planet?

Ist dieser Mythos um den glücklosen Sohn des Gottes Helios womöglich die letzte, blasse Erinnerung an ein apokalyptisches Ereignis, eine kosmische Katastrophe in unserem Sonnensystem? Und künden neben dieser uralten Göttersage auch höchst materielle Relikte davon: In Form der mehr als 750.000 Steinbrocken unterschiedlichster Größen, die zwischen Mars und Jupiter ihre Bahn um die Sonne ziehen?

In den 1950er bis 1970er Jahren war die Vorstellung, „Phaethon" sei der wahre fünfte Planet unseres Systems gewesen, in der wissenschaftlichen Welt weit verbreitet. Vor allem in der damaligen Sowjetunion, die sich zu jener Zeit ungewöhnlichen Theorien gegenüber erstaunlich aufgeschlossen zeigte. Und auch in westlichen Kreisen war dieser Gedanke durchaus salonfähig. Er wurde meist gleichberechtigt mit einer anderen Annahme publiziert, wie der Blick in ein 1970 erschienenes, populärwissenschaftliches Werk der Astronomie verrät: „Die Entstehung der Planetoiden ist ungeklärt.

Entweder stellen sie nach der Entstehung der Planeten zurückgebliebene Bruchstücke dar – das heißt Materie, die sich wegen des zerstörenden Einflusses von Jupiter niemals zu einem großen Körper vereinigen konnte, oder sie sind Überreste eines oder mehrerer früherer Planeten, die in fernster Vergangenheit durch irgend einen verhängnisvollen Vorgang auseinandergerissen wurden."[152]

Was es mit jenem „verhängnisvollen Vorgang" auf sich gehabt haben könnte, fassten sowjetische Wissenschaftler und Publizisten vor mehr als 50 Jahren zusammen. Vor langer Zeit habe ein Planet ähnlich unserer Erde existiert, der hinter der Bahn des Mars um unsere Sonne kreiste. Er war bevölkert mit einer hochentwickelten Zivilisation, die bereits vor Hunderttausenden von Jahren über ein riesiges Arsenal atomarer Massenvernichtungswaffen verfügte. Die missbräuchliche Verwendung dieser Waffen oder auch nur ein simpler „Unglücksfall" führten zur vollständigen Zerstörung des Planeten. Nur seine traurigen Reste kreisen noch immer unverdrossen um die Sonne.[126]

Die meisten Astronomen und Astrophysiker unserer Tage lehnen solche Vorstellungen zumeist rundherum ab. Bei den Steinbrocken soll es sich stattdessen um Materie handeln, die sich erst noch zu einem Planeten vereinigen sollte. Doch die Anziehungskraft des riesigen Nachbarn Jupiter habe die Bildung des neuen Planeten verhindert. Diese Annahme besitzt allerdings einen unübersehbaren Schwachpunkt. Wenn die Gravitationskräfte des Gasriesen so stark wirkten, würde der Asteroidengürtel schlicht und einfach nicht existieren. Jupiter hätte all diese herumfliegenden Gesteinsbrocken angezogen und seiner Masse einverleibt.[151]

Eine andere, gern geäußerte Argumentation beruft sich auf den Umstand, dass die gesamte Masse aller dieser Asteroiden viel zu gering sei, um von einem ehemals vorhandenen Planeten zu stammen. Und hier hat sich der nächste kapitale Denkfehler eingeschlichen, den ich mithilfe eines hoffentlich nie eintretenden Szenarios auflösen möchte.

Was wären die Folgen, wenn unsere gute alte Erde uns eines Tages buchstäblich „um die Ohren fliegen“ würde? Jeder Schüler weiß, dass mit 71 Prozent etwas mehr als zwei Drittel der Erdoberfläche von Meeren und anderen Gewässern bedeckt sind. Dieses ganze Wasser würde sich, zusammen mit der Lufthülle, sofort im weiten Weltraum verflüchtigen. Große Stücke des Festlandsockels würden ebenfalls hinausgeschleudert, und zum Teil in andere Planeten oder in die Sonne einschlagen. Wieder andere könnten überhaupt das Sonnensystem verlassen, und sich dann auf eine viele Millionen Jahre währende Odyssee im Weltall begeben.

Zu viel Energie

Das Innere der Erde mit seinen magmatischen, sprich glutflüssigen Anteilen würde sich ebenfalls in Gasform verflüchtigen. Letztendlich würde auch eine Anzahl von Brocken übrigbleiben und durch die Einflüsse verschiedener Gravitationsfelder einen Asteroidengürtel erzeugen, wie wir ihn bereits aus dem Bereich zwischen Mars und Jupiter kennen.[151] Und falls die Menschheit bis zu jenem Szenario, das die Götter bitteschön verhüten mögen, nicht interstellare Raumfahrt beherrschen, wäre der Homo sapiens nichts als eine kurze, unbedeutende Episode in Zeit und Raum.

Würde es dann, in einer fernen Zukunft, wieder Streit um die Entstehung eines Asteroidengürtels geben, hätte eine Fraktion von Skeptikern sicher dieselben Argumente zur Hand wie im Fall des (hypothetischen) Planeten „Phaethon“. Denn aufgrund der geringen noch vorhandenen Masse des von der Erde gebildeten Gürtels ließe sich ebenso wenig ableiten, dass sich dort einstmals der wunderbare „blaue Planet“ mit allem, was auf diesem kreuchte und fleuchte, befunden hatte.

Zu den fachkundigen Experten, die für wahrscheinlich erachteten, dass sich der Asteroidengürtel aus einem vollständig zerstörten Planeten bildete, zählte auch Professor Dr. Harry O. Ruppe (1929–2016). Er bekleidete jahrelang einen Lehrstuhl für Raumfahrttechnik an der Technischen Hochschule in München. Vor dieser Zeit zählte er zu den engen Mitarbeitern von Wernher v. Braun bei der NASA.[153] Professor Ruppe glaubte, „dieser Planet könnte sogar ziemlich groß gewesen sein, falls bei seiner Zerstörung der Hauptteil seiner Materie aus dem Sonnensystem herausgeschleudert wurde".[154]

Es gibt indes noch mehr Gründe, die für die Explosion eines Planeten in der Nachbarschaft des Mars sprechen. Der Asteroidengürtel besitzt nämlich zu viel eigene Energie. Bestünde er, wie meist vermutet wird, nur aus mineralischen Zusammenballungen, die sich im Verlauf von Milliarden von Jahren selbst aus kosmischem Staub bildeten, oder wären es „eingefangene" Meteoriten von außerhalb unseres Sonnensystems, würden sich die mehr als 750.000 Objekte auf anderen Umlaufbahnen bewegen. Auch wäre ihre Bewegung viel träger – und da ist ja auch noch Nachbar Jupiter, der sie längst „geschluckt" hätte. Aus diesem Grund stützt auch die ungewöhnlich hohe Eigenenergie der zahlreichen Asteroiden die Hypothese einer Planetenexplosion.[155]

Bereits in den 1960er Jahren hielten sowjetische Forscher seltsame, glasartige Meteoriten, die „Tektite" (aus dem grch. tektos, „geschmolzen") für Hinweise auf einen durch atomare Einwirkung vernichteten Planeten. Sie wiesen darauf hin, dass sich auf der Erde nach Atomtests stellenweise glasartige Schlacken gebildet hätten, die den zumeist in den Wüstenregionen gefundenen „Glasmeteoriten" sehr ähnlich waren.[126] In einer Reihe von Tektiten, die man im Libanon gefunden hatte, wurden sogar radioaktive Aluminium-Isotope entdeckt.[97]

Ein seltsamer Kalender

Ungleich härter als das Glas der geheimnisträchtigen Tektiten sind die begehrten Kristalle aus Kohlenstoff, welche mit dem Härtegrad 10 die bekannte Skala nach oben abschließen, welche der deutsche Mineraloge Friedrich Mohs (1773–1839) aufgestellt hat.[4] Die Rede ist von Diamanten. Und so unwahrscheinlich es auch im ersten Augenblick klingen mag, könnten Diamanten durchaus dazu beitragen, die Existenz eines explodierten Planeten in unserem Sonnensystem nachzuweisen.

Am 6. Oktober 2008 stürzte ein kleines Trümmerstück aus dem Asteroidengürtel in der nubischen Wüste im Norden des Sudan zu Boden. Spezialisten suchten im Auftrag der NASA nach dem himmlischen Objekt und wurden auch fündig. Sie bargen ungefähr 300 kleine Steinchen, die Ureilit enthielten, ein in zahlreichen Meteoriten vorkommendes Material. In dem Ureilit wiederum steckten winzige Diamantensplitter. Dieselben konnten jedoch nur bei einem ungeheuer hohen Druck entstanden sein. Genau gesagt, unter dem 200.000fachen Luftdruck der Erde. Solche Druckverhältnisse aber wirken nur tief im Inneren eines Planeten.[151] Es ist allerdings kaum vorstellbar, dass dies in einzelnen, im Raum fliegenden Brocken geschah, die sich erst zu einem Planeten vereinigen sollten, doch dies nie taten.

Vom Mars wissen wir, dass er sich in die Mythen und Überlieferungen der Menschheit regelrecht „eingebrannt" hat. Dasselbe gilt vielleicht auch für den eigentlich fünften Planeten unseres Sonnensystems. Der legte eine ganz heiße Spur in einer der Hochkulturen unserer Erde: Bei den Mayas in Zentralamerika. Seltsamerweise hatten die zwei Kalendersysteme in Gebrauch – einen „irdischen" mit 365 Tagen, dem bereits damals alle vier Jahre ein Schalttag angehängt werden musste. Der hieß in der Sprache der schlauen Indianerkultur „Haab". Gleichzeitig jedoch gab es noch einen Ritual – oder Götterkalender, das „Tzolkin", welches nur über 260 Tage verfügte. Und aus der Kombination der beiden Kalender offenbart sich schier Unglaubliches!

Aus der Mathematik kennen wir alle den Begriff des kleinsten, gemeinsamen Vielfachen. Stellen wir uns die zwei Kalendersysteme der Mayas der Einfachheit halber einmal als ineinandergreifende Zahnräder vor – eines mit 365, das andere mit 260 „Zähnen" – ,dann muss sich das größere Rad genau 52 mal drehen, das kleinere hingegen 73 mal, um wieder ihren gemeinsamen Anfangspunkt zu erreichen. Oder anders ausgedrückt: 52 „irdische“ Jahre wären das Äquivalent zu 73 Jahren des Ritual- respektive Götterkalenders. Nun multiplizieren wir jeweils die Zahl der notwendigen Umdrehungen mit der Anzahl der Tage des Kalenders, und wir erhalten als Resultat unser kleinstes, gemeinsames Vielfaches.

Schicksalsgemeinschaft?

Der gewonnene Wert lautet 18.980 Tage. Nach dieser Zeitspanne wären beide Systeme wieder synchron und an ihrem anfänglichen Punkt angekommen. Doch was bedeutet dies? Alles nur Zufall? Oder welche unglaubliche Botschaft steckt hinter all diesen Zahlenspielen?

Wir wissen, dass sich die Erde in 365 Tagen genau einmal um die Sonne dreht (den Viertel Tag mehr lasse ich hier zum Zweck des leichteren Rechnens einmal weg). Wie lange aber benötigen die Hunderttausende Asteroiden in der Nachbarschaft des Mars zu einer einmaligen Umrundung des Zentralgestirns? Man höre und staune: Genau 1898 Tage. Der Wert, den wir verzehnfacht im kleinsten gemeinsamen Vielfachen wiederfinden, bei dem sich die beiden Kalendersysteme der Mayas wieder synchronisieren!

Oder mit anderen Worten: Wären die mehr als 755.000 einzelnen Objekte hinter der Marsbahn in einem kompakten Planeten vereinigt, würde sich der im Verlauf von 1898 Tagen (entspricht 5,20 Erdenjahren) einmal um die Sonne bewegen.[85]

Die alten Mayas waren phänomenale Astronomen. Ihnen war zum Beispiel die Umlaufzeit der Erde um die Sonne in einer unfassbaren Präzision bekannt: Sie berechneten die Länge des Jahres mit 365,242129 Tagen. Sie ermittelten auch die Umlaufdauer der anderen Planeten in unserem System. Woher aber stammte dieses phantastische Wissen? Und warum maßen sie ihrem mysteriösen Götterkalender Tzolkin eine derart große Bedeutung bei, wenn er „nur“ durch die Multiplikation verschiedener Zahlenwerte entstanden sein soll? Basierend auf einer Ansammlung von unwichtigen Planetoiden, die da Millionen Kilometer über ihren Köpfen entfernt im Weltall kreisen.

Wie es den Anschein hat, sprechen doch weitaus mehr Fakten und Hinweise für die vormalige Existenz eines weiteren Planeten, der vor unbekannten Zeiten jenseits der Bahn des Mars um unser Zentralgestirn kreiste. Ob wir ihn nun nach dem unglücklichen Göttersohn Phaethon nennen, oder als den eigentlichen fünften Planeten unseres Systems bezeichnen, ist im Grunde vollkommen nebensächlich. Wichtiger wäre es, die Frage nach den Ursachen zu stellen, die eines gar nicht so schönen Tages zu dessen Zerstörung führten.

Dort, in der Mitte unseres Sonnensystems, warten dunkle und ziemlich verstörende Geheimnisse auf ihre Entschlüsselung. Bildeten jener unbekannte Planet und unser Nachbar Mars einst eine Schicksalsgemeinschaft, der ein apokalyptisches Ende bestimmt war? Waren es voneinander völlig unabhängige Ereignisse, die in dem einen Fall die Oberfläche des Planeten verwüsteten und mit auf lange Zeit strahlenden Hinterlassenschaften verseuchten, während die nächste Nachbarschaft in kleine und kleinste Fragmente zerlegt wurde? Oder steckt ein sinistrer Zusammenhang dahinter? War am Ende auch unser „blauer Planet“ in irgendeiner Weise in dieses Geschehen involviert?

Vielleicht wissen wir eines Tages mehr. Doch bevor nicht der erste Astronaut von der Erde seinen Fuß auf den Mars und später vielleicht auf einen der größeren Asteroiden setzen konnte, werden uns nicht viel mehr als Spekulationen übrigbleiben. Dass ehrgeizige Projekte, weiter als nur bis zum Mond vorzudringen, nicht auf ewig Zukunftsmusik bleiben müssen, daran wird in aller Welt bereits mit Hochdruck geplant und gearbeitet.

9. Eine „neue" Erde?

Unsere Zukunft auf dem Mars

In den spannenden Jahren des Wettlaufs zum Mond, als sowohl Amerikaner als auch Russen mit Hochdruck daran arbeiteten, den ersten Astronauten auf unseren Trabanten zu bringen, beherrschte riesiger Optimismus, gepaart mit ungetrübtem Glauben an die technischen Möglichkeiten, ihr Denken. Das nächste Ziel, der Mars, erschien bereits in greifbarer Nähe. Man wagte sich weit aus dem Fenster, und prognostizierte die erste bemannte Landung auf dem Roten Planeten spätestens für die Mitte der 1980er Jahre.[16,17] Heute wissen wir jedoch, wie blauäugig dies gedacht war.

Wahrscheinlich ließen sich die Verantwortlichen zu sehr von dem momentanen Erfolgserlebnis der geglückten Mondlandungen blenden. Bald aber mussten sie einsehen, dass der Flug zum Mond und jener zum Mars nicht nur in räumlicher Hinsicht Welten auseinanderlagen.

Aber das Ziel wurde trotz aller Schwierigkeiten nie aus den Augen verloren, und bekanntermaßen ist auch aufgeschoben nicht aufgehoben. Wie beim Weitwurf bleibt das anvisierte Ziel präsent – nur muss der Werfer ein ganzes Stück weiter ausholen, um es zu erreichen.

Doch dann kam im Frühjahr 2020, buchstäblich aus dem Nichts, ein unerwartetes Hindernis, das in kürzester Frist so ziemlich alles auf diesem unseren Planeten durcheinanderwirbelte. Ein mikroskopisch kleiner Virus, womöglich aus einem Geheimlabor entwichen oder sogar ganz gezielt und mit böser Absicht in die Welt gesetzt, entfesselte weit mehr Sprengkraft als manches Produkt konventioneller Waffentechnik.

Im Augenblick, da ich diese Zeilen zu Papier bringe, liegen bedeutende Wirtschaftsbereiche wie Gastronomie und Touristik buchstäblich am Boden. Der kommerzielle Flugverkehr beträgt nur noch einen Bruchteil seines früheren Aufkommens. Und der ökonomische Schaden, der hierbei entstanden ist, lässt sich noch nicht einmal ansatzweise einschätzen – ganz zu schweigen von den Verlusten an Menschenleben. So bleibt uns nur zu hoffen, dass die für die nähere und mittlere Zukunft geplanten Marsmissionen nicht dem Rotstift zum Opfer fallen, sondern wie vorgesehen, oder allenfalls mit minimaler Verzögerung, starten können. Ich bleibe erst einmal zuversichtlich.

Hubschrauber als Pfadfinder

Über das schon in allernächster Frist geplante NASA-Projekt „Mars 2020" habe ich bereits anderer Stelle berichtet. Das dabei eingesetzte Erkundungsfahrzeug soll Bodenproben sammeln, die im Verlauf späterer Missionen erstmals zurück zur Erde gebracht werden sollen.[63] Noch ein weiteres technisches Highlight wird mit der Sonde zum Roten Planeten fliegen. Zum ersten Mal soll nämlich ein richtiger Hubschrauber im Kleinstformat zum Einsatz gebracht werden!

Obwohl ein derartiges Fluggerät auf den ersten Blick nicht wirklich für den Einsatz in der dünnen Atmosphäre des Mars geeignet scheint, ist die Entwicklung dieses drohnenähnlichen Miniatur-Helikopters nun vollständig abgeschlossen. Das Gerät ist fertig für die praktische Verwendung als „Luftaufklärer".

Das innovative Flugobjekt wurde von der NASA auf den Namen „Ingenuity" – dies bedeutet Einfallsreichtum – getauft. Eine Oberstufenschülerin aus dem US-Bundesstaat Alabama schlug diesen Namen vor, der übrigens sehr gut zu den Bezeichnungen anderer Marsmissionen wie Curiosity oder Opportunity passt. Im Rahmen eines Wettbewerbs wurde ihr Vorschlag unter annähernd 28.000 Einsendungen ausgewählt.[156]

In dieses kleine Wunderding haben die Ingenieure tatsächlich jede Menge Einfallsreichtum hineingesteckt, besonders, was den vorgesehenen Einsatzzweck betrifft. Der vom Jet Propulsion Laboratory in Pasadena/Kalifornien entwickelte, batteriebetriebene Mini-Helikopter soll im Februar 2021 zusammen mit einem weiteren Erkundungsrover auf der Oberfläche des Mars abgesetzt werden. Sozusagen als „Pfadfinder“ soll Ingenuity die nähere Umgebung auskundschaften. Geplant sind bislang fünf Flüge während einer Testphase von 30 Tagen. Jede der neuartigen Exkursionen soll höchstens drei Minuten dauern, und in Höhen zwischen drei und zehn Metern über Grund führen. Bei einem Aktionsradius von nicht mehr als 300 Metern entfernt sich Ingenuity auch nicht allzu weit vom dazugehörigen Rover.

Der Hubschrauber soll außerdem den Beweis antreten, dass die hierfür verwendete Technik dazu imstande ist, noch genaueres Kartenmaterial vom Mars zu erstellen. Denn die Auflösung der von ihm gemachten Bilder soll zehnmal so scharf sein wie jene, die durch die Orbiter aus ihrer Umlaufbahn erstellt wurden. Die Techniker im Kontrollzentrum würden überdies noch detailliertere Informationen für die Fahrtrouten der Rover bekommen. Was auf der einen Seite zu einer besseren Vorauswahl der angesteuerten Ziele sorgt, und des Weiteren gleichzeitig Unfallgefahren vermeiden hilft.[157] Wenn das teure Mobil nämlich erst einmal über einen zu großen Gesteinsbrocken gerollt und umgekippt ist, lässt es sich nicht mehr aufrichten.

Enge Startfenster

Keine Frage: Es werden ganz sicher spektakuläre und atemberaubende Bilder, die Helikopter und Landegerät in naher Zukunft zur Erde funken. Doch die unbestrittene Krönung aller bisherigen Forschungen wird der bemannte Marsflug werden. Die verschiedenen Raumfahrtnationen dieser Welt haben alle bereits mehr oder weniger detaillierte Pläne in der Schublade, deren Realisierung jedoch nicht vor den 2030er Jahren als machbar gilt. Dies auch stets unter der Voraussetzung, dass es keine essentiellen Rückschläge gibt. Man plant also in einem durchaus überschaubaren Zeitrahmen, aber trotzdem werden wir uns noch ein wenig gedulden müssen. Denn wie schnell es bei übereilten und undurchdachten Projekten zu einem plötzlichen Aus kommen kann, haben wir ja bereits hinlänglich bei dem kläglich gescheiterten Projekt „Mars One" erleben dürfen.[13,14]

Bedingt durch die elliptischen Bahnen der Planeten um unsere Sonne kann man nicht an beliebigen Terminen zum Mars fliegen. Vielmehr sind enge Zeitfenster vorgegeben, die im Durchschnitt alle zwei Jahre und zwei Monate einigermaßen geeignet scheinen. Und nur alle 15 Jahre sind die Voraussetzungen, die auch einen minimierten Treibstoffverbrauch möglich machen, als optimal zu bezeichnen. Die nächsten, hierfür günstigen Zeitfenster liegen in den Jahren 2033 und 2048; bei ihnen wäre der Energiebedarf gegenüber beliebigen Startzeiten halbiert. Trotz der günstigen Parameter würde die Reisedauer neun Monate betragen.

Zu allem kommt noch ein nicht zu unterschätzendes Problem hinzu. Es ist noch nicht geklärt, wie man die gesundheitlichen Risiken des Marsfluges minimieren kann. Da wären etwa die Gefahren durch die Strahlenbelastung, der die Astronauten für mehrere Monate ausgesetzt sind. Schutz davor könnten hier beispielsweise Energieschilde bieten, die das Raumschiff mithilfe einer Plasmablase umgeben, und die Besatzung durch ein starkes Magnetfeld abschirmen.[158,159]

Daneben gilt der ebenfalls die gesamte Reise über anhaltende Zustand der Schwerelosigkeit als das größte medizinische Problem, da Muskeln, Knochen, Kreislauf und mit ihnen das gesamte Immunsystem nachhaltig geschwächt werden.[160,161] Es sei denn, das Bewegungssystem würde durch ein permanentes Training, noch besser jedoch durch die Schaffung von künstlicher Schwerkraft fit gehalten werden. Man könnte ein solches Schwerefeld relativ unkompliziert erzeugen, wenn das zu konstruierende Raumschiff als eine Art rotierender Zylinder gebaut würde. Einmal in Drehung versetzt, würde sich an der Peripherie ganz von selbst ein künstliches Gravitationsfeld aufbauen, welches die beschriebenen Gesundheitsprobleme in erheblicher Weise mildert, wenn nicht sogar vollständig verhindert. Das bedeutet jedoch auch, dass mit der bei den Mondflügen so erfolgreichen Raketentechnik der 1960er Jahre kein Ticket zum Mars zu gewinnen wäre.

Aus diesem Grund haben sich die „Raumfahrtnationen“ Amerika und Russland und das sich gleichfalls immer stärker im Weltall engagierende China, aber auch private Organisationen eine ganze Reihe Möglichkeiten durch den Kopf gehen lassen, wie und wann der Marsflug endlich zu realisieren wäre.

Im Westen nicht viel Neues

Mit dem Auslaufen des so erfolgreichen Apollo-Programms wurden die Pläne für den Flug zum Mars nicht mehr weiterverfolgt. Lange Zeit war das Thema gewissermaßen vom Tisch. Erst in den Jahren 1992 und 2004 stellten die US-Präsidenten George H. W. Bush (sen.) und dessen Sohn George W. Bush (jun.) erneut entsprechende Überlegungen an. Doch in Anbetracht der zu erwartenden Gesamtkosten in Höhe von rund 400 Milliarden US-Dollar wurden die Vorhaben sehr rasch wieder verworfen. Im Jahr 2010 wurde aufgrund von Einschnitten im Haushalt sogar ein weniger aufwendiges Programm für neuerliche bemannte Flüge zum Mond gestrichen. Was natürlich auch die Entwicklung eines marstauglichen Raumschiffs vorerst vereitelte.[162]

US-Präsident Barack Obama seinerseits hatte keinen Flug zum Mars im Blick. Obama stellte Pläne vor, die bemannte Missionen hinter die Mondbahn führen würden, von wo aus eine Landung auf einem Asteroiden erfolgen sollte.[163] Doch auch daraus ist bekanntlich bis heute nichts geworden.

Eine Studie der NASA kam 2015 zur Schlussfolgerung, dass eine Expedition mit Umrundung des Roten Planeten im Jahre 2033 möglich wäre. Sechs Jahre später könnte dann endlich die erste bemannte Landung stattfinden.[164] Eine weitere, gleichfalls von der Weltraumagentur initiierte Studie kam 2019 zu dem Ergebnis, dass der Flug irdischer Astronauten zum Mars frühestens am Ende der 2030er Jahre machbar wäre.[165]

Als Basis für das Projekt könnte eine um unseren Mond kreisende Raumstation mit dem Namen Lunar Orbital Platform Gateway dienen. Die NASA stellte im April 2017 einen Zeitplan für deren Verwirklichung auf.[166]

Russland: Die ersten Menschen auf dem „Mars"

Mit großem Engagement sind auch die Russen zugange, Pläne für den Flug zum Roten Planeten zu erarbeiten. Sie sehen gleichfalls keine Verwendung mehr für die bisher gebräuchliche Raketentechnik. Stattdessen beabsichtigen sie, einen vollkommen neuartigen Raumschiffantrieb zu entwickeln, dessen Kernstück ein nuklearer Reaktor ist. Mit dem Bau dieses Kernreaktors wurde die staatliche Gesellschaft Rosatom beauftragt, während Triebwerke, Generatoren und Verdichterturbinen in die Zuständigkeit der Raumfahrtagentur Roskosmos fallen. Die Ziele sind wirklich sehr hochgesteckt: Der innovative Antrieb soll einen bis zu zwanzig Mal höheren Impuls erzeugen, als ein herkömmliches, auf chemischer Basis arbeitendes Triebwerk. Optimistische Kalkulationen sprachen schon von einer auf nur vier bis sechs Wochen reduzierten Flugzeit. Doch Ende 2018 relativierte das an dem Projekt beteiligte Moskauer „Keldisch-Forschungszentrum" diese Angaben. Computersimulationen ergaben eine Flugzeit von sieben Monaten.[167]

Aber geübt wird schon seit einigen Jahren für das Jahrtausendevent. Vom 3. Juni 2010 bis zum 4. November 2011 führte die staatliche Agentur Roskosmos zusammen mit der europäischen ESA eine insgesamt 520 Tage dauernde Simulation des Fluges zum Mars durch. Sechs Probanden lebten in dieser Zeit komplett isoliert von der Außenwelt in hermetisch abgeschlossenen Modulen. Die gesamte Versuchsanordnung befand sich auf dem Gelände des „Moskauer Institutes für biomedizinische Probleme" (IMBP). Auf dem in einer Halle nachgebauten Roten Planeten rammten der Russe Alexander Smolejewski und der Italiener Diego Urbina, in entsprechende Raumanzüge gekleidet, die russische Fahne wie auch die Europaflagge in den Sand und entnahmen Bodenproben.

Verstärkt wurden diese zwei ersten Menschen auf dem „Mars" durch den Chinesen Wang Yue. Drei weitere Probanden, zwei Russen und ein Franzose, simulierten derweil in einem benachbarten „Mutterschiff" den in der Umlaufbahn verbliebenen Teil der Mannschaft und dessen Aufgaben. Alle sechs stellten gemeinsam den Marsflug in all seinen Phasen nach. Damit würden sich die insgesamt 520 Tage auf 250 Tage für die Hinreise, 30 Tage für den Aufenthalt auf der Planetenoberfläche sowie 240 Tage für den Rückflug verteilen. Die Russen ließen durch diese Auswahl der „Mannschaft" auch durchblicken, dass sie sich das Jahrtausendprojekt einzig in internationaler Zusammenarbeit vorstellen können.[168]

Neben den beiden „klassischen" Raumfahrtnationen USA und Russland konnte sich in jüngster Zeit als weiteres Land auch die Volksrepublik China für anspruchsvollere Weltraumprojekte qualifizieren. Es war geradezu ein Paukenschlag, als das chinesische Staatsfernsehen im Dezember 2013 die gelungene Landung der Sonde „Chang'e 3" auf dem Erdtrabanten meldete. Nach dem erfolgreichen Aufsetzen in der „Bucht der Regenbogen" rollte der Erkundungsrover Yutu – auf Deutsch „Jadehase" – in der Nacht zum 15. Dezember 2013 über eine Rampe hinab auf die Mondoberfläche und hinterließ eine tiefe Fahrspur im staubigen Boden. Mit dem unbemannten Prestigeprojekt demonstrierte die mittlerweile größte Wirtschaftsnation der Erde ihre technologische Leistungsfähigkeit, und legte damit den Grundstein für eine spätere, bemannte Mondlandung.[169] Doch es gibt schon weiterführende Pläne. Und in deren Mittelpunkt steht der Mars.

Chinas Pläne im All

In der Tradition großer innovativer „Sprünge", die das Reich der Mitte technologisch voranbrachten, sind die Pekinger Machthaber beinahe in einem Zugzwang. Aber selbst für die seit wenigen Jahren im erdnahen Raum so engagierten Chinesen dürften bemannte Marsmissionen frühestens in den 2030er Jahren durchführbar sein. Entsprechende Entwürfe wurden schon im März 2015 von einer Gruppe von Ingenieuren der Chinesischen Akademie für Weltraumtechnologie vorgestellt.

Das Konzept lässt dabei Details russischer wie auch amerikanischer Pläne erkennen. Ausgehend vom Stand 2019 sieht es vor, zu allererst mit Schwerlastraketen der Bauart Changzheng 9 eine oder mehrere nuklear betriebene Antriebsmodule und eine Marslandefähre, sowie für den Aufenthalt auf dem Planeten eine Wohneinheit in die Erdumlaufbahn zu befördern. Befinden sich alle diese Teile im Orbit, montiert man sie dort schließlich zum kompletten Raumschiff zusammen.

Wenn alle Vorarbeiten abgeschlossen sind, könnte die Crew mit einem kleineren Zubringerschiff in den Erdorbit starten, und an das zusammengesetzte Marsraumschiff ankoppeln. Vor der Weiterreise zum Roten Planeten würden die Astronauten in das Wohnmodul wechseln. Dann werden die atomar betriebenen Antriebseinheiten gezündet, die das Schiff in Richtung Mars beschleunigen. Notwendige Steuerkorrekturen auf dem Weg sowie die Manöver für das Einschwenken in die Marsumlaufbahn würden gleichfalls mit ihnen ausgeführt. Wie bei einer konventionellen, mehrstufigen Rakete würden die Antriebsmodule nacheinander abgeworfen; das letzte, wenn beim Heimflug wieder die Erdumlaufbahn erreicht ist. Von dort aus könnten die Raumfahrer wieder in eine Art Shuttle umsteigen, und damit auf der Erde landen.

Dieses Transportshuttle befindet sich seit dem Jahr 2015 in der Entwicklung, wobei ein erster unbemannter Flug noch in diesem Jahr, also 2020, auf der Agenda steht. Die angeführte Schwerlastrakete Changzheng 9 befindet sich gleichfalls in der Entwicklung, und soll bis zum Ende der 2020er Jahre einsatzbereit sein. Bevor aber die ersten Chinesen zum Mars fliegen, soll mit der Rakete eine unbemannte Mission erfolgen, die nur in eine Umlaufbahn schwenkt und nach einer Anzahl Umkreisungen wieder zur Erde zurückfliegt. Als Grundvoraussetzung für alle geplanten Flüge muss jedoch noch das auf nuklearer Basis arbeitende Triebwerk für die Antriebseinheiten entwickelt werden.[170]

Private Angelegenheiten

In den Vereinigten Staaten trägt sich nicht nur die staatliche Weltraumagentur NASA, die sich in den letzten Jahren leider etwas flügellahm präsentierte, mit Plänen für eine Mission zum Mars. Von der Organisation her eine Bundesbehörde, ist sie vollkommen abhängig nicht nur von der Politik, sondern auch von den Notwendigkeiten des Staatshaushalts. Und dieser ist beispielsweise von einem sehr aufgeblähten „Verteidigungs"-Etat gekennzeichnet. Als privates Unternehmen verfolgt auch die von Elon Musk gegründete Firma SpaceX das hochgesteckte Ziel, den Mars zu erreichen. Und darüber hinaus zu kolonisieren, um die Menschheit damit zu einer „multiplanetaren Spezies" zu machen.[171]

Die Idee ist indes alles andere als neu: Bereits ab den 1970er Jahren gab es eine Reihe von detailliert ausgearbeiteten Studien zur langfristigen Bewohnbarmachung des Mars, auf die ich gleich näher eingehen werde.

Täusche ich mich, oder klingt dies alles frappierend nach dem kläglich gescheiterten Projekt „Mars One", was SpaceX da ebenfalls in privater Regie auf der Agenda stehen hat? Zunächst für das Jahr 2018, später für 2020, beabsichtigte die Firma, eine unbemannte Kapsel vom Typ „Red Dragon" auf dem Mars landen zu lassen und bis 2025 die ersten Menschen dorthin zu bringen. Doch 2017 gab man bekannt, dass SpaceX den Plan solcher Red-Dragon-Landungen zugunsten einer neuen Raketengeneration aufgegeben hatte, welche für diesen Zweck viel besser geeignet sei.[172]

Im September desselben Jahres stellte SpaceX-Gründer und Chefentwickler Elon Musk sein Konzept für eine komplett wiederverwendbare Großrakete vor. Diese inzwischen „Starship" und „Super Heavy" genannte Rakete soll bis zu einhundert (!) Personen in den Erdorbit transportieren können. Von dort aus würden die Passagiere mit dem Starship-Raumschiff weiter zum Mars fliegen und auf ihm landen. Anders als bei „Mars One" projektiert, müsste dieser Flug nicht als Reise ohne Rückkehr enden. Denn man könnte auf dem Roten Planeten aus Methan und verflüssigtem Sauerstoff Treibstoff für den Rückflug herstellen.

Durch die wiederholte Verwendung des Systems könnten außerdem die „Reisekosten" auf nicht mehr als 200.000 US-Dollars pro Person gesenkt werden. Nach derzeitigen Plänen sollen zwei unbemannte Flüge 2022 starten, dicht gefolgt von zwei bemannten Flügen im Jahr 2024. Die beiden unbemannten Missionen würden alles notwendige Material zum Aufbau einer Marsbasis sowie für die Fabrik zur Treibstoffproduktion absetzen.[173,174]

Ich bin, was solche Planungen betrifft, insgesamt ein wenig skeptisch. Eine private Firma oder Organisation, die überdies auch noch Gewinne erwirtschaften müsste, wäre mit solch einem Projekt wahrscheinlich deutlich überfordert. Selbst staatliche Raumfahrtagenturen wie die NASA oder die russische Roskosmos würden wohl sehr schnell an ihre Grenzen stoßen. Der Mars ist nun einmal nicht der Mond, der einst als Ziel eines beispiellosen Wettlaufs innerhalb von nur zehn Jahren erreicht wurde. Würden sich für dieses Jahrtausendprojekt jedoch sowohl Amerikaner als auch Chinesen, Russen und Europäer dazu aufraffen, all ihre Ressourcen zu bündeln, dann wäre der Mission zum Mars mit Sicherheit ein beispielloser Erfolg beschieden. Miteinander – und nicht in kleinlichem Konkurrenzdenken, wie dies im Moment noch der Fall ist – wäre hier der einzig gangbare Weg. Und ganz bestimmt der schnellste.

Von weiter her? Oder auch vom Mars?

Die kommenden zwei Jahrzehnte dürften also äußerst spannend werden, was die Erforschung des Mars betrifft. Auf welche unerwarteten Überraschungen werden die ersten irdischen Astronauten stoßen, die ihren Fuß auf den Roten Planeten setzen? Gibt es dort oben wirklich Reste einer uralten Kultur, die ihr unrühmliches Ende in einer apokalyptischen Atomkatastrophe fand? Falls sie also tatsächlich existierte, könnte sie dann auch in grauer Vorzeit Raumfahrt betrieben und unseren Planeten besucht haben?

Für die Paläo-SETI-Forschung, welche fleißig nach belastbaren Indizien und letztlich auch nach dem Beweis für Besuche und steuernde Eingriffe durch außerirdische Intelligenzen in der Geschichte der Erde und des Menschen sucht, wäre solch eine Entdeckung eine zusätzliche Bestätigung. Zusätzlich aus dem Grund, weil der Forschungszweig in erster Linie an Besucher denkt, die in grauer Vorzeit ihren Weg durch die Weiten des Alls, über Tausende von Lichtjahren hinweg zur Erde gefunden haben sollen. Sei es mithilfe sogenannter „Generationen-Raumschiffe", oder mit „exotischen" Antrieben, für die die Lichtgeschwindigkeit kein unüberwindliches Hindernis darstellt.

Das klingt sehr nach Science Fiction, ist es aber nicht. Denn im Januar 2005 brachte das „Journal of the British Interplanetary Society" einen bestens fundierten Beitrag von vier weltweit renommierten Physikern und Astronomen.[175] Darin stellten diese fest, dass heute genügend gute Beweise für die Anwesenheit außerirdischer Intelligenzen auf der Erde vorlägen.

Die Autoren bezogen sich in ihrer Arbeit auf das noch immer ungelöste, neuzeitliche UFO-Phänomen. Doch sind ihre Schlüsse genauso gültig, wenn wir Besuche in der näheren und ferneren Vergangenheit in Betracht ziehen. Aufgrund wissenschaftlich fundierter Denkmodelle kamen sie zum Schluss, dass die Beschränkung auf die Lichtgeschwindigkeit keinesfalls jene unüberwindliche Barriere darstelle, wie früher angenommen. Diese Begrenzung hatte ihren Ursprung in der Allgemeinen Relativitätstheorie des begnadeten Physikers und Nobelpreisträgers Albert Einstein (1879–1955). Doch bietet diese auch Ansätze zu einer Überschreitung der Lichtgeschwindigkeit. Wir sollten ohnehin nicht so vermessen sein, unseren Wissensstand in der Physik und anderen Naturwissenschaften als der Weisheit letzten Schluss zu betrachten.

Die vier Wissenschaftler brachten auch theoretisch denkbare Methoden interstellarer Raumfahrt in die Diskussion ein – etwa

„Wurmlöcher“ oder die Nutzung der Krümmung des Raumes oder zusätzlicher Dimensionen. Und obgleich sie Hindernisse berücksichtigten, die für uns derzeit noch als unüberwindlich gelten, dachten sie doch ganz explizit an die Möglichkeit, dass die Kenntnisse außerirdischer Intelligenzen „ganz neue Prinzipien enthalten könnten, die eine Art Überlichtgeschwindigkeit zulassen.“[175]

Ob unsere Besucher, die auf diesem Planeten womöglich schon seit vielen Millionen Jahren zugange sind und in die Entwicklung des Lebens und unserer Menschwerdung aktiven Einfluss nahmen, von weiter her oder eher „aus nächster Nähe“ kamen, kann ich hier und heute nicht beantworten. Hier könnten auch beide Annahmen zutreffen, denn die eine Möglichkeit schließt die andere nicht aus. Existierte die (hypothetische) Zivilisation des Mars bereits vor Millionen Jahren und war sie technisch zu interstellarer Raumfahrt fähig, so stand sie mit an Sicherheit grenzender Wahrscheinlichkeit auch in Kontakt mit anderen Kulturen im Universum.

Denkbar ist vieles. Und vielleicht sind wir Menschen des Planeten Erde ja sogar die Abkömmlinge der letzten Überlebenden jener planetenweiten Zerstörung, die den einst lebensfreundlichen Mars zur roten Wüste machte. Suchen die Anthropologen nicht schon seit Jahrhunderten wie besessen nach dem von Charles Darwin (1809–1882) in dessen Evolutionstheorie postulierten „missing link“? Das fehlende Bindeglied zwischen Affe und Mensch, wie es die Paläontologen nennen?[176] So oft glaubte man schon, auf diesen ultimativen Urahn gestoßen zu sein, welcher sozusagen zeitgleich die Linie der Affen verlassen hat, und die des Menschen gerade erst betrat. Doch stellte sich dann regelmäßig wieder die ernüchternde Erkenntnis ein, dass die so verzweifelt gesuchte Zwischenform noch immer ihrer Entdeckung harrt.[177]

Blick in weite Ferne

Wir – vom Mars? Oder woher wir auch immer stammen mögen: Es lässt sich auf diesem Gebiet ganz trefflich spekulieren. Und so lange wir nicht im Besitz der letzten, allumfassenden und unbezweifelbaren Wahrheit sind, ist dies auch absolut legitim. Vielleicht kommt es nicht von ungefähr, dass bereits unsere steinzeitlichen Vorfahren ihre Augen immer wieder zu jenem roten Punkt am nächtlichen Himmel erhoben und ihm ihre Verehrung zuteil werden ließen.

Ein „Objekt der Begierde" ist der Mars nach wie vor. Zu derselben Zeit, als man sich mit den Plänen für eine bemannte Landung beschäftigte, wurden auch schon diese phantastischen Szenarien für eine fernere Zukunft ausgearbeitet. Eine Reihe von Wissenschaftlern ist schon lange nicht nur davon überzeugt, dass der Rote Planet einstmals sehr lebensfreundlich war, sondern dies eines nicht mehr fernen Tages auch wieder sein könnte. Ausgehend von den alarmierenden Zahlen der tagtäglich beängstigend anwachsenden Menschheit, beschäftigten sich zahlreiche Spezialisten mit der ungewöhnlichen Option, einen Teil davon auf andere Himmelskörper umzusiedeln. Und die erste Wahl, eine „Ausweichwelt" für das Überleben angesichts der Bevölkerungsexplosion zu werden, ist natürlich der Mars.[28]

Bereits der namhafte Astronom und SETI-Pionier Carl Sagan – er hatte sich bekanntlich mit der Hypothese eines künstlich geschaffenen, innen hohlen Marsmondes Phobos einen Namen gemacht – hatte über eine solche Möglichkeit spekuliert. Und NASA-Mitarbeiter James Edward Oberg, ehemaliger Flugkontrolleur im Johnson-Raumfahrt-Zentrum in Houston/Texas, beschrieb in seinem 1981 erschienenen Buch Konzepte, ganze Planeten mit künstlichen Mitteln erdähnlich umzugestalten.[178] Was im ersten Augenblick verdächtig nach Zukunftsroman und Science-Fiction-Film klingt, hat einen wohlklingenden Namen: Terraforming. Mit derselben Zukunftstechnik beschäftigte sich auch der frühere NASA-Stratege Jesco von Puttkamer, der sich für eine Kolonisierung des Roten Planeten stark machte.[179]

Was soll man sich unter dem besagten Terraforming eigentlich im Detail vorstellen? Mit welchen einzelnen Schritten wäre es möglich, den Mars für uns Menschen bewohnbar und gewissermaßen zu einer „zweiten Erde“ zu machen?

Das wohl detaillierteste Konzept wurde schon 1991 von der NASA als Sechsstufenplan vorgelegt. Dieser Plan ging von einem zeitlichen Rahmen von etwa 150 Jahren aus, in denen sich die roten Sand- und Geröllwüsten in blühende Landschaften verwandeln würden. Die Macher des Konzepts dachten 1991 noch an einen Beginn im Jahr 2015. Nun gut, wir werden hier sicher noch 15 bis 20 Jahre drauflegen müssen. Unabhängig davon, würden die einzelnen Stufen dann wie folgt ablaufen:

Nachdem die ersten Astronauten ihren Fuß auf den Mars gesetzt haben, beginnen sie für sich und nachfolgende Teams, eine dauerhaft besetzte Station zu errichten. Denkbar wäre ein „Schichtwechsel“ nach Ablauf von zwölf Monaten. In dieser Anfangsphase versuchen die Teams mithilfe verschiedener Experimente herauszufinden, ob und vor allem auf welche Weise eine Umformung des Planeten machbar ist.

Auf Stufe eins folgt Stufe zwei, die nach den Plänen aus dem Jahre 1991 von 2030 bis 2080 dauern würde. In der Zwischenzeit sind bereits rund 10.000 Menschen auf der Marsstation angekommen, die beständig ausgebaut wird. In dieser Phase wird der Planet erwärmt, denn die bisherigen Temperaturen – tagsüber am Äquator zwar etwa 16 bis 24 Grad Celsius, aber in der Nacht um minus 80 Grad und an den Polarkappen sogar bis minus 130 Grad[4] – sind viel zu niedrig. Mithilfe von Atomreaktoren werden Treibhausgase erzeugt und in die Marsatmosphäre geblasen (ich sehe förmlich, wie die Atomkraftgegner und Klima-“Aktivisten“ schon ihre Messer wetzen). Die Eispanzer an den Polen werden mit einer hauchdünnen Schicht Ruß oder dunklem Gesteinsstaub bedeckt, was die Rückstrahlung von Wärme ins All verhindern soll.

Temperaturanstieg

Auch für die Verbreitung organischen Lebens – falls dieses nicht bereits existiert – wird in dieser Phase gesorgt. Mikroorganismen werden in die dünne Atmosphäre geblasen. Gleichzeitig reflektieren riesige, in der Umlaufbahn verankerte Spiegel das Sonnenlicht und leiten es auf die bereits „geschwärzten" Polareiskappen, die nach und nach abschmelzen. Durch alle diese Maßnahmen verändert sich die Marsatmosphäre, und die Temperaturen beginnen langsam aber sicher zu steigen.

Sind diese Etappenziele einmal erreicht, kann Stufe drei in Kraft treten. Stück für Stück ist der Mars schon lebensfreundlicher geworden, und die durchschnittlichen Temperaturen sind auf minus 15 Grad gestiegen. Am Himmel sind bereits die ersten Wolken auszumachen, und der Luftdruck wird dem auf Erden immer ähnlicher. Pflanzen, die man genetisch an ihren Einsatzbereich angepasst hat, produzieren als „grüne Lunge des Roten Planeten" den dringend notwendigen Sauerstoff.

Natürlich ist in der Zwischenzeit auch der Kontakt zur Erde nicht abgerissen. In regelmäßigen Abständen fliegen Transportschiffe hin und her, weitere Siedler machen sich auf den Weg in ihre neue Heimat. Und der technische Fortschritt hat es sogar möglich gemacht, dass sich die Flugzeit von anfänglich sieben bis neun Monaten auf nur wenige Wochen verkürzte. Die Bewohner errichten weitere Städte, die allerdings wegen der noch immer sehr dünnen Atmosphäre geschützt unter Glaskuppeln liegen. In dieser Phase, die bis zum Jahr 2115 dauern soll, werden die Städte nach und nach mit ebenso geschützten Straßen verbunden.

In der vierten Stufe der Umformung (die NASA-Studie datierte sie von 2115 bis 2130) zeichnet sich bereits recht deutlich das endgültige Ergebnis ab. Durch die einstmals ausgetrockneten Flusstäler, von deren Existenz die Menschheit durch Bilder der Marssonden gegen Ende des 20. Jahrhunderts erfuhr, strömt wieder frisches

Wasser. Überall auf dem Planeten breitet sich Vegetation aus. Inzwischen leben dort eine Viertelmillion Menschen, von denen der allergrößte Teil nicht mehr auf der Erde geboren wurde. Der Mars ist ihre Heimat. Doch noch immer benötigen sie den Schutz der unter riesigen Glaskuppeln errichteten Städte, beziehungsweise von Atemgeräten, wenn immer sie ihr Zuhause für begrenzte Zeit verlassen wollen.

Dies ändert sich auch in Phase fünf noch nicht, die bis zum Jahr 2150 dauern soll. Aber da die Maßnahmen zum Terraforming konsequent vorangetrieben werden, ist es eines Tages schließlich so weit.

Im letzten Abschnitt des Sechsstufenplans – die Rede ist vom Jahr 2170 christlicher Zeitrechnung – entspricht das Klima auf dem Mars nun weitestgehend jenem auf der Erde. Nun ist die Luft ohne Hilfsmittel atembar, und die „Marsianer" können den Schutz ihrer Kuppeln verlassen. Als ihre Augen über den abendlichen Himmel streifen, geht in der rötlichen Dämmerung gerade ein kleiner, blauer Himmelskörper auf. Es ist die Erde, Planet ihrer Vorfahren. Und gleichzeitig nicht mehr der einzige in unserem Sonnensystem, der Leben trägt.[180]

Per aspera ad astra

Ich habe ja bereits angemerkt, dass wir bei diesen Plänen noch in etwa zwei Jahrzehnte drauflegen müssen. Denn das damals ins Auge gefasste Jahr 2015 ist längst Geschichte. Vielleicht ist der Zeitplan der NASA etwas zu optimistisch ausgefallen, vielleicht ließen sich die einzelnen Schritte aber auch ein wenig verkürzen. Doch zeigt diese Studie der NASA in aller Deutlichkeit, dass Terraforming alles andere sein dürfte als eine Domäne phantasievoller Autoren aus dem Reich der Science Fiction. Die lebensfreundliche Umgestaltung eines Planeten ist grundsätzlich machbar.

So können wir Terraforming nicht kurzerhand als eine utopische, der Realität entbehrende Vorstellung abtun. Denken wir einfach daran, dass wir auf unserem eigenen Planeten, ohne uns überhaupt darüber klar zu sein, dasselbe bereits zum Teil erfolgreich betrieben haben. In einigen Regionen haben wir das Klima verändert. Zwar nicht so extrem, wie von einigen Strömungen behauptet, jedoch durchaus merklich. Die Wüsten rücken vor, und an vielen Orten hat sich der Grundwasserspiegel gesenkt.[181] In Israel, am Ufer des Toten Meeres, sah ich richtige Einsturztrichter, weil dort der Wasserstand bedrohlich gesunken ist. In diesem Fall sind die Ursachen hierfür menschengemacht: Dem Jordan, einziger Zufluss des 400 Meter unter dem Meeresspiegel gelegenen Gewässers, wird unterwegs zu viel Wasser entnommen.

Inwieweit unsere Spezies aber andere Entwicklungen zu verantworten hat, und ob nicht gleichermaßen Faktoren hineinspielen, die wir nicht beeinflussen können, sollte durch unvoreingenommene Untersuchungen geklärt werden, anstatt die Thematik mit ideologischen Scheuklappen anzugehen. An anderen Orten konnten nämlich auch schon große Gebiete wieder der Wüste entrissen und urbar gemacht werden.

Die oben beschriebenen Pläne, den Mars nach unseren Bedürfnissen zu formen, auf ihm eine Zukunft für einen Teil der Menschheit zu finden, sind kein unerfüllbarer Traum. Dafür wird am Ende die Bevölkerungsexplosion auf unserem Planeten sorgen. Und der langjährige Wunsch, den ersten Raumfahrer seinen Fuß auf den Roten Planeten setzen zu lassen, wird sich sogar noch früher erfüllen. Früher oder später werden wir diesen Weg beschreiten, allen Widrigkeiten und technischen Hindernissen zum Trotz. Denn der Mensch hat sich schon von jeher dadurch ausgezeichnet, dass er immer wieder loszog, um Neues zu entdecken.

Es liegt ganz einfach in seiner Natur. Dies wird auch beim Mars nicht anders sein. Machen wir uns auf den Weg: Per aspera ad astra – auf rauhen Pfaden zu den Sternen!

Anhang

Begriffserklärungen

Nachfolgend werden hier wichtige Begriffe näher erläutert, die im Kontext dieses Buches vorkommen, und im laufenden Text entweder aus Platzgründen oder im Interesse der Kontinuität nicht hinreichend erklärt werden konnten.

Aborigines (auch Aboriginals). Die dunkelhäutigen, ursprünglichen Bewohner Australiens. Heute leben sie größtenteils in Reservationen in abgelegenen Gebieten Westaustraliens und in den Northern Territories. Häufig beziehen sich die Überlieferungen der Aborigines auf eine weit zurück gelegene „Traumzeit" – ein exakterer Ausdruck wäre „Götterzeit" –, in der ihre Götter als Kulturbringer zur Erde herabkamen. Jüngste Forschungen ergaben, dass sich die australischen Ureinwohner seit mindestens 50.000 Jahren nicht mit anderen Völkern vermischt haben.[177]

Altsteinzeit. Die älteste Periode vorgeschichtlicher Kulturen, auch Paläolithikum genannt. Zusammen mit den anderen Abschnitten Mittelsteinzeit (Mesolithikum) und Jungsteinzeit (Neolithikum) bildet die Altsteinzeit nach konservativer archäologischer Lehrmeinung das Zeitalter vor Entdeckung und Gebrauch der Metalle. Der Beginn der Altsteinzeit wird je nach Region auf zwischen eine Million und 600.000 v.Chr. datiert, deren Ende bis spätestens um 8000 v.Chr. Die Grenzen sind jedoch fließend, und mit jedem neuen Fund kann eine Änderung der bisherigen Datierung notwendig werden.[4]

Anthropologie. Die Wissenschaft vom Menschen, vorwiegend unter biologischen Aspekten. Sie widmet sich der Erforschung seiner Entstehung (Humanisation), seiner Stellung innerhalb der Welt der Organismen, und seiner historischen Entwicklung und Differenzierung (Stammesgeschichte). Ein in jüngster Zeit zunehmend an Bedeutung gewinnender Bereich ist die Humangenetik, welche die im Erbgut des Menschen enthaltenen Informationen (die Gene) entschlüsselt.[177]

Argon (chem. Zeichen Ar). Element aus der Gruppe der Edelgase. Es ist ein farb-, geruch- und geschmackloses Gas, das mit 0,93 Volumenprozent in unserer Atmosphäre enthalten ist. Dieses Gas stammt zum größten Teil aus dem radioaktiven Zerfall des Kaliumisotops K_{40}, das sich zu Ar_{40} verwandelt. Aus dem Verhältnis von K_{40} und Ar_{40} kann auch das geologische Alter von Gesteinen bestimmt werden.[4]

Asteroiden (auch Planetoiden oder Kleinplaneten). Eine große Gruppe teilweise sehr kleiner Himmelskörper, die das Sonnenlicht reflektieren, und unser Zentralgestirn vorwiegend zwischen Jupiter und Mars umkreisen. Sie füllen damit die rechnerische Lücke in der Titius-Bode'schen Reihe aus. Die vier größten und hellsten Asteroiden sind:

- Ceres mit etwa 1.000 Kilometern Durchmesser,
- Pallas mit etwa 600 Kilometern,
- Vesta mit etwa 540 Kilometern und
- Juno mit etwa 250 Kilometern im Durchmesser.

Die zyklisch beobachteten periodischen Lichtwechsel der Asteroiden lassen darauf schließen, dass es sich zumeist um unregelmäßig geformte, rotierende Felskörper handelt. Da sie in Gruppen auftreten, in denen die Einzelobjekte einander ähnliche Bahnen aufweisen, vermutete man einen gemeinsamen Ursprung, zum Beispiel als Bruchstücke eines zerstörten Planeten. Nach einer anderen, heute in der Astronomie bevorzugten Hypothese sollen sie zur gleichen Zeit wie die Planeten entstanden sein, doch hätten sie sich nicht zu einem solchen zusammengefügt.[4]

Atompilz (Pilzwolke). Die charakteristische, pyrocumuluspilzförmige Wolke aus Trümmern, Rauch, kondensiertem Wasserdampf u.a., welche aus einer thermonuklearen Explosion resultiert. Nach dem „Wegbrechen“ der anfänglichen Druckwelle kühlt sich der Feuerball ab und beginnt sich zu heben. Der hierbei entstehende

Sog reißt sämtliches in seinem Bereich befindliche Material nach oben. Die maximale Höhe eines Atompilzes hängt in erster Linie ab von der Explosionsenergie, des Weiteren von der Wetterlage sowie der Detonationshöhe über dem Boden. So beträgt die Gipfelhöhe der Pilzwolke bei einer bodennahen Explosion im Kilotonnenbereich nur wenige Kilometer, während die Wolke der stärksten jemals gezündeten, 57 Megatonnen Sprengstoff entsprechenden Atombombe 64 Kilometer hoch aufstieg. Nach Erreichen ihrer Endhöhe kann sich die Pilzwolke nur noch zur Seite hin ausbreiten.[182]

Dinosaurier (von grch. deinos: schrecklich, gewaltig). Am Ende der → Kreidezeit, vor etwa 65 Millionen Jahren nach einem gewaltigen Meteoritenimpakt ausgestorbene Reptilien des Mesozoikums (Erdmittelalter), die zum Teil gigantische Dimensionen erreichten. Man unterscheidet für gewöhnlich zwei Ordnungen:

1 Saurischia. Zum einen die Fleisch und Aas fressenden Raubsaurier, die Theropoden, die sich nur auf ihren Hinterbeinen fortbewegten wie der Tyrannosaurus rex. Zum anderen die vierbeinig schreitenden Sauropoden, die Längen bis zu 38 Metern erreichten wie etwa der „Argentinosaurus huinculensis", welcher erst im Jahr 2008 entdeckt wurde.

2 Ornithischia, Pflanzen fressende Saurier wie das Iguanodon oder der Triceratops.

Es gibt Hypothesen, denen zufolge eine Reihe von Dinosauriern ein größeres Gehirn, aufrechten Gang und Intelligenz entwickelt hätten, wenn sie am Ende des Erdmittelalters nicht ausgestorben wären.[177]

Evolutionstheorie. Die heute in den Naturwissenschaften bevorzugte Erklärung für die Entstehung und die Weiterentwicklung aller Arten, sowohl in der Pflanzen- als auch in der Tierwelt, ebenso beim Menschen. Im Mittelpunkt dieser vor allem von Charles Darwin (1809–1882) postulierten Lehre steht der Vorgang einer allmählichen und kontinuierlichen Veränderung. Dagegen spricht jedoch die Erkenntnis, dass sich nicht alle Entwicklungen auf darwinistische Weise erklären lassen. Vor allem dann, wenn es zu sprunghaften Veränderungen kommt – wie etwa der Ausbildung der Intelligenz oder des Sprachapparates beim Homo sapiens. Die → Paläo-SETI-Forschung kann hier schlüssigere Erklärungen liefern, denn sie nimmt das gezielte gentechnische Eingreifen außerirdischer Intelligenzen in der Vorzeit an, was viele Widersprüche auflösen würde.[177,183]

Fixsterne (von lat. stellae fixae, „feststehende Sterne"). Die Bezeichnung ist eigentlich irreführend, denn sie geht auf eine aus der Antike stammende Überzeugung zurück, dass die Sterne ihre Position am Himmel nicht verändern. Als Gegenbegriff dazu entstand „Wandelsterne" für die Planeten. Mit dem bloßen Auge können in unseren Breiten zwischen 3.000 und 6.000 Sterne wahrgenommen werden, die allesamt zu unserer Galaxis gehören. Jedoch ist die Mehrzahl der auf 100 Milliarden geschätzten Sterne unserer Milchstraße für das Auge nicht sichtbar, da sie entweder nicht hell genug, zu weit entfernt oder von anderen astronomischen Objekten verdeckt sind.[184]

Generationen-Raumschiffe. Ein auf Professor Gerard O'Neill von der Princeton-Universität (New Jersey) zurückgehendes Konzept, mit dem eine → interstellare Raumfahrt möglich wird, ohne notwendigerweise die → Lichtgeschwindigkeit zu erreichen oder gar zu übertreffen. In einem riesigen und mehreren kilometer langen Weltraumschiff mit eigener Biosphäre und durch Eigenrotation künstlich erzeugter Schwerkraft wird eine große Anzahl Menschen auf eine womöglich Tausende von Jahren dauernde Reise ins All geschickt. An Bord vergehen zahlreiche Generationen, bis das Schiff, das beispielsweise zwei Prozent der Lichtgeschwindigkeit erreicht, auf einen Planeten mit erdähnlichen Bedingungen trifft. Dort lässt sich ein Teil der Besatzung nieder, und baut dort ein zweites Generationen-Raumschiff, während das ursprüngliche Schiff die Weiterreise antritt. Dies würde eine Art „Schneeballeffekt" verursachen, bei dem in nicht mehr als 10 Millionen Jahren – dies ist eine kurze Zeitspanne im Vergleich zum Alter des Universums – unsere Galaxis vollkommen kolonisiert werden könnte.[185]

Grundwasser. Das dicht unter der Erdoberfläche, bis in größere Tiefen die Hohlräume im Boden zusammenhängend ausfüllende Wasser. Es stammt meist von in Poren, Haarrissen, Klüften und anderen Spalten versickerten Niederschlägen. Bei ausreichender Filterwirkung des durchsickerten Bodens sowie längerer Verweildauer im Untergrund ist es keimfrei, von gleichbleibender Temperatur und somit als Trinkwasser geeignet.[4]

Halbwertszeit. So nennt man in der Physik jene Zeitspanne, in der von einem radioaktiven → Isotop die Hälfte eines beliebigen Anfangswertes von Atomen zerfallen ist, sich also in neue Atome umgewandelt hat. Die Halbwertszeit ist für jedes radioaktive Element verschieden. So beträgt sie zum Beispiel für das Uran-Isotop U_{238} 4,5 x 10^9 (4.500.000.000), für Radium dagegen nur 1622 Jahre.[183]

Impakt (von lat. impingere, „aufschlagen"). Im astronomischen Zusammenhang der Aufprall von→ Meteoriten, die wegen ihrer Größe nicht beim Eintreten in die Erdatmosphäre verglüht sind, und bedeutendere Ausmaße besitzen. Bei anderen Himmelskörpern, die keine oder nur eine sehr dünne Gashülle besitzen – wie unser Mond oder speziell der Mars –, erfolgen die Einschläge entsprechend ungeschützt und hinterlassen die typischen runden Krater. Der größte bisher auf der Erde bekannte Meteoritenimpakt ereignete sich vor etwa 65 Millionen Jahren und führte in der Folge zum Aussterben der → Dinosaurier.[4,177]

Inselberge. Ein Inselberg ist ein einzeln stehender Berg, auch eine Berggruppe, die sich inselartig und unvermittelt aus einer ansonsten flachen Landschaft erheben. Es handelt sich vorwiegend um bei gleichzeitiger Erosion der Umgebung verbliebene härtere Gesteine. Nicht zu den Inselbergen gehören freistehende Vulkankegel.[186]

Interstellare Raumfahrt. Im Gegensatz zu den derzeit technisch machbaren Weltraummissionen, die sich nur im erdnahen Raum, beziehungsweise bei unbemannten Sonden im engen Bereich unseres Sonnensystems abspielen, eine zukünftige, bemannte Raumfahrt, die über die Grenzen unseres Systems hinaus in die endlosen Weiten „zwischen den Sternen" führt. Unbedingte Grundvoraussetzung dafür wären allerdings neu zu entwickelnde, revolutionäre Antriebssysteme, mit denen man die gewaltigen Distanzen im All überwinden kann.
Als einziges bisheriges Beispiel für eine interstellare Raumfahrt mag die am 2. März 1972 gestartete Weltraumsonde „Pioneer 10" gelten, die im Juni 1983 als erstes von Menschenhand geschaffene Objekt unser Sonnensystem verließ.[4]

Isotope sind chemische Elemente von der gleichen → Ordnungszahl, aber verschiedener Massenzahlen, in vielen Fällen auch von unterschiedlicher → Radioaktivität. Die Isotope eines Elements verhalten sich in chemischer Hinsicht gleich, und werden daher auch mit demselben Symbol bezeichnet. Dass die meisten Elemente eigentlich keine einheitlichen Stoffe darstellen, sondern Gemische von Isotopen sind, wird als Isotopie bezeichnet. Dies erklärt auch, warum die Atomgewichte zahlreicher Elemente zueinander nicht im Verhältnis ganzer Zahlen stehen. So sei hier als Beispiel Uran (238,03) genannt, das sowohl in der Form des Isotops U_{235} als auch U_{238} vorkommt.[183]

Kambrium (nach Cambria, dem alten keltischen Namen des nördlichen Wales). Die älteste geologische Formation des → Paläozoikums. Es folgte auf das → Prä-Kambrium; sein Beginn wird auf etwa 500 bis 600 Millionen Jahre vor unserer Zeit datiert. Nach dem plötzlichen Verschwinden der Ediacara-Fauna im Prä-Kambrium[148,149] setzte mit dem Beginn des Kambriums eine sprunghafte Entfaltung einer vielgestaltigen Fauna ein. Die noch ausschließlich auf das Wasser beschränkte Tierwelt wies bereits alle auch heute verbreiteten Stämme wirbelloser Tiere auf, während die Pflanzenwelt einzig aus kalkabscheidenden Algen (Stromatolithen) bestand.[4]

Kohlendioxid (CO_2, ungenau auch Kohlensäure genannt). Ein farbloses, nicht brennbares Gas von leicht säuerlichem Geschmack, das Atmung und Verbrennung nicht unterstützt. Seine Dichte ist ungefähr eineinhalbmal so groß wie die der Luft; es sammelt sich deshalb an tiefer gelegenen Stellen in der Nähe seiner Entstehung an (Vergiftungsgefahr!). Kohlendioxid kommt in der irdischen Atmosphäre mit nicht mehr als 0,03 bis 0,04 Volumenprozent vor, im Gegensatz zu rund 2,5 Prozent in der Marsatmosphäre. Die ausgeatmete Luft beim Menschen enthält drei bis vier Prozent Kohlendioxid; eine Konzentration über fünf Prozent gilt als giftig, und acht Prozent führen innerhalb weniger Minuten zum Tod. Mittels der sogenannten Photosynthese wandeln grüne (chlorophyllhaltige) Pflanzen das Kohlendioxid in der Luft in organische Verbindungen, sowie in Sauerstoff um.[4]

Kohlenwasserstoffe sind weit verbreitete chemische Verbindungen, die einzig aus den Elementen Kohlenstoff (C) und Wasserstoff (H) bestehen. Sie sind sehr wichtige Grundbausteine des Lebens. Denn aus diesen Verbindungen lassen sich alle organischen Kohlenstoffverbindungen ableiten.[4]

Kreidezeit. Die jüngste geologische Formation des Erdmittelalters (Mesozoikum) vor etwa 140 bis 60 Millionen Jahren. In der Kreidezeit herrschte die größte Artenvielfalt der Saurier, die Land, Wasser und Luft dominierten. Deren Ende vor zirka 65 bis 60 Millionen Jahren wurde geprägt vom Aussterben der → Dinosaurier und anderer erdmittelalterlicher Leitfossilien wie den Ammoniten. Erst durch diesen „Faunenschnitt“ wurde der Weg geebnet für die Entwicklung und Ausbreitung der Säugetiere, die in der oberen Kreidezeit eine kleine ökologische Nische als Insektenfresser und Beuteltiere fanden.[4,183]

Krypton (chem. Zeichen Kr, grch. „das Verborgene"). Ein Element aus der Gruppe der Edelgase mit der → Ordnungszahl 36. Krypton besitzt insgesamt 24 → Isotope, darunter sechs natürlich vorkommende, die als stabil gelten. Das farb- und geruchslose Gas ist in der Erdatmosphäre mit 0,0001 Volumenprozent enthalten. In Reinform gewonnen wird es durch Zerlegungsdestillation aus Rückständen der Luftverflüssigung.[4]

Lichtgeschwindigkeit. Jene Geschwindigkeit, mit der sich elektromagnetische Wellen (wie Licht) ausbreiten. Nach genauesten Messungen beträgt die Lichtgeschwindigkeit c 299.792,458 Kilometer pro Sekunde im luftleeren Raum. Gemäß der Relativitätstheorie von Albert Einstein ist sie eine universelle Konstante, gleichzeitig aber die Grenzgeschwindigkeit für Wirkungen überhaupt, damit auch der Bewegung materieller Körper.[4] Inzwischen halten es zahlreiche Physiker für möglich, dass darüber hinaus auch eine die Lichtgeschwindigkeit übertreffende → Überlichtgeschwindigkeit möglich ist.

Lichtjahr. In der Astronomie festgelegte Längeneinheit für jene Strecke, welche das Licht während eines Jahres im Luftleeren Raum zurücklegt: 9,460528 Billionen Kilometer. Das Licht der Sonne benötigt ungefähr 8,25 Minuten, um zur Erde zu gelangen, das Licht des Sirius etwa neun Jahre, und jenes des Polarsternes braucht sogar an die 300 Jahre.[187]

Luftdruck. Von der Masse aller Luft- und Wassermoleküle, unter Einwirkung der Schwerebeschleunigung der Erde ausgeübter Druck. Er wird mit dem Barometer gemessen, und in Hektopascal (hPa) – früher Millibar (mbar) – angegeben. In Meereshöhe beträgt der Luftdruck im Durchschnitt 1013 hPa; wetterbedingt kann dieser aber zwischen 880 und 1080 hPa schwanken. Je fünf Kilometer Höhe nimmt der Luftdruck auf rund die Hälfte ab; in zehn Kilometer Höhe beträgt er noch etwa 250 hPa, in 50 Kilometer nur noch ein Hektopascal.[4]

Mare (lat. Meer). Dunkle Tiefebenen auf dem Mond, die bei Betrachtung mit dem bloßen Auge das auffallendste Merkmal seiner Oberfläche bilden. Insgesamt nehmen Mare 16,9 Prozent der Mondoberfläche ein, wobei deren Verteilung sehr ungleichmäßig ist. In der Frühzeit der Mondforschung hielt man diese dunklen Flecken für Meere, zu vergleichen mit jenen auf der Erde. Tatsächlich aber sind es erstarrte Lavadecken im Innern kreisförmiger Becken und unregelmäßiger Einsenkungen, die womöglich in der Frühphase des Mondes durch riesige Einschläge (→ Impakt) entstanden sind.[188]

Mayas. Altes indianisches Volk in Zentralamerika, in den Staaten Mexiko, Guatemala, Belize, El Salvador und Honduras. Zwar wurden die Mayas seit dem 16. Jahrhundert durch die spanischen Eroberer stark dezimiert, haben sich aber bis heute als ethnische Gruppe behaupten können. Die mehr als zwei Millionen Angehörigen sind in mehrere Untergruppen aufgesplittert. Mit großartigen Stätten wie Palenque, Tikal, Yaxchilan und vielen mehr hinterließen sie staunenswerte Relikte, die für die → Paläo-SETI-Forschung wichtige Hinweise auf die Präsenz außerirdischer Intelligenzen in der Vergangenheit darstellen.[183] Die Mayas verfügten zudem über profunde Kenntnisse in der Astronomie, die an unseren heutigen Wissensstand heranreichen, deren Herkunft jedoch völlig im Dunkeln liegt.

Menhir (aus dem breton. „langer Stein"). Aufrecht stehende, in manchen Fällen bis über 20 Meter hohe Steine, die meist aus der Jungsteinzeit stammen. Ihr Verbreitungsgebiet erstreckt sich hauptsächlich über England und Frankreich nach Deutschland und Skandinavien. Als größter bekannter Menhir gilt „le grand menhir brisé" unweit von Locmariaquer in der Bretagne, der heute in vier Einzelteile zerbrochen auf dem Boden liegt. Als Ganzes maß er einst insgesamt 21 Meter, und sein Gewicht betrug geschätzte 300 bis 350 Tonnen.[4,18] Bei derartigen Gewichten stellt sich natürlich eine Frage logistischer Art: Mit welchen technischen Hilfsmitteln wurden diese Steinkolosse in grauer Vorzeit hergestellt und transportiert?

Meteoriten. In den meisten Fällen kleine Festkörper außerirdischer Herkunft, die in die Erdatmosphäre eindringen und entweder ganz oder teilweise verdampfen. Dabei verursachen sie häufig die als Meteore – oder volkstümlich als „Sternschnuppen" – bezeichneten Leuchterscheinungen. Man kann Stein- und Eisenmeteorite unterscheiden; und obwohl Eisenmeteorite häufiger gefunden werden, beträgt ihr Anteil gerade einmal fünf Prozent. In vereinzelten Fällen können Meteorite auch beachtliche Ausmaße erreichen und hinterlassen riesige Krater, wie etwa das Nördlinger Ries.[4]
Da in unmittelbarer Erdnähe immer wieder relativ große kosmische Geschosse gewissermaßen auf Kollisionskurs auftauchen, könnte es eines Tages durchaus wieder zum → Impakt solch eines Körpers kommen. Im Gegensatz zu erdgeschichtlichen Zeiten wäre dies heutzutage mit immensen materiellen Schäden und in die Millionen oder gar Milliarden gehenden Verlusten an Menschenleben verbunden.

Missing link (engl. „fehlendes Bindeglied"). In der von dem britischen Biologen Charles R. Darwin aufgestellten → Evolutionstheorie jene Übergangsform, welche die Stellung zwischen dem letzten Menschenaffen, und dem ersten Menschen in der Entwicklungsreihe einnimmt.[4] Doch bis heute wurde, trotz eifrigster Suche und zahlreicher neuer Fossilienfunde, dieses Bindeglied noch immer nicht gefunden.

Ordnungszahl (auch: Kernladungszahl). Diese gibt für chemische Elemente sowohl die Anzahl aller Protonen (+) im Atomkern, als auch der Elektronen (–) in der Elektronenhülle an. Die besagte

Zahl legt darüber hinaus die Position eines Elements im Periodensystem fest. Die niedrigste Ordnungszahl besitzt der Wasserstoff (H = 1), die höchste der natürlichen Elemente das radioaktive → Uran (U = 92). Höhere Ordnungszahlen belegen einzig die sogenannten Transurane, die jedoch in der Natur nicht vorkommen, sondern zum Teil erst bei Kernspaltungen im Labor sowie bei den zahlreichen Atomwaffenexplosionen entstanden sind.[150]

Paläo-SETI-Forschung („SETI": von „Search for Extraterrestrial Intelligence"). Damit wird die Suche nach Indizien bezeichnet, die den Besuch oder diverse steuernde Eingriffe (z.B. auf genetischem Gebiet) außerirdischer Intelligenzen in vor-, früh- oder sogar schon in erdgeschichtlichen Zeiten belegen. Hierbei soll sich die Einflussnahme dieser Fremden sowohl auf die Evolution verschiedenster Spezies, als auch auf die kulturgeschichtliche Entwicklung der Menschheit erstreckt haben.
Als prominentester Vertreter dieser relativ jungen Forschungsrichtung gilt unangefochten der Schweizer Forscher und Bestsellerautor Erich von Däniken. In der Vergangenheit wurde zwar schon mehrmals die Möglichkeit vorzeitlicher Besuche von Außerirdischen geäußert, wie etwa in akademischen Kreisen der Sowjetunion während der 1950er und 1960er Jahre. Aber Erich von Däniken gebührt das Verdienst, diese in keinerlei Widerspruch zu den gültigen Naturgesetzen stehende Theorie einem breiten Publikum in der ganzen Welt bekannt und akademisch diskussionsfähig gemacht zu haben.[183]

Paläozoikum (auch Erdaltertum). Der auf die Erdfrühzeit (Eozoikum) folgende lange Abschnitt, in dem sich das Leben auf diesem Planeten spürbar auszubreiten begann. Die Dauer des Paläozoikums wird von 600 bis etwa 240 Millionen Jahre vor unserer Zeit datiert. Es ist untergliedert in die Zeitalter → Kambrium, Silur, Devon, Karbon und → Perm.[73]

Parapsychologie. Grenzgebiet der Psychologie, das sich mit der Erforschung psychischer und psychophysischer Erscheinungen (sogenannter „PSI-Phänomene“) beschäftigt, die mit den uns geläufigen Naturgesetzen weder erklärbar noch begreifbar sind. Dazu zählen rätselhafte Geschehen wie Geistererscheinungen, Telepathie, Telekinese und vieles mehr, die eine Macht des Geistes über die Materie zu belegen scheinen. Der Begriff der Parapsychologie wurde im Jahre 1889 von dem deutschen Philosophen Max Dessoir (1867–1947) geschaffen. Der erste Lehrstuhl für diese Forschungen in Deutschland wurde bereits in den 1950er Jahren an der Universität von Freiburg im Breisgau begründet und besteht bis heute fort.[43]

Perm (benannt nach einem früheren russischen Gouvernement). Im Erdaltertum (→ Paläozoikum) die jüngste geologische Formation, angesetzt zwischen 280 und 240 Millionen Jahre vor unserer Zeit. Paläontologisch gesehen, hat das Perm Übergangscharakter zur nachfolgenden Trias-Formation des Erdmittelalters.[4] Waren bis dato noch als Landtiere die Amphibien dominant, begann zum Ende des Perm der Aufschwung der Reptilien, die dann im Mesozoikum mit den → Dinosauriern eine zuvor nie gekannte Artenvielfalt entwickelten.

pH-Wert (von lat. potentia hydrogenii, „Stärke des Wasserstoffes“).Der pH-Wert ist eine Maßzahl der Wasserstoffionenkonzentration, die den Säuregrad beziehungsweise die Stärke der Base einer wässerigen Lösung kennzeichnet. Werte von 1 bis 6 bedeuten Säuren, wobei 1 eine starke und 6 eine schwache Säure bedeutet. Der pH-Wert 7 steht für eine neutrale Lösung, während 8 bis 14 Basen kennzeichnet. Die Bestimmung des pH-Wertes erfolgt durch Indikatoren wie Lackmuspapier, welches sich in Säuren rot und in Basen blau färbt. Bei chemischen wie auch biologischen Vorgängen ist diese Maßzahl von großer Bedeutung.[187]

Prä-Kambrium. Der gesamte Zeitraum seit Entstehung der festen Erdkruste vor dem Beginn des → Kambriums. Das Prä-Kambrium umfasst zeitlich gesehen einen wesentlich größeren Zeitraum, als alle nachfolgenden geologischen Formationen zusammengerechnet. Es wird gegliedert in Kryptozoikum und Proterozoikum. Letztere Bezeichnung steht für die erste Entwicklung organischen Lebens. Das Ende des Prä-Kambriums, und der Übergang zum Kambrium wird auf etwa 600 bis 570 Millionen Jahre vor unserer Zeit datiert. Als sogenanntes Prä-Kambrium-Kambrium-Problem wird der überraschend einsetzende Fossilreichtum zu Beginn des Kambriums bezeichnet, als nach dem plötzlichen Verschwinden einer „Ediacara-Fauna" genannten Tierwelt praktisch auf einen Schlag alle Stämme wirbelloser Tiere vorhanden waren.[4]

Radioaktivität. Die Eigenschaft von Atomkernen, infolge eines Überschusses an Protonen und Neutronen sich spontan, also ohne äußere Einwirkung wie Druck oder Temperatur in andere Atomkerne umzuwandeln. Dabei wird Energie in Form von Teilchen beziehungsweise elektromagnetischer Strahlung frei. Der Franzose Antoine Becquerel (1852–1908) entdeckte 1896 am → Uran die Radioaktivität. Sein Name wurde daraufhin zur Maßeinheit für die Aktivität einer radioaktiven Substanz. Man unterscheidet zwischen natürlicher Radioaktivität, die bei einigen in der Natur vorkommenden Elementen auftritt, und künstlicher Radioaktivität bei im Labor hergestellten Atomkernen.[183]

Royal Astronomical Society (RAS). Im Jahre 1820 begann die RAS als „Astronomical Society of London" mit dem Ziel, die astronomische Forschung zu unterstützen. Zu jener Zeit wurde sie mehr von Amateur-Astronomen als von professionellen Beobachtern betrieben. Die Londoner Gesellschaft wurde schließlich 1831 vom englischen König Wilhelm IV. (1765–1837; aus dem Haus Hannover) zur Royal Astronomical Society erhoben. In ihrem Wappen führt sie ein Teleskop von Sir William Herschel (1738–1822), der für die Entdeckung je zweier Monde der Planeten Saturn und Uranus in den Adelsstand erhoben wurde. Und auch Herschels lateinischer Wahlspruch, „quicquid nitet notandum", auf Deutsch „was immer scheint, das möge aufgezeichnet werden", ist auf dem Wappen der Royal Astronomical Society verzeichnet.[189]

Society for Psychical Research (S.P.R.). Dieser am 20. Februar 1882 in London gegründete Verein hat sich der Erforschung der verschiedenen Phänomene auf dem Gebiet der → Parapsychologie verschrieben. Gründungsmitglieder der S.P.R. waren William F. Barrett, Frederic W. H. Myers, Edmund Gurney sowie George John Romanes. Sie alle waren dem 1546 gegründeten Trinity College verbunden, das sich im englischen Cambridge befindet. Die Anregung zu der Gründung der S.P.R. kam bereits 1876 von William Barrett, welcher ein großes Interesse am damals aufgekommenen Spiritismus hegte. Die Ergebnisse der parapsychologischen Forschungen werden turnusmäßig in den „Proceedings of the Society for Psychical Research" und im „Journal of the Society for Psychical Research" veröffentlicht.[190]

Sonne. Im engeren Sinne der Zentralkörper unseres Planetensystems und der uns am nächsten gelegene → Fixstern. Sie gehört zudem der → Sternklasse G an, mit gelber Farbe und einer Oberflächentemperatur zwischen 5.000 und 6.000 Grad Celsius.[4] Im weiteren Sinn die Bezeichnung für jeden Stern im Universum. Da inzwischen Tausende sogenannter Exoplaneten entdeckt wurden, muss davon ausgegangen werden, dass die überwiegende Anzahl aller Sonnen im All über ein eigenes Planetensysteme verfügt.

Spektralanalyse. In der physikalischen Chemie gängiges Verfahren zum Nachweis wie auch zur Mengen- und Konzentrationsbestimmung chemischer Elemente aus ihrem → Spektrum, vorwiegend im sichtbaren Bereich.[4]

Spektrum (lat. „Bild", „Erscheinung"). Die Intensitätsverteilung einer elektromagnetischen Strahlung in Abhängigkeit ihrer Wellenlänge. Beim Spektrum des sichtbaren Lichts gehen die Farben stetig ineinander über: Sie beginnen bei Blauviolett, dann gehen sie über Blau, Grün, Gelb und Orange bis Gelblichrot. Im nicht sichtbaren Bereich erstreckt sich das elektromagnetische Spektrum von der kurzwelligen kosmischen Höhenstrahlung bis zu langen Radiowellen.[4] Anhand der verschiedenen Wellenlängen des sichtbaren Lichts werden auch die → Fixsterne in eine Reihe von → Sternklassen eingeteilt.

Sternklassen. Nach ihrem → Spektrum werden die Sterne in unterschiedliche Klassen, und zwar in Abhängigkeit von der Oberflächentemperatur, eingeteilt. Diese drückt sich in ihrer Farbe aus. Einmal abgesehen von speziellen Untergliederungen gibt es folgende sieben Grundtypen:

- O: Farbe Blau, Oberflächentemperatur 30.000 bis 50.000 Grad Kelvin (K)
- B: Farbe blau-weiß, Oberflächentemperatur 10.000 bis 28.000 Grad Kelvin
- A: Farbe Weiß, leicht bläulich, Oberflächentemperatur 7.500 bis 9.750 K
- F: Farbe weiß-gelb, Oberflächentemperatur zwischen 6.000 und 7.350 K
- G: Farbe Gelb, Oberflächentemperatur 5.000 bis 5.900 K; zu dieser Sternklasse gehört unsere eigene Sonne
- K: Farbe Orange, Oberflächentemperatur 3.000 bis 4.850 Grad
- M: Farbe rötlichorange, die Oberflächentemperatur liegt zwischen 2.000 und 3.350 Grad K. Zu dieser Klasse zählt zum Beispiel der unserem Sonnensystem am nächsten gelegene Stern, Proxima Centauri.[191]

Anmerkung: Die Teilung der Kelvin-Skala entspricht genau jener der Celsius-Skala, doch als Nullpunkt benutzt sie die mit minus 273,15 Grad Celsius absolut niedrigste Temperatur.[4] Mit besseren astronomischen Instrumenten wurde eine genauere Klassifizierung möglich. Deshalb hat man die oben genannten Spektralklassen nochmals von 0 bis 9 abgestuft, so dass jeweils noch Zwischenklassen definiert wurden. Die oben zitierten sieben Grundtypen O, B, A, F, G, K und M machen rund 99 Prozent aller Sterne aus.[191]

Thorium (chem. Zeichen Th, benannt nach dem germanischen Gott Thor) Im Jahre 1828 von dem schwedischen Chemiker Jöns Jakob Freiherr von Berzelius (1779–1848) entdecktes, radioaktives Element mit der → Ordnungszahl 90. Thorium ist ein weiches, silberweißes Metall. Natürlich kommt es fast ausschließlich in Form des → Isotops Th_{232} vor, das als Anfangsglied der Thorium-Zerfallsreihe mit einer → Halbwertszeit von 13,9 Milliarden Jahren zerfällt. In der Erdkruste ist es mit etwa 0,001 Prozent rund fünfmal häufiger vertreten als → Uran.[4]

Tiefengesteine. Sammelbezeichnung für die Hauptgruppe der magmatischen Gesteine, auch „plutonische Gesteine“ genannt. Diese entstehen durch die Erstarrung von glutflüssigem Magma in größerer Tiefe, im Gegensatz zu den an der Erdoberfläche erstarrten Gesteinsarten. Die in großen Tiefen wirksame Wärmedämmung bedingt ein sehr langsames Fortschreiten der Kristallisation, was auf der anderen Seite die Bildung relativ großer Kristalle zur Folge hat. Die verbreitetsten Tiefengesteine sind die Minerale Andesit, Diorit und Granit. Sie alle besitzen aufgrund ihrer mittel- bis grobkörnigen Struktur einen recht hohen Härtegrad, was für deren Bearbeitung einen nicht unerheblichen technischen Aufwand notwendig macht.[183]

Überlichtgeschwindigkeit. Nach der von Albert Einstein aufgestellten „Allgemeinen Relativitätstheorie“ ist die → Lichtgeschwindigkeit (Wert c = 299.792,458 Kilometer in der Sekunde) die höchste im Universum erreichbare Geschwindigkeit. Mittlerweile wird dies von zahlreichen Wissenschaftlern in Zweifel gezogen. Denn an etlichen Forschungseinrichtungen experimentiert man mit Teilchen, und versucht sie auf Geschwindigkeiten zu beschleunigen, die deutlich jenseits der Lichtgeschwindigkeit liegen.[177]

UFO-Phänomen (von: „Unidentified Flying Object“ – „Unidentifiziertes Fliegendes Objekt“). Nach wie vor ungeklärtes und extrem kontrovers diskutiertes Phänomen, bei dem es u.a. zu Sichtungen oder gar Konfrontationen (z.B. in der Luftfahrt) mit fremdartigen Objekten kommt, deren Flugverhalten oft weit jenseits der technischen Möglichkeiten konventioneller, menschengemachter Fluggeräte liegt. Der 1986 verstorbene Professor J. Allen Hynek, zuletzt Leiter des „Center for UFO Studies“ (CUFOS) in Evanston (Illinois), erarbeitete bereits in den 1970er Jahren eine systematische Kategorisierung, die Beobachtungen von und Begegnungen mit unbekannten Flugobjekten und/oder sogar deren Besatzungen in feste Klassen einteilt. Hynek prägte den Begriff „Unheimliche Begegnungen“ und definierte drei Arten; inzwischen musste diese Nomenklatur noch erweitert werden.[192,193]
Berichte und Überlieferungen aus historischen und noch weiter zurückliegenden Epochen lassen allerdings den Schluss zu, dass das UFO-Phänomen nicht auf unsere moderne Zeit beschränkt ist. Mit entsprechenden Hinweisen aus weit zurückliegenden Zeiten beschäftigt sich die → Paläo-SETI-Forschung.

Uran (chem. Zeichen U, nach dem Planeten Uranus). Radioaktives Element aus der Reihe der Actinoide, mit der → Ordnungszahl 92. Die natürlich vorkommenden → Isotope mit den Massenzahlen 238, 235 und 234 sind Stammelemente radioaktiver Zerfallsreihen. Uran ist ein silberweißes, mäßig hartes Metall, das an der Luft anläuft und von verdünnten Säuren gelöst wird. In der Eigenschaft als chemisches Element wurde es schon 1789 von dem deutschen Chemiker Martin Heinrich Klaproth (1743–1817) aufgespürt, und als Metall erstmals 1841 vom französischen Chemiker Eugène Melchior Péligot (1811–1890) hergestellt. Die → Halbwertszeit von U_{238} beträgt 4,5 Milliarden Jahre, die Strahlung ist also sehr lange Zeit gefährlich. In der Erdrinde ist Uran in Erzen mit durchschnittlich 2 Gramm je Tonne vertreten.[4]

Wurmlöcher. Nach einer Theorie des amerikanischen Physikers John Archibald Wheeler weist die Raum-Zeit-Struktur eine große Zahl Löcher auf, die er als „Wurmlöcher" bezeichnet hat. Sie sollen zeit- und entfernungslos jeden Punkt in unserem Universum mit jedem anderen verbinden. Wheeler zufolge könnten sich zwischen diesen Wurmlöchern, die fortwährend auftauchen und auch wieder verschwinden, Signale bewegen, die eine sofortige und verzögerungsfreie Kommunikation zwischen allen Teilen des Weltraumes erlauben. Stabile Wurmlöcher könnten es außerirdischen Zivilisationen darüber hinaus ermöglichen, das Universum praktisch in Nullzeit zu durchqueren. Dies würde das Argument entkräften, dass wegen der riesigen Entfernungen im Universum → interstellare Raumfahrt unmöglich sein solle.[177,181]

Xenon (chem. Symbol Xe, grch. „das Fremde"). Element aus der Gruppe der Edelgase mit der → Ordnungszahl 54. Bekannt seit 1898, ist es in der Erdatmosphäre mit 0,000008 Volumenprozent vertreten. Die natürlichen → Isotope des Xenon gelten durchweg als stabil. Das (künstliche) Isotop Xe_{135} wirkt hemmend auf die Kettenreaktion in einem thermischen Reaktor.[4]

Nachtrag:

Der Wettlauf hat begonnen

Zwischen der Abgabe des Manuskripts und dem fertigen, gedruckten Buch liegen naturgemäß ungefähr zwei bis drei Monate. Dies ist eine nicht unerhebliche Zeitspanne, in der sich oftmals eine ganze Menge ereignet. Dann ist man froh, wenn man buchstäblich „in letzter Minute“ aktuelle Entwicklungen berücksichtigen kann. Was das Thema dieses Buches betrifft, ist der ausgesprochen glückliche Fall eingetreten, dass – anders als ich zu Beginn des neunten Kapitels befürchtete – die für Sommer 2020 geplanten Mars-Missionen wegen der Corona-Krise nicht dem Rotstift zum Opfer gefallen sind. Ganz ehrlich gesagt, war ich da einige Zeit lang durchaus etwas skeptisch. Und nicht weniger ehrlich: Selten habe ich mich lieber geirrt!

Doch im Gegenteil: Den „Startschuss“ bei all diesen Projekten machte ein Staatsverband, welcher bislang als Raumfahrtnation wohl eher nicht ins allgemeine Bewusstsein rückte: Die Vereinigten Arabischen Emirate. Diese hatten am 20. Juli 2020 mit einer japanischen Rakete die erste arabische Mars-Sonde ins All geschickt. Sie soll jedoch nicht auf dem Roten Planeten landen, sondern in eine Umlaufbahn einschwenken und den Mars von dort aus erforschen.[194]

Dann ging es buchstäblich „Schlag auf Schlag“. Am 23. Juli machte sich an Bord einer neu entwickelten Rakete vom Typ „Langer Marsch 5“ ein 240 Kilogramm schwerer Rover auf den sieben Monate langen Flug zum Mars. Mit diesem Projekt will die Volksrepublik China die zweite Nation werden, die auf unserem Nachbarplaneten landet, und dort ein Erkundungsfahrzeug betreibt (der damaligen Sowjetunion gelang zwar 1971 eine Landung, der Kontakt brach aber 20 Sekunden später ab).

Bereits eine Stunde nach dem reibungslos verlaufenen Start teilten die Verantwortlichen des chinesischen Raumfahrtprogramms mit, dass das Raumschiff seine vorbestimmte Bahn erreicht habe und erfolgreich auf dem weiten Weg sei. Es besteht aus einem Orbiter, einem Landegerät, sowie dem erwähnten Rover. „Tianwen 1" - was auf Deutsch so viel bedeutet wie „Fragen an den Himmel" - soll die Marsoberfläche etwas mehr als drei Monate lang erforschen. Er hat ein Radargerät an Bord, das tief unter der Oberfläche nach Spuren von Mikroorganismen und Wasser suchen kann. Außerdem soll er die Atmosphäre und das Magnetfeld erforschen.[194]

Wie geplant, hob am 30. Juli 2020 vom amerikanischen Weltraumbahnhof Cape Canaveral eine „Atlas-V"-Rakete mit demselben Ziel ab. An Bord trägt sie den Erkundungsrover „Perseverance" („Durchhaltevermögen", mit dem vorherigen Projektnamen „Mars 2020"). Mit einer Länge von drei Metern und einem Gewicht von rund 1000 Kilogramm ist das 2,5 Milliarden Dollar teure Gefährt technisch noch einmal weit ausgefeilter als alle seine Vorgänger. Ausgestattet ist es mit sieben wissenschaftlichen Instrumenten, zwei Mikrofonen, einem Laser sowie 23 Kameras. Sollte alles genau nach Plan verlaufen, wird das Landegerät im Februar 2021 in einem bis dato noch nie vor Ort untersuchten, heute ausgetrockneten See namens „Jezero Crater" weich aufsetzen.

Dieses ehrgeizigste aller amerikanischen Mars-Projekte soll natürlich die erwähnte chinesische Mission toppen; schon dafür sorgen zahllose technische Errungenschaften. „Er wird die Luft um ihn herum fühlen, den Horizont sehen und abtasten, und zum ersten Mal den Planeten auf der Oberfläche mit Mikrofonen abhören und Proben nehmen", zeigte sich NASA-Manager Thomas Zurbuchen sichtlich angetan von all seinen technischen Möglichkeiten. Die Instrumente könnten den Planeten Mars „möglicherweise sogar schmecken", indem sie die „Chemie der Steine und des Staubs analysieren."

Mit Vorschusslorbeeren wird bei diesem spektakulären Projekt wahrlich nicht gegeizt. Hoffen wir also, dass sich alle darin gesetzten Erwartungen auch erfüllen werden.

Und auch der Miniatur-Hubschrauber „Ingenuity“ ist, wie vorgesehen, bei der Mission dabei. Mit seinen vier Rotorblättern aus Kohlefasern, die deutlich schneller rotieren als jene von Hubschraubern auf der Erde, soll der Beweis angetreten werden, dass das Fliegen auf dem Roten Planeten trotz dessen deutlich dünnerer Atmosphäre möglich ist.

NASA-Chef Jim Bridenstine ist sich absolut sicher, dass die Perseverance-Mission dazu beiträgt, dass eines nicht mehr sehr fernen Tages Menschen nicht nur auf dem Mond leben und arbeiten, sondern auch auf einem anderen Planeten.[195,196]

Dass hier kein anderer als der Mars gemeint sein kann, versteht sich von selbst - zumindest für unsere nächste, überschaubare Zukunft. Schließlich ist er nach dem Mond unser nächster Nachbar im Sonnensystem. Und, wie ich in einigen der Kapitel in diesem Buch erläutert habe, auch der vielversprechendste Kandidat für organisches Leben außerhalb unseres Planeten.

Der Wettlauf hat begonnen.

Danksagung

Auch als ein routinierter „Schreiberling“, dessen mittlerweile 32. Buch hier vorliegt, darf man eines auf keinen Fall vernachlässigen: All jenen Menschen aufs Herzlichste zu danken, ohne deren Hilfe, Unterstützung und Anregungen dieses Werk ganz bestimmt nicht zustande gekommen wäre.

Es stimmt mich hierbei ausgesprochen traurig, dass schon drei meiner Freunde und Autorenkollegen, denen ich sehr viel zu verdanken habe, nicht mehr auf dieser Seite unserer Realität weilen. Die Rede ist von Peter Krassa, Ernst Meckelburg und Johannes Fiebag. Da Johannes‘ Metier unter anderem das Fachgebiet der Planetengeologie umfasste, verdanke ich seinen Arbeiten viele wichtige Anregungen zum Thema dieses Buches.

Ganz besonderen Dank schulde ich meinem „steinalten“ Freund und lebenslangem Vorbild, Erich von Däniken. Ohne dessen „Initialzündung“ vor mehr als 50 Jahren gäbe es sicher keinen Autor Hartwig Hausdorf. Ebensolcher Dank gebührt „meinem Admiral“ Rainer Holbe. Er weihte mich bei unseren Bootstouren auf der malerischen Vilaine in die Geheimnisse eines steingewordenen Abbildes unseres Sonnensystems ein. In dem steinzeitlichen Wunderwerk fehlt natürlich auch nicht unser Nachbar Mars nebst seinen ominösen Begleitern.

Sehr herzlich danke ich jenen Freunden und Kollegen, die sich mit viel Herzblut derselben Thematik annehmen. Hierbei haben sich Johannes v. Buttlar und Walter Hain im deutschsprachigen Raum bereits frühzeitig um die Geheimnisse des Roten Planeten verdient gemacht. Dank ergeht in diesem Zusammenhang auch an Luc Bürgin und Walter-Jörg Langbein sowie an Andreas v. Retyi.

Da mich sowohl eine sehr stark ausgeprägte Ungeduld als auch meine einseitige Bevorzugung des realen Lebens bislang recht erfolgreich davon abgehalten haben, ein echter Experte in Sachen digitaler Medien zu werden, bin ich unendlich dankbar für die Hilfe und die unermüdliche PC-Arbeit von Andrea Benschig und Renate

Dorfner. Und auch meinem außerordentlich engagierten Freund und Verleger, Werner Betz, dass auch dieses Buch - vor allem in einer derart schwierigen Zeit, wie wir sie gerade schmerzlich erleben! - so schnell den Weg von der Idee bis zur Verwirklichung nehmen konnte.

Sollte irgendjemand ungenannt bleiben, so bitte ich darum, mir dies nachzusehen. Wen ich jedoch auf keinen Fall vergessen darf, das sind die Menschen, die meine Bücher lesen. So sende ich – last but not least - an dieser Stelle ein herzliches Dankeschön hinaus in alle Welt, wo mir eine beständig wachsende Leserschar schon seit mehr als einem Vierteljahrhundert die Treue hält!

Hartwig Hausdorf

Quellenverzeichnis

1 Herrmann, J.: „dtv-Atlas zur Astronomie." Mannheim und München 1996

2 Fiebag, Johannes und Sasse, Torsten: „Mars – Planet des Lebens." Düsseldorf 1996

3 siehe Begriffserklärungen im Anhang dieses Buches

4 „dtv-Lexikon in 20 Bänden." Mannheim und München 1997

5 o.V.: „Lexikon der Physik: Planetenentstehung", auf: https://www.spektrum.de/lexikon/physik/Planetenentstehung

6 Meinert, Peer: „Suche nach einer zweiten Erde. NASA schickt Weltraumteleskop ‚Kepler' ins All", in: „Passauer Neue Presse" vom 12. März 2009

7 Horsten, Christina: „13 Billiarden Kilometer Distanz", in: „Passauer Neue Presse" vom 25. Juli 2015

8 o.V.: „Satellit 'Tess' sichtet erdähnlichen Planeten", in: „Passauer Neue Presse" vom 9. Januar 2020

9 o.V.: „Das weiß der Himmel. 400 Jahre nach Kepler und Galilei rufen die UN das Jahr der Astronomie aus", in: „Süddeutsche Zeitung" vom 10. Januar 2009

10 Thiesen, Stefan: „Bedeutung der sieben neuen Welten von Trappist 1", in: „Sagenhafte Zeiten", Nr. 3/2017

11 Luger, R., Sestovic, M. und Kruse, A.: „A terrestria-sized Exoplanet at the Snow Line of Trappist-1", auf: http://arxiv.org/abs/1703.04166

12 Wolf, E.T.: „Assessing the Habitability of the Trappist-1 System using a 3D Climate Model", auf: http://arxiv.org/abs/1703.05815

13 o.V.: „Mars One“, auf: https://de.wikipedia.org/wiki/Mars_One

14 o.V.: „Mission fehlgeschlagen: Ist Mars One endgültig Geschichte?“, auf: https://www.ingenieur.de/technik/fachbereiche/raumfahrt

15 Hausdorf, Hartwig: „Götterkriege. Dramatische Eingriffe einer überlegenen Intelligenz.“ Gross-Gerau 2017

16 Sylver, Christian und Gauthier, Charles: „Die Reise zum Mond findet doch statt“, in: „Das neue Universum, Band 84“. Stuttgart 1967

17 Büdeler, Werner: „Das Abenteuer der Mondlandung.“ Gütersloh 1969

18 Hausdorf, Hartwig: „Die Botschaft der Megalithen. Wer erbaute die steinernen Wunder?“ München 2015

19 Schmidt, Klaus: „Sie bauten die ersten Tempel. Das rätselhafte Heiligtum der Steinzeitjäger. „ München 2006

20 o.V.: „Zeittafel Astronomie“, auf: https://de.wikipedia.org/wiki/Zeittafel_Astronomie

21 Hausdorf, Hartwig: „Auf Spurensuche in Namibia“, in: „Sagenhafte Zeiten“, Nr. 6/2014

22 Lhote, Henri: „A la découverte des fresques du Tassili.“ Paris 1958

23 Däniken, Erich von: „Zurück zu den Sternen. Argumente für das Unmögliche.“ Düsseldorf 1969

24 o.V.: „US-Astronomen entdecken zehnten Planeten in unserem Sonnensystem“, in: „Passauer Neue Presse“ vom 28. Oktober 2005

25 o.V.: „US-Forscher wollen neunten Planeten entdeckt haben“, in: „Passauer Neue Presse“ vom 22. Januar 2016

26 Däniken, Erich von: „Meine Welt in Bildern." Düsseldorf 1973

27 Saunders, Mike: „Planetarium Stonehenge." Caterham (Surrey, UK) 1980

28 Buttlar, Johannes von: „Adams Planet. Das Paradies lag auf Phaethon." München 1991

29 Spiegel, Friedrich: „AVESTA. Die heiigen Schriften der Parsen." Leipzig 1852

30 Däniken, Erich von: „Beweise. Lokaltermine in fünf Kontinenten." Düsseldorf 1977

31 Dalberg, F. von: „Scheik Mohammed Fani's Dabestan oder von der Religion der ältesten Parsen." Aschaffenburg 1809

32 Bellinger, Gerhard J.: „Lexikon der Mythologie." Augsburg 1997

33 Titus Livius: „Ab urbe condita. Liber I" Stuttgart 1981

34 Bericht in der Tageszeitung „Stockton Evening Mail" (Kalifornien/USA) vom 27. November 1896

35 o.V.: „In Texas soll ein Raumschiff abgestürzt sein", in: „Passauer Neue Presse" vom 2. Juni 1973

36 Marrs, Jim: „Das UFO-Dossier. Verstörende Begegnungen mit außerirdischen Intelligenzen." München 1998

37 Fiebag, Johannes: „Die Anderen. Begegnungen mit einer außerirdischen Intelligenz." München 1993

38 Buttlar, Johannes von: „Leben auf dem Mars. Die neuesten Entdeckungen der NASA." München 1997

39 Hain, Walter: „Das Mars-Gesicht und andere Geheimnisse des Roten Planeten." München 1995

40 Abret, H. und Bois, L.: „Das Jahrhundert der Marsianer." München 1984

41 Retyi, Andreas von: „Wir sind nicht allein. Signale aus dem All.“ München 1994

42 Flammarion, Camille: „La planète Mars et ses conditions d'habitabilité.“ Paris 1892

43 Keller, Werner: „Was gestern noch als Wunder galt. Die Entdeckung geheimnisvoller Kräfte des Menschen.“ Zürich 1973

44 de Laak, Klaus: „Das 'Jahrhundert der Marsianer', in: Däniken, Erich von (Hrsg.): „Fremde aus dem All.“ München 1995

45 Gossler, Marcus: „Lexikon Grenzwissenschaften.“ Landsberg am Lech 1988

46 o.V.: „Lowell-Observatorium“, auf: https://de.wikipedia.org/wiki/Lowell-Observatorium

47 Lowell, Percival: „Mars.“ Boston/Mass. 1896

48 Lowell, Percival: „Mars and its Canals.“ New York 1908

49 o.V.: „Edward Walter Maunder“, auf: https://de.wikipedia.org/wiki/Edward_Walter_Maunder

50 Wells, Herbert George: „The War of the Worlds.“ London 1898

51 Drösser, Christoph: „Löste das Hörspiel 'Krieg der Welten' von Orson Welles 1938 in den USA eine Massenpanik aus?“, in: „Die Zeit“ vom 21. März 2015

52 Hanzelka, Jiri und Zikmund, Miroslav: „Südamerika – Bei den Kopfjägern.“ Berlin 1958

53 „Jeff Wayne's Musical Version of the War of the Worlds.“ Doppel-LP CBS 96000

54 o.V.: „Mariner“, auf: https://de.wikipedia.org/wiki/Mariner

55 Aus dem Archiv des Autors: Ausschnitt „Gab es Flüsse auf dem Mars?“, in: „Stern“, ca. 1972

56 Doberer, K.K.: „Lichtreflex vom Nachbarplaneten: Gibt es doch offene Wasserflächen auf dem Mars?“, in: „Prisma. Illustrierte Monatsschrift für Natur, Forschung und Technik“, Band 7/1952

57 o.V.: „Observations of Flares on Mars“, auf: http://home.earthlink.net

58 o.V.: „Mars Express“, auf: https://de.wikipedia.org/wiki/Mars_Express

59 o.V.: „Mars Reconnaissance Orbiter“, auf: https://wikipedia.org/wiki/Mars_Reconnaissance_Orbiter

60 o.V.: „Opportunity“, auf: https://de.wikipedia.org/wiki/Opportunity

61 o.V.: „Phoenix“, auf: https://de.wikipedia.org/wiki/Phoenix

62 o.V.: „Mars Science Laboratory“, auf: https://de.wikipedia.org/wiki/Mars_Science_Laboratory

63 o.V.: „Gestein aus Bayern hilft bei Mars-Mission“, in: „Passauer Neue Presse“ vom 9. März 2020

64 o.V.: „Mars-Boden gut genug für Spargel“, in: „Passauer Neue Presse“ vom 27. Juni 2008

65 o.V.: „Neue Anzeichen für Wasser auf dem Mars“, in: „Passauer Neue Presse“ vom 3. September 2011

66 Meinke, Carsten: „Marskrater stand zweimal unter Wasser“, in: „Passauer Neue Presse“ vom 14. März 2008

67 Müller, Andreas: „Mars Express findet erstmals Beweise für planetares Grundwassersystem auf dem Mars“, auf: https://www.grenzwissenschaft-aktuell.de

68 o.V.: „Kiesel deuten auf Bewohnbarkeit des Mars hin“, in: „Passauer Neue Presse“ vom 29. September 2012

69 o.V.: „Mars war Millionen Jahre lebensfreundlich“, in: „Passauer Neue Presse“ vom 3. Juni 2017

70 Pflug, H.D.: „Leben – älter als die Erde?“, in: „Umschau in Wissenschaft und Technik“, Bd. 17/1972

71 Zimmermann, Olaf: „Flüssiges Wasser auf dem Mars“, auf: https://www.weltderphysik.de/gebiet/universum/news/2018

72 Müller, Andreas: „Geeignet für irdisches Leben: Marswasser war reich an Mineralien und Salzen“, auf: https://www.grenzwissenschaft-aktuell.de

73 Hausdorf, Hartwig: „Die Rückkehr der Drachen. Den letzten lebenden Dinosauruern auf der Spur.“ München 2003

74 Russell, Dale und Tucker, Wallace: „Supernovae and the Extinction of the Dinosaurs“, in: „Nature“, Ausgabe August 1971

75 Brookesmith, Peter (Hrsg.): „Lost and Found.“ London 1987

76 „NASA-News“, Nr. 71 vom 9. Mai 1991

77 Güttel, Irena: „Forscher: Asteroid gab Dinosauriern den Rest“, in: „Passauer Neue Presse“ vom 8. Februar 2013

78 o.V.: „ALH84001 (Meteorit)“, auf: https://de.wikipedia.org/wiki/ALH_84001_(Meteorit)

79 Lapen, T.J. et al: „A younger Age for ALH84001 and it's geochemical Link to Shergottite Sources in Mars“, in: „Science“, Vol. 328/2010

80 McKay, David S. et al: „Search for Past Life on Mars: Possible Relic Biogenetic Activity in martian Meteorite ALH84001“, in: „Science“, Vol. 273/1996

81 Wright, I.P., Grady, M.M. und Pillinger, CT.: „Organic Material in a Martian Meteorite“, in: „Nature“, Vol. 340/1989

82 Banner, Tanja: „'Curiosity' findet organisches Material auf dem Mars“, auf: https://www.fr.de/wissen (Aktualisiert am 8. Juni 2018

83 Banner, Tanja: „Gibt es Leben auf dem Mars? Wir sind nicht darauf vorbereitet, sagt ein NASA-Forscher“, auf: https://www.fr.de/wissen (Aktualisiert am 20. Dezember 2019)

84 Däniken, Erich von: „Aussaat und Kosmos. Spuren und Pläne außerirdischer Intelligenzen.“ Düsseldorf 1972

85 Däniken, Erich von: „Der Tag, an dem die Götter kamen. 11. August 3114 v.Chr.“ München 1984

86 Hausdorf, Hartwig: „Wenn Götter Gott spielen. Die Schöpfung war programmiert.“ München 1997

87 o.V.: „Kirche: Auch Außerirdische dürfen auf Erlösung hoffen“, in: „Süddeutsche Zeitung“ vom 22. August 1996

88 Waters, Frank: „Book of the Hopi.“ New York 1963

89 Blumrich, Joseph F.: „Kasskara und die sieben Welten.“ München 1985

90 Sejourne, Laurette: „Pensamiento y Religion en el Mexico Antiguo.“ Mexico D.F. 1957

91 Harleston, Hugh: „A Mathematical Analysis of Teotihuacan“, in: XLI. International Congress of Americanists, Mexico D.F. 1974

92 Hausdorf, Hartwig: „Begegnungen mit dem Unfassbaren. Reiseführer zu phantastischen Phänomene. München 2008

93 o.V.: „Menhirs des Grees, Commune de Messac“, auf: http://www.megalithes.bretons.fr

94 Blunck, Jürgen: „Solar System Moons: Discovery and Mythology.“ Heidelberg/Berlin/New York 2009/2010

95 o.V.: „Phobos (Mond)“, auf: https://de.wikipedia.org/wiki/Phobos_(Mond)

96 o.V.: „Deimos (Mond)“, auf: https://de.wikipedia.org/wiki/Deimos_(Mond)

97 Däniken, Erich von: „Erinnerungen an die Zukunft. Ungelöste Rätsel der Vergangenheit.“ Düsseldorf 1968

98 Swift, Jonathan: „Gulliver's Travels.“ Dublin 1727

99 o.V.: „Die fünf Entdeckungen der Marsmonde“, auf: http://www.esa.int/ger

100 Topper, Uwe: „Das Rätsel der beiden Marsmonde“, auf: http://www.efodon.de/html/archiv/weltraum/mars

101 Kolosimo, Peter: „Schatten auf den Sternen. Der Vorstoß ins All.“ Wiesbaden 1971

102 o.V.: „Iossif Samuilowitsch Schklowski“, auf: https://de.wikipedia.org/wiki/Iossif_Samuilowitsch_Schklowski

103 American Academy of Arts and Sciences: „Book of Members 1780 – present“, auf: https://www.amacad.org

104 Sagan, Carl und Shklovsky, Iossif S.: „Intelligent Life in the Universe.“ San Francisco 1966

105 Öpik, Ernst J.: „Phobos, Nature of Acceleration“, in: „Irish Astronomical Journal“, Vol. 6, 1964

106 o.V.: „Sonde liefert neue Aufnahmen von Mars-Mond Phobos“ auf: https://www.grenzwissenschaft-aktuell.de

107 Habeck, Reinhard: „Das Unerklärliche. Mysterien, Mythen, Menschheitsrätsel.“ Wien 1997

108 Classen, Johannes: „Veränderungen auf dem Mond“, aus: Veröffentlichungen der Sternwarte in Pulsnitz (Sachsen), Nr. 5/1969

109 o.V.: „Sternwarte Passau fotografierte rätselhafte Lichtfontäne im Aristarch-Gebiet“, in: „Sterne und Weltraum“, Nr. 8-9/1972

110 Geise, Gernot: „Leuchtflecke und Lichtblitze auf dem Mars“, auf: https://atlantisforschung.de

111 o.V.: „The Light Flash From Mars. Prof. Pickering Makes a Statement in Regard to Alleged Signals“, in: „The New York Times“ vom 16. Januar 1901

112 Pauwels, Louis und Bergier, Jacques: „Aufbruch ins Dritte Jahrtausend. Die Zukunft der phantastischen Vernunft.“ Bern und München 1962

113 Charroux, Robert: „Phantastische Vergangenheit. Die unbekannte Geschichte der Menschen seit hunderttausend Jahren.“ München 1966

114 Retyi, Andreas von: „Wir sind nicht allein. Signale aus dem All.“ München 1994

115 Heuseier, Holger: „Betrachtungen zur Vulkanaktivität auf dem Planeten Mars sowie synoptische Studien atmosphärischer Trübungserscheinungen“, in: „Die Sterne“, Bd. 7/8, 1969

116 Schröder, Wolfgang K.: „Lichter auf dem Mars“, in: Däniken, Erich von (Hrsg.): „Neue kosmische Spuren.“ München 1992

117 o.V.: „Komm mit zum Mars – Folge VIII. Das große „W“: Nachricht oder Staubwolke?“, im redaktionellen Teil der Jugendzeitschrift „Micky Maus“, Heft 23 vom 10. Juni 1967

118 o.V.: „UFOs – so rund wie Untertassen. Unbekannte Flugobjekte.“ Augsburg 1992

119 Wehner, Mike: „NASA's Curiosity Rover saw Something flash on Mars, and People are freaking out“, auf: https://bgr.com/2019/06/24/mars-flash-curiosity-rover-photo

120 o.V.: „Der Marsmond Phobos fällt langsam auseinander“, auf: http://www.astropage.eu

121 o.V.: „Phobos: Rätsel der Gräben gelöst?“, auf: https://www.scinexx.de/news/geowissen

122 Schneider, Adolf: „Besucher aus dem All. Das Geheimnis der unbekannten Flugobjekte.“ Freiburg/Br. 1974

123 Bürgin, Luc: „Mondblitze. Unterdrückte Entdeckungen in Raumfahrt und Wissenschaft.“ München 1994

124 Wilkins, Hugh Percy: „Our Moon.“ London 1954

125 Leonard, George H.: „Someone Else is on our Moon.“ New York 1976

126 Brookesmith, Peter (Hrsg.): „Puzzles of Time and Space.“ London und Sydney 1987

127 o.V.: „Pyramide auf dem Mars entdeckt“, in: „BILD“ vom 24. Juni 2015

128 Hausdorf, Hartwig: „Das chinesische Roswell. Neue außerirdische Spuren in Ostasien.“ München 2013

129 Rickman, Larry: „Auf dem Mars ist der Affe los“. US-Forscher glauben an Leben auf dem Planeten“, in: „Abendzeitung“ (München), ca. Sommer 1981

130 o.V.: „Intelligente Wesen auf dem Mars? US-Forscher entdecken Zeichen uralter Kultur“, in: „tz“ (München), ca. Sommer 1981

131 o.V.: „Wissenschaftler spekulieren über 'Mars-Gesicht'", in: „Passauer Neue Presse", ca. Sommer 1981

132 diPietro, Vincent und Molenaar, Gregory: „Unusual Martian Surface Features." Glenndale (USA) 1982

133 Hoagland, Richard C.: „The Monuments of Mars." Berkeley (California) 1987

134 o.V.: „DerMars verliert sein Gesicht", in: „Sagenhafte Zeiten", Nr. 4/2001

135 o.V.: „Bestätigt: Kein Marsgesicht", in: „Sagenhafte Zeiten", Nr. 6/2006

136 Fiebag, Johannes: „Sternentore. Sie sind hier. Außerirdische Präsenz auf der Erde und im Sonnensystem." München 1996

137 o.V.: „Eine Falschmeldung ist kein versehentlicher Fehler", in: „Passauer Neue Presse" vom 20. April 2020

138 McDaniels, Stanley: „Methodological Concerns in Researching the Possibility of Artificial Structures on Mars", in: „Journal of Scientific Exploration", 1995

139 Crater, Horace und McDaniels, Stanley: „Mound Configurations on the Martian Cydonia Piain: A Geometric and Probabilistic Analysis", in: „Journal of Scientific Exploration", 1995

140 Schwartz, Dan: „Did NASA Photograph Ruins of an Ancient City on Mars?", in: „National Enquirer" vom 25. Oktober 1977

141 o.V.: „Mars: Cydonia Mensae", auf: https://www.answering-Christianity.com

142 o.V.: „Merkwürdige Marshöhle könnte außerirdisches Leben beherbergen", in: „Der Standard" vom 6. April 2020

143 Fuchs, Walter R.: „Knaurs Buch der modernen Physik." München und Zürich 1965

144 Brandenburg, John E.: „Tod auf dem Mars. Die Entdeckung eines planetaren nuklearen Massakers.“ Immenstadt/Allgäu 2018

145 o.V.: „John E. Brandenburg“, auf: https://de.wikipedia.org/wiki/John_E._Brandenburg

146 o.V.: „Wissenschaftler rekonstruieren neuen Säugetier-Stammbaum“, in: „Passauer Neue Presse“ vom 8. Februar 2013

147 McKerrow, W.S. (Hrsg.): „Paläoökologie,“ Stuttgart 1981

148 Achtnich, T.: „Fremde Welt der Ediacara-Fauna“, in: „Süddeutsche Zeitung“ vom 10. Mai 1984

149 Fiebag, Johannes: „Das Rätsel der Ediacara-Fauna“, in: Däniken, Erich von (Hrsg.): „Kosmische Spuren.“ München 1988

150 Hausdorf, Hartwig: „Experiment: Erde. Die Zukunft, die schon gestern war.“ München 2000

151 Däniken, Erich von: „Neue Erkenntnisse. Beweise für einen Besuch von Außerirdischen in vorgeschichtlichen Zeiten.“ Rottenburg 2018

152 Lovell, Bernard et al.: „Weltraumatlas.“ Bern 1970

153 Dopatka, Ulrich: „Lexikon der außerirdischen Phänomene. Das Standardwerk der Präastronautik.“ Bindlach 1992

154 Ruppe, Harry O.: „Die grenzenlose Dimension Raumfahrt. Band 2.“ Düsseldorf 1982

155 Clube, Victor und Napier, Bill: „The Cosmic Serpent. A catastrophic View of Earth History.“ London 1982

156 o.V.: „Schülerin findet Namen für Mars-Hubschrauber“, in: „Passauer Neue Presse“ vom 1. Mai 2020

157 o.V.: „Mars Helicopter Ingenuity“, auf: https://en.wikipedia.org/wiki/Mars_Helicopter_Ingenuity

158 Zeitlin, C., Hassler, D.M. et al: „Measurements of energetic Particle Radiation in Transit to Mars on the Mars Science Laboratory“, in: „Science“, Bd. 340, Mai 2013

159 o.V.: „Sicher und geschützt in der Plasmablase“, auf: https://www.Wissenschaft.de/astronomie-physik

160 Sonnenfeld, G., Butel, J.S. und Shearer, W.T.: „Effects of the Space Flight Environment on the Immune System“, in: „Reviews on Environmental Health“, Bd. 18, Januar-März 2003

161 Mermel, L.A.: „Infection Prevention and Control during prolonged Human Space Travel“, in: „Clinical Infectious Diseases“, Bd. 56, Januar 2013

162 o.V.: „NASA bekommt kein Geld mehr für Reisen zum Mond und zum Mars“, auf: http://www.dradio.de/kulturnachrichten

163 Deiters, Stefan: „Obama hat Asteroiden und Mars im Visier“, auf: http://www.astronews.com/news

164 Bischoff, Jürgen: „Mission Mars. Eine Reise an die Grenzen des Möglichen“, in: „GEO“, Ausgabe November 2015

165 Foust, Jeff: „Independent Report concludes 2033 Human Mars Mission is not feasible“, auf: https://spacenews.com

166 o.V.: „Deep Space Gateway to open Opportunities for distant Destinations“, auf: https://www.nasa.gov

167 o.V.: „Unlike us, Elon Musk is using Old Tech: Russia shows reusable Nuke Engine for Mars Mission“, auf: https://www.rt.com/news

168 o.V.: „Die ersten Menschen auf dem 'Mars'“, in: „Passauer Neue Presse“ vom 15. Februar 2011

169 o.V.: „Der 'Jadehase'„erkundet den Mond“, in: „Passauer Neue Presse“ vom 16. Dezember 2013

170 o.V.: „Bemannter Marsflug“, auf: https://commons.wikimedia.org/wiki/Category: Manned_mission_to_Mars?uselang=de

171 o.V.: „Wie SpaceX die Menschheit zur multiplanetaren Spezies machen will“, auf: http://www.derstandard.at

172 Grush, Loren: „Elon Musk suggests SpaceX is scrapping its Plans to land Dragon Capsules on Mars“, auf: https://www.theverge.com

173 o.V.: „Interplanetary Transport System“, auf: http://www.spacex.com/mars

174 Präsentation von Elon Musk am 29. September 2017 im Rahmen des 68. International Astronautical Congress in Adelaide/Australien

175 Deardorff, J., Haisch, B., Maccabee, B. und Puthoff, H.E. „Inflation – Theory Implication for Extraterrestrial Visitations“, in: „Journal of the British Interplanetary Society“, Band 58, Januar 2005

176 Broom, R.: „Finding the Missing Link.“ London 1950

177 Hausdorf, Hartwig: „Götterbotschaft in den Genen. Wie wir wurden, wer wir sind.“ München 2012

178 Oberg, James E.: „New Earths – Restructuring Earth and other Planets.“ New York 1981

179 Putkamer, Jesco von: „Jahrtausendprojekt Mars.“ München 1996

180 Odenwald, M.: „Faszinierende Visionen von der 'Urbarmachung' des Planeten Mars“, in: „Frankfurter Rundschau“ vom 10. August 1991

181 Nicholls, Peter: „Science in Science Fiction. Sagt Science Fiction die Zukunft voraus?“ Frankfurt/Main 1983

182 o.V.: „Kernwaffenexplosion", auf: https://de.wikipedia.org/wiki/Kernwaffenexplosion

183 Hausdorf, Hartwig: „Nicht von dieser Welt. Dinge, die es nicht geben dürfte." München 2008

184 o.V.: „Fixstern", auf: https://de.wikipedia.org/wiki/Fixstern

185 O'Neill, Gerard: „Unsere Zukunft im Raum." Bern und Stuttgart 1978

186 o.V.: „Inselberg", auf: https://de.wikipedia.org/wiki/Inselberg

187 o.V.: „Club Universal Lexikon." Zürich 1969

188 o.V.: „Mare (Mond)", auf: https://de.wikipedia.org/wiki/Mare_(Mond)

189 o.V.: „Royal Astronomical Society", auf: https://de.wikipedia.org/wiki/Royal_Astronomical_Society

190 o.V.: „Society for Psychical Research", auf: https://de.wikipedia.org/wiki/Society_for_Psychical_ Research

191 o.V.: „Klassifizierung der Sterne", auf: https://de.wikipedia.org/wiki/Klassifizierung_der_Sterne

192 Hynek, J. Allen: „UFO-Report. Ein Forschungsbericht." München 1978

193 Hynek, J. Allen: „UFO-Begegnungen der ersten, zweiten und dritten Art." München 1979

194 Landwehr, Andreas: „China auf dem Weg zur All-Macht", in: „Passauer Neue Presse" vom 24. Juli 2020

195 Horsten, Christina: „USA wollen chinesische Mars-Mission toppen", in: „Passauer Neue Presse" vom 25. Juli 2020

196 Spang, Thomas: „Perseverance' unterwegs zum Roten Planeten. Mars-Mission 2020 erfolgreich gestartet", in: „Passauer Neue Presse" vom 31. Juli 2020

Bildquellen

Abb. 1, 8, 10, 11, 17: Archiv Autor

Abb. 2, 9: Erich von Däniken

Abb. 3: Johannes Fiebag

Abb. 13: NASA Global Surveyor

Abb. 5, 18: NASA Mariner 9

Abb. 15: Dr. Schleifer/Lowell Observatory

Abb. 7, 12, 14, 16, 19: Wikiimages by Pixabay

Abb. 4, 6: Wikipedia

Obwohl sich Verlag und Autor bemüht haben, zu sämtlichen Abbildungen dieses Buches die entsprechende Nachdruckerlaubnis einzuholen, ist es nicht in allen Fällen gelungen, die jeweiligen Inhaber der Rechte ausfindig zu Machen. Sofern diese uns aber in Kenntnis setzen, sind wir selbstverständlich darum bemüht, die Inhaber der betreffenden Bildrechte in künftigen Ausgaben namentlich zu nennen.

Literatur zu den Rätseln der Geschichte dieser Welt und weiteren faszinierenden Themen finden Sie im Verlagsprogramm des Ancient Mail Verlags:

Hartwig Hausdorf

Götterkriege

Dramatische Eingriffe einer überlegenen Intelligenz

ISBN 978-3-95652-230-7, Din A5,
Hardcover, 240 Seiten,
21 s/w-Abbildungen, **€ 19,80**

Vor langer Zeit bekriegten sich fremde, aus den Tiefen des Alls gekommene Intelligenzen auf unserem Planeten, beobachtet von unseren frühen Vorfahren, die sie für Götter hielten. Als dann die Zeiten furchbarer Götterschlachten vorüber waren, begannen die Menschen, sich gegenseitig zu bekämpfen. Kriege, an denen die Geschichte der Menschheit so reich ist, dauern bis in unsere Tage fort, ebenso die Eingriffe geheimnisvoller, unbekannter Fremder, die sich mehr oder weniger offen in das Kampfgeschehen einmischten und dies noch immer tun, mit zum Teil spektakulären Auswirkungen ...

Hartwig Hausdorf

Steinzeit-Medizin

Unglaubliche Operationen in der Vorzeit

ISBN 978-3-95652-258-1, Din A5, Hard-cover, 216 Seiten,
32 s/w-Abbildungen, **€ 19,80**

Wir sind stolz auf unseren heutigen medizinischen Fortschritt. Doch es gibt unzählige Zeugnisse einer vorzeitlichen Heilkunst, die den Vergleich mit unserer Zeit nicht zu scheuen braucht. Da gab es „Rituale" im alten Ägypten, die sich als Anwendungen moderner Notfallmedizin erwiesen. Ähnliches beherrschten auch die Ureinwohner der Kanarischen Inseln. An steinzeitlichen Schädeln findet man Bohrungen, wie sie heute zum Einsetzen von Elektroden für Gehirnschrittmacher gebräuchlich sind, und bei einigen Exemplaren findet man sogar die Spuren perfekt eingeheilter Transplantate. Woher aber stammt dieses revolutionäre Wissen, das schon in grauer Vorzeit Anwendung fand?

Hartwig Hausdorf

Grenzerfahrungen

Abenteuer am Rande der Realität

ISBN 978-3-95652-274-1, Din A5,
Hardcover, 238 Seiten,
17 s/w-Abbildungen, **€ 19,80**

In einer furchtbar nüchternen Zeit wie der unseren sehnt sich der Mensch mehr denn je nach Abenteuern. Doch manchmal geschieht es, dass diese Abenteuer ihn unerwartet über Grenzen führen, die er nie zuvor erfahren und ausloten durfte. Plötzlich verschwimmen scheinbar fundamentale Gesetze von Raum und Zeit, und man wird konfrontiert mit Dingen, die bis dahin keinen Platz im festgefügten Weltbild hatten. In diesem Buch präsentiert Hartwig Hausdorf mehr als 40 mysteriöse Grenzerfahrungen, welche die Menschen, die sie erlebten, von Grund auf veränderten. Erstmals bricht der Autor auch sein langjähriges Schweigen über ein rätselhaftes Erlebnis, das ihm selbst im Alter von etwa fünf Jahren widerfuhr. Und er stellt uns eine unheimliche Kreatur vor, wie sie die Welt noch nicht gesehen hat ...

Kurt Diedrich

Mit Phantasie durchs Universum

99 akrobatische Denk-Übungen zur philosophischen Fitness – oder: Kann man sich das Nichts vorstellen, ohne den Verstand zu verlieren?

ISBN 978-3-95652-252-9, Din A5, Paperback, 298 Seiten, 36 zum Teil farbige Abbildungen, **€ 17,80**

Dieses Buch fasst die naturwissenschaftlichen und philosophischen Hypothesen über unsere Existenz in einer für Laien verständlichen Weise zusammen und wagt sich an die Grenzen wissenschaftlicher Erkenntnis heran. Die oft haarsträubenden, aber stets spannenden Spekulationen des Autors sind dabei auch jenseits dieser Grenzen durchaus erlaubt, da sie auf Logik beruhen. Die im Buch empfohlenen Gedankenübungen tragen dazu bei, die „Gehirnmuskeln" des Lesers für eigene Gedankenexperimente zu lockern und diesen in die Lage zu versetzen, sich selbst Modelle über die Beschaffenheit unserer Welt auszudenken.
Stellen Sie sich eine Minute lang mit allen Konsequenzen vor, das Universum würde nicht existieren! Reisen Sie in Gedanken in die Unendlichkeit des Raumes! Versuchen Sie, mit vierdimensionalen Augen zu sehen! Wird Ihnen dabei übel? Das macht nichts, denn dann haben Sie Ihre „naturphilosophischen Gehirnzellen" bereits spürbar trainiert und befinden sich in bester Gesellschaft mit weltbekannten Wissenschaftlern.

Roland M. Horn

Freimaurer im Weltraum

Von geheimen Weltraumflügen und mehr

ISBN 978-3-95652-273-4, Din A5,
Paperback, 318 Seiten,
118 s/w-Abbildungen, **€ 19,50**

Eine große Anzahl von Anomalien wurde im Landegebiet des Curiosity Rover gefunden. Wie kommt es, dass es gerade in diesem Gebiet so viele Anomalien gibt? Wusste die NASA, dass in diesem Gebiet etwas zu finden gab, weil es in Wirklichkeit ein zweites verborgenes Raumfahrtprogramm gibt?

Schon aus der Zeit vor der Gründung der NASA liegen deutliche Hinweise auf eine hochentwickelte geheime Technologie vor, die durchaus zur Durchführung geheimer Weltraummissionen hätte führen können.

Unsere Geschichte ist voller Rätsel –

Wir wollen helfen, sie zu lösen !

Bücher und Informationen zu den Themenkreisen Archäologische Rätsel dieser Welt, Paläo-SETI, Grenzwissenschaften, Sagen und Mythen.

Fordern Sie einfach *kostenlose* weitere Informationen an – per Post, Fax, Telefon oder eMail beim

Ancient Mail Verlag • Werner Betz
Europaring 57, D-64521 Groß-Gerau
Tel. 00 49 (0) 61 52/5 43 75, Fax 00 49 (0) 61 52/94 91 82
eMail: ancientmail@t-online.de
www.ancientmail.de